KB111985

홍어를
가오리라고
우기는 세태

홍어를 가오리라고 우기는 세태

발행일	2016년 6월 13일		
지은이	송 봉 선		
펴낸이	손 형 국		
펴낸곳	(주)북랩		
편집인	선일영	편집	김향인, 서대종, 권유선, 김예지, 김송이
디자인	이현수, 신혜림, 윤미리내, 임혜수	제작	박기성, 황동현, 구성우
마케팅	김회란, 박진관, 김아름		
출판등록	2004. 12. 1(제2012-000051호)		
주소	서울시 금천구 가산디지털 1로 168, 우림라이온스밸리 B동 B113, 114호		
홈페이지	www.book.co.kr		
전화번호	(02)2026-5777	팩스	(02)2026-5747
ISBN	979-11-5987-051-4 03340(종이책)		979-11-5987-052-1 05340(전자책)

이 도서의 국립중앙도서관 출판예정도서목록(CIP)은 서지정보유통지원시스템 홈페이지(http://seoji.nl.go.kr)와
국가자료공동목록시스템(http://www.nl.go.kr/kolisnet)에서 이용하실 수 있습니다.
(CIP제어번호 : CIP2016013936)

성공한 사람들은 예외없이 기개가 남다르다고 합니다.
어려움에도 꺾이지 않았던 당신의 의기를 책에 담아보지 않으시렵니까?
책으로 펴내고 싶은 원고를 메일(book@book.co.kr)로 보내주세요.
성공출판의 파트너 북랩이 함께하겠습니다.

홍어를
가오리라고
우기는 세태

| 송봉선 지음 |

북한 전문가 송봉선 교수가 바라본 남북문제와
우리 사회의 주요 이슈에 관한 칼럼 모음집

북랩 book Lab

들어가면서

시사 문제를 가지고 어떤 주제로 칼럼을 쓰면서 희열을 느낄 때는 독자에게 감응을 주는 소재와 필자의 생각이 교감을 이루어, 공감가는 좋은 글이 머릿속에 떠오를 때다. 독자가 필자의 글을 보고 어떤 판단을 가질까 하는 문제를 항상 염두에 두어야 한다는 점은 모든 칼럼니스트의 공통적인 과제라고 생각한다.

주제를 내놓고 글이 머리에 떠오르지 않을 때는 자다가도 일어나 많은 고민을 하게 된다. 이 책은 필자가 약 5년에 걸쳐 〈조선일보〉, 〈문화일보〉, 〈한국일보〉, 〈동아일보〉, 〈서울신문〉, 〈세계일보〉, 〈파이낸셜 뉴스〉, 〈미래한국〉 등 국내 각종 언론 매체에 기고한 칼럼을 모아 편집했다. 그리고 북한 뉴스 사이트인 〈데일리 엔케이〉에 오피니언으로 올렸던 칼럼도 포함시켰다. 북한 문제를 전문으로 다루는 월간 『북한』지에 게재된 기고 자료도 망라했다. 그동안 칼럼 쓴 것이 200여 건이 되는데, 그 중에 중복되는 칼럼이나 논문식 칼럼은 편집에서 제외시켰다.

필자는 대학에서 북한 문제를 강의해온 관계로 칼럼에서 김정일, 김정은 등 김씨네 북한 지도부 세습체제에 대한 비판을 많이 다루었다. 김정은의 무자비한 처형과 숙청, 잔인성, 리더십의 부족, 주민들에 대한 공포심 조장 등을 부각시킨 내용들이 많다. 칼럼을 쓰면서 김씨네 2대 계승자 김정일의 건강을 다루다가, 그의 사망을 예측한 지 몇 개월 후에 정말 사망하여, 독재자에게는 안 되었지만 분석이 정확했다는 흡족감을 느낀 적도 있다. 통일시대에 대비한 남북문제에 대해서도 대화, 지원협력, 탈북자 문제, 이산가족 문제를 많이 취급했다. 북한의 경제난과 관련하여 인력수출, 외화벌이 실태 등도 심층적으로 들여다보았다. 자유를 찾아 국내 입국한 탈북자들의 인권 문제에 대해서 유엔이나 인권 전문가들의 시각에서 정리하기도 했다. 북한이 핵실험 관련사항과 핵 개발로 인한 각종 제재를 받아 경제가 최악의 상황으로 치닫고 있는데, 자구책을 위해 주민을 착취하는 외화벌이 실태에 대해서도 실례를 찾아 예증을 하면서 비판해보기도 했다.

국정원의 선거 개입을 기정화하는 댓글사건에 대해서 마치 천지개벽을 할 정도의 부정선거가 있었던 것처럼 선동한 야당과 좌파의 부화뇌동에 대해 비판적 내용도 다루었다. 국내 좌파들에 대한 인터넷상의 사이버 활동 추적을 모든 선거 개입으로 규정하여 국정원의 기능을 마비시킨 부분에 대해 그 부당성을 지적하는 비판도 했다. 이는 야당이 미워서라기보다는, 대한민국의 분단 현실에서 북한의 끊임없는 도전과 도발을 무시하고, 민간인 사찰이나 정치인 사찰 그리고 선거 개입으로 국정원을 매도함으로써, 이들에게 제대로 일할 수 있는 여건이나 활동을 원천적으로 봉쇄하여 안보를 무력화하기 때문이다. 반대를 위한 반대는 내부 갈등만을 가져올 뿐이다. 우리는 야당도 필요하고 국정원도 필요하다. 필자는 이 부분에 집중하여 각종 이슈를 다루었다. 특히 우리 사회의 많은 문제를 일으킨 이석기 등 통진당 문제에 대해서 필자 나름의 견해를 써보았다. 종북 숙주인 좌파들의 활동에 대해서 대한민국의 국체와 안보를 우려하는 입장에서 비판적인 내용을 많이 써서, 때로는 다른 분야도 좀 다루어봐야겠다는 생각도 해봤다.

칼럼니스트 김대중은 이렇게 세평을 했다.

"이 시대에 대한민국이 살아남으려면, 당분간은 우파적 관점이 필요하다고 보는 입장이다."

"나는 이 시대 대한민국이 이 터널을 빠져나가려면, 어느 시점까지는 우파적 시각으로 나라를 관리할 수밖에 없다고 본다."

"하지만 우리는 반드시 건방지지 않은, 싸가지 있는, 중후한, 심도 있는 좌파와 공존해야 한다."

"즉 당분간 정권은 우파가 잡고, 제1야당은 중후한 좌파와의 공존이 필요하다"고 했다. 반대로, "나라를 관리하는 우파 정당은 좌파 정당에게 건방져서는 안 되고 심도가 있어야 한다"고 했다. 그는 "보수 우파만의 입장을 취해서는 안 되고, 좌파들과 생각을 바꾸어 담아내는 생각도 가져야 대한민국을 발전시킬 수 있다"고 했다. 결국 우리 시대를 대표하는 김대중 칼럼니스트는 이 시대에는 우파가 나라를 이끌면서 때로는 좌파도 필요하다는 입장을 지적했다. 즉 건전한 좌파가 있어야 나라가 제대로 갈 수 있다는 의미로, 이에 전적으로 동의한다.

하지만 이런 극단 좌파도 있다.

"'국가정보원 대선 여론공작'진실규명 활동이 국정원과 여권의 조직적 훼방으로 파행을 거듭하더니, 본질이 파묻혀 실종되는 지경에까지 이르렀다. 정보기관이 개입해 국민 주권을 훼손하고 선거 과정을 뒤틀어놓은 국기문란이 사태의 핵심이다. 국정원 선거 개입의 직접적 수혜자인 이 나라의 대통령이 자신은 마치 아무 일도 모르는 양 짐짓 시치미를 떼고서 헤겔의 그 불순한 명제를 실천하고 있다."

이 글을 보면 대통령이 마치 국정원을 이용하여 부정선거로 당선된 것으로 매도했다. 결국 야당이 대선에 진 것은 국정원 때문이라는 논리다.

지난 19대 대선에서 '오늘의 유모'라는 좌파적 사이트에 국정원이 댓글을 달았다며 희대의 부정선거로 걸어, '국조다, 특조다'를 내걸고 거의 2년을 끌었다. 그러나 대법원은 부정선거 개입 증거자료가 부족하다는 취지로 원심인 고법으로 돌려보내, 결국 야당은 목적을 달성하지 못했다.

얼마 전에는 위키리키스에서 새어나온 국정원의 해킹 장비 구매를 문제 삼아, 제2라운드로 국정원을 민간인 사찰로 몰았다. 하지만 이 역시 확증 없이 각종 의혹 부풀리기에 골몰하는 모습을 보여주었다.

〈조선일보〉 칼럼니스트 김창균은 이렇게 썼다.

"야당은 2015년 7월 23일 서울중앙지검에 국정원을 고발했다. A4용지 12장이다. 고발장에는 범죄행위를 구체적으로 적어야 한다. 그래야 수사를 시작할 수 있다. 그러나 새정치연합이 제출한 고발장에는 6하(何) 원칙이 실종 상태다. 민간인 사찰을 고발한다면서 사찰 대상자 이름을 한 명도 제시하지 못했다. 국정원 직원 중 누구를 고발하는지도 공란으로 남겨뒀다. 피해자와 가해자를 모르는데 언제, 어디서 범죄가 벌어졌는지 알 턱이 없다. 고발장을 들춰본 법조 관계자는 일반 형사사건에서 이처럼 허술하게 남을 고발했다가는 무고(誣告)죄로 되치기를 당할 것"이라고 했다. 또 이어 "고발장 마지막 부분에는 범죄혐의를 뒷받침하는 증거 목록을 적게끔 돼 있다. 야당의 고발장에는 〈한겨레〉, 〈경향〉, 〈오마이뉴스〉, JTBC 등이 국정원 해킹에 대해 의혹을 제기한 기사 10건이 나열돼 있다. 그게 전부다"라고 혹평했다.

좌파들이 정보기관을 발가벗겨 적 앞에 무장해제를 노리는 목표는 북한 김씨네에게 나라를 바치자는 것과 같다. 우리는 광우병 소동이나 세월호 참사, 그리고 천안함 폭침사건을 보면서, 이러한 이슈들이 엉뚱하게도 정치 문제로 흘러가고 있음을 잘 보아왔다. 일부 정치권이 이슈만 있으면 각종 의혹을 제기해 북한의 주장을 앵무새처럼 따라하는 종북 세력과의 합창은 이 나라만의 서글픈 풍경이다. '콩 심은 데 콩 나고 팥 심은 데 팥 난다'는 우리 속담과 같이 정의는 언젠가 밝혀지기 마련이다.

세월호 사건 이후 우리는 너무 많은 경험을 했다. 그야말로 떼법이 모든 법 위에 군림했기 때문이다. 이 사건에 대해서 수많은 칼럼이 나왔다. 필자도 이 사건에 대해 칼럼을 썼다. 중국의 예를 들어본다. 지난 2015년 6월 5일 오전 후베이(湖北) 성 젠리(監利) 현 창장(長江) 강에서 전복돼 침몰한 유람선 '둥팡즈싱(東方之星, 동방의 별) 호 승객과 승무원 456명을 태우고 가다 침몰한 둥팡즈싱 호는 14명을 구조하고 442명이 사망했다.

시진핑(習近平) 국가 주석은 이 사건과 관련하여 정치국 상무위원회를 열고, 한 점의 의혹 없이 철저히 조사해 사고 원인을 규명하라고 지시했다. 이 선박 사고에 대해 중국은 조용히 마무리하여 우리와 완전 180도 다르다. 2015년 8월 천진 항 폭발 사건도 마찬가지다. 수많은 사람이 살상되었지만, 정부 당국의 조사와 국가의 지시에 전적으로 순응했다. 일본도 마찬가지다. 후쿠시마 대지진은 2만여 명의 인명 피해를 냈지만, 일본 국민 모두는 정부 지시에 따른다.

국가가 변란이 일어나면 정부와 국민이 혼연일체가 되는 것이 재난극복의 최선의 길이다. 이슈만 있으면 정부 탓으로 돌려 온갖 괴담을 퍼트리는, '홍어를 가오리'로 우기는 이들 세력들은 과연 어느 나라 사람들인가? 이들은 북한이 4차 핵 실험을 하고 장거리 미사일을 개발해도, 북에 대해서는 입도 뻥긋하지 않는다. 이들에 대해서는 정의로운 비판과 칼럼이 이어져야 민주주의가 생존한다. 아마도 필자가 쓴 칼럼에 대해 북한이나 종북좌파세력은 자신들을 비하하는 무가치한 글로 치부(恥部)할 것이다. 북한과 종북좌파세력에 대해 민주주의와 정의를 위해 앞으로도 부족하지만 계속 칼럼을 써야 한다는 생각이 든다. 마지막으로 이 책은 칼럼 모음집에 불과하지만, 언젠가 정의로운 민주사회가 오거나 통일이 오면 필자의 생각과 말과 주장이 바른 소리였다고 증거되기를 바란다.

2014년

2015~2016년

2009~2011년

좌파의 대북관

(<미래한국> 2009.09.22)

김대중 정부나 노무현 정부 시절 대북 정책을 주관해온 친북좌파 세력은 6·15선언과 10·4선언은 원칙적으로 정권이 바뀌어도 존중되는 것이 바람직하다고 주장한다. 그러나 6·15선언의 경우 이를 먼저 파기한 것은 북한이다.

한반도의 평화 운운하면서 2006년 10월 9일 좌파정부 시절 1차 핵실험을 했다. 남북 간의 긴장완화는 무엇보다 신뢰 회복이다. 김정일은 김대중 전 대통령 방북에 대한 답방도 하지 않았다. 그리고 남북 상호간의 신뢰회복과 대등한 입장에서 회담해야 하는데도, 남한에서 회담 전 북한에 5억 달러를 제공해 이루어졌다. 10·4선언도 2007년 대선 2개월을 남기고 차기 정부가 햇볕정책 기조를 바꾸지 못하도록 대못 박기 식으로 북한에 합의를 해줬다. 이를 원안대로 추진할 때 20~30조 원이라는 막대한 재정 부담이 뒤따른다. 한마디로 정권 말 불평등 선언이었다.

1984년 북한이 자체생산한 스커드-B(화성5호)의 시험발사에 성공한 북한은 1986년 영변 원자력연구소에서 5MW급 원자로를 가동한 직후 스커드-C 미사일(화성6호) 발사에도 성공하게 된다. 사진은 북한 열병식에 등장한 화성6호. 북한이 개발한 스커드 미사일의 사거리는 300~700㎞로 한반도 전역이 사정권에 들어간다.

북한은 핵 문제에 대해서는 미·북 간의 문제라며 회담 자체를 거부하고 남북한 직접 협상을 철두철미하게 회피했다. 미·북 간 회담이 됐든 6자회담이 됐든, 이제 북한이 핵을 포기한다는 것은 김정일이 살아 있는 한 물 건너간 것으로 봐야 할 것이다. 지금도 우라늄 농축이 성공했느니 영변 플루토늄 채취의 원상회복이 됐느니 하면서 국제사회를 압박하고 있다. 여태껏 국제사회를 속이고 핵 개발을 계속해온 북한에 더 이상 비핵화를 기대한다는 것은 인내를 위한 인내밖에 안 된다. 북한은 틈만 있으면 핵보유국인 것을 주장하면서 종전 태도대로 계속 군축을 하자고 할 것이다. 핵 문제는 김정일 정권의 퇴진을 목표로 해야 근원적 처방이 이루어질 수 있다.

그럼에도 불구하고 친북좌파는 이래도 남북정상회담을 해야 하고 북한을 이해해야 한다고 주장한다. 좌파 중 M씨는 "실질적인 남북 교류 협력을 이끌어내기 위해서는 남북정상회담을 올해 개최하는 것이 바람직하다. 정상회담을 정권 중반기에 접어드는 올해 할 수 있다면, 교류협력은 물론 한반도 평화구축과 비핵화에도 전기가 마련될 것이다. 원칙과 차별화도 좋지만, 남북 간 교류 협력이 강화되는 가운데 비핵화가 이뤄져야 한다"고 말한다.

다른 좌파 L씨의 주장 논리는 다음과 같다. "북한의 특사 조문단이 이명박 대통령과 만났다. 한국 정부도 이제 북한을 불신하지 말고 남북대화에 나서는 게 좋을 것 같다. 핵 문제가 해결되지 않으면 당국 간 대화 또는 정상회담을 하지 않겠다는 '핵 연계' 전략보다는, 핵 문제와 남북관계를 함께 풀어가는 '핵 병행' 전략이 훨씬 효율적이다. 따라서 정부가 핵 전제조건을 내세우지 말고 잘 관리하면 남북관계는 물론 북·미 관계 진전에도 도움이 될 것이다"

이들 주장의 공통점은 북한 불신이나 비핵화만을 주장하지 말고, 우선적으로 남북대화나 정상회담을 통해 대화를 하면서 비핵화를 병행해야 한다는 종전 포용정책 그 자체다. 교류나 회담은 수단에 불과한 것이지 결코 목적이 아니라는 점을 이들은 간과하고 있다.

좌파학자인 B씨는 2008년 출범한 이명박 정부가 6·15와 10·4정상합의를 외면 내지 폄하한 것이 남북관계의 악화 요인이며, 이명박 정부 때문에 북의 미사일 발사와 유엔의 규탄이 있었고, 이에 맞서 2009년 북의 2차 핵실험이 이루어졌다고 한다. 말도 안 되는 소리다. 핵은 일조일석에 이루어지는 것이 아니고, 북한이 수십 년간 집요하게 계획적으로 준비해온 산물이다.

이상의 좌파 논객들의 주장은 종전 좌파정부 시절 논리와 똑같은 앵무새 소리다. 지난 정부 때 수많은 대화를 했지만, 남한 당국의 비핵화 제의는 북한 당국에 의해 항상 논외의 대상이 되었고, 대화를 위한 대화만을 했다. 인도적 지원이라는 명목으로 대규모 경제 지원만 했을 뿐이다. '햇볕 정권'은 남북 정상회담의 성사만을 성과로 간주했던 탓에, 북한이 강하게 반발하면 핵 문제는 그냥 흘려버렸다. 좌파정부 시절 2차에 걸친 정상회담에서 무엇을 얻었는가. 일반적으로 자본주의 국가들 간의 정상회담도 상징적인 효과가 크지, 실질적 성과는 기대만큼 되지 않는다는 것이 상례다. 더구나 김정일은 자기 마음먹을 때 통일이 된다는 생각을 하는 '제멋대로' 독재자다.

우리의 단임 대통령이 김정일과 정상회담을 하는 것이 국제적 뉴스로 크게 한번 부각되고, 물질적 지원이나 하는 것 외에 무엇을 기대할 수 있다는 말인가. 남북 정상회담은 이산가족 상봉 몇 회 정도가 이제까지 성과라면 성과라 할 것이다. 좌파는 정상회담을 했기 때문에 우리에게 개성공단과 금강산 관광 사업을 할 수 있었고 북한에 많은 변화를 가져왔다는 논리를 펴고 있다. 물론 변화가 없었다고는 할 수 없겠지만, 햇볕정책이 아니었다면 김정일 정권은 오히려 자본주의에 대한 경각심을 덜 갖고 중국과 교류를 심화, 더 빨리 자본주의적 실용주의로 갔을 가능성도 있었을 것이다.

친북좌파는 이명박 정부의 대북 정책에 대해 "북한을 알지 못하는 정부다", "북한과 대화 채널이 없는 정부다", "MB 정부는 대북 전문가가 없다"는 등의 비판을 했다. 과거 친북좌파 정부로 회귀하는 것만이 대북 정책의 정도로 인식하고 있는 이들의 선동적 비판을 의식할 필요가 없다. 좌파의 목소리에 흔들려서는 이것도 저것도 안 된다. 북한 인권 실태를 폭로해 북한의 법제 개선과 주민의 박해를 줄이도록 해야 한다. 최근 북한이 유화책으로 나오는 것은 북한이 처한 부득이한 전술적 상황 변화라는 원인도 있지만, 지난 10년간 좌파 정부와는 달리 짧은 기간이나마 좌파에 휘둘리지 않고 원칙을 지켜가면서 대북 정책을 일관되게 추진해온 소기의 성과라고 할 수 있다.

전직 대통령 장례식에서 좌파를 자극할 것을 우려하는 정부가 국민 통합을 내세워 장례절차 등 좌파의 눈치를 보아온 것이 사실이다. 통합을 하려다 오히려 보수 세력이 이탈한다는 점을 인식해야 한다. 이제 우리는 '한 민족', '인도적 차원'이란 좌파 단골 용어 속임수에서 벗어나야 한다.

황장엽 선생을 추모한다

(『북한』지 2010년 11월호)

선생의 학자적 위대성을 존경

북한 민주화 투쟁의 화신 황장엽 선생이 87세를 일기로 홀연히 타계했다. 최악의 범죄 집단인 북한을 탈출할 당시 지원을 했던 한 사람으로 통일의 그날을 보지 못하시고 떠난 선생이 너무나도 한스럽고 안타깝다.

선생은 한민족으로는 백년에 하나 나올까 말까 하는 대철학자, 사상가, 그리고 정치가이기도 하다. 필자를 비롯한 선생의 매주 정기강의 수강생들은 미수의 나이인데도 불구하고 젊은 사람도 상상하기 힘들 정도로 기억력이 대단함을 보여, "내가 저 나이가 들면 도저히 저런 모습을 보일 수 없을 텐데." 하며 반신 반의 하기도 했다. 강의시간에 소싯적에 읽은 『레미제라블』, 『베니스의 상인』, 『부활』, 『삼국지』 등 명작들의 등장인물과 내용을 이야기하면서, 마치 전날 저녁 읽어본 것과 똑같이 말씀을 하여 수강자들을 깜짝 놀라게 했다.

선생께서는 소련, 일본에서 공부를 하여 노어, 일어 등 어학에도 남달리 뛰어나, 한때 1950년대에는 김일성 1호 통역실에 관여하기도 했다. 황 선생의 타계는 자유를 사랑하는 우리 국민과 세계인 모두가 애도할 일이다. 비교 대상도 아니지만, 인류 역사상 가장 흉악한 범죄 집단 김일성 3대 세습자들이 그들의 이름 앞에 수십 개의 흉물스러운 수식어를 붙이는 것에 비한다면, 황 선생 앞에 어떠한 존경의 수식어를 놓아도 걸출한 그의 천재적, 학자적 능력을 평가하는 데 부족하다.

종전의 철학은 거의 인문학적 차원에서 다루었지만, 선생께서는 자연과학, 특히 우주천체학, 물리학, 수리학, 화학 등을 접목시켜 이를 완성시켰다. 많은 사람들이 주체사상을 황 선생이 만들었다고 알고 있으나, 이를 시작한 사람은 김일성이다. 선생의 인간중심철학 중 늘 강조하시는 것이, 인간은 개인적인 존재인 동시에 집단적인 존재라는 것이다. 개인에게만 생명이 있는 것과 같이 집단에도 생명이 있다고 강조하고, 자본주의가 지나치게 개인만을 강조하여 많은 모순을 낳고 있어, 집단의 생명력을 중시해야 한다며 사회 통합을 강조했다.

황 선생은 평남 강동에서 한학자 황병덕 씨의 아들로 태어나, 어려서는 서당에 다녔다. 그래서 그런지는 몰라도, 한문학에도 남달리 지식이 높다. 선생은 북한에서 한문 지식에 있어 대표적 인물로 알려진, 남한에서 월북한 『임꺽정전』의 저자 홍명희의 아들 홍기문과 쌍벽을 이룰 정도로 한문학 지식이 높았다. 홍기문은 『이조실록』에 참여하여, 남한보다 먼저 『이조실록』 번역 사업을 끝낸 바 있다. 황 선생은 강의시간에 한문학에 조예가 깊어 교수급들인 수강 제자들로부터 4서3경, 계서, 음양오행설 등 고전 철학서들에 관한 질문을 받으면, 거침없이 해설과 설명을 하기도 했다. 1944년 2월 일본 주오(中央)대 법학과 2년을 중퇴한 그는 해방 후 삼척 광산에서 노동자로 일하기도 했다. 선생은 당시를 회상하면서, 그때는 어린애들 소꿉장난으로 채탄을 했는데, 얼마 전 가보니 상전이 벽해가 되었다면서, 발전한 한국을 잘 지켜야 한다고 했다.

선생의 인생 역정

선생은 해방 후 한때 평양상업학교의 수학·주산 교사로 재직하여 숫자에도 밝았다. 선생의 삶에 변화의 전기가 된 건 1946년 11월에 노동당에 입당한 일이다. 이후 모스크바 국립대학으로 유학을 하고 1953년 11월 귀환하여, 6·25전쟁을 북한에서 겪지 않아 연구에 정진할 수 있었다. 6·25의 이듬해 1월 그는 31세의 나이에 김일성종합대학 철학 강좌 장으로 부임하여, 주변으로부터 인정을 받아 발탁되기 시작했다. 1958년 1월 노동당 총비서 서기실(비서실) 서기를 거쳐, 42세에 김일성종합대학 총장이 되어 학자의 꽃을 피우기 시작했다. 이때 당시 김일성대 물리학·수학·우주학·생물학 등 자연과학과 교수, 그리고 생물학 교수들과 수시로 학문적 토론을 하여 이 분야에 많은 지식을 넓혔는데, 이는 오늘날 인간중심철학에서 이들 학문을 섭렵한 기초가 되었다고 말씀한 바 있다.

1972년 12월부터 11년간 우리의 국회의장 격인 최고인민회의 의장을 지내 정치가로서 인정받기도 했다. 1979년부터 망명 때까지 노동당 국제담당 비서로 최태복(교육), 전병호(군사) 등과 함께 비서 급(우리의 부총리 대우)으로 재직했다.

혹자는 황 선생은 김정일에 대해서는 비판하면서도 김일성에 대해서는 비판하지 않는다는 말도 했다. 그러나 황 선생은 김일성에게 후계 선택의 잘못과 실수를 여러 번 지적했다. 김일성이 김정일에게 최고 사령관까지 김정일에게 물려주고 아무런 힘이 없는 외교 업무만 하는 뒷전에 있을 때, 아들 김정일에게 '백두산 광명성'이라는 주제로 김정일 송시를 쓴 것을 비판했다. "어떻게 아비가 아들에게 아첨을 하는 송시를 쓰는가. 우리 속담에 자식 자랑은 팔불출이라고 하는데…" 김일성을 필부만도 못한 짓을 한 인물로 비판하기도 했다. 이 세상에 아무리 못난 스승이라도 자신의 제자를 비판하는 것은 아주 드문 일이다. 황 선생이 북한에서 얼마나 처절하게 김정일의 비인간적인 모습을 경험했으면 이런 모습을 보였을까?

선생은 김일성 이론서기로 출발하여 노동당 국제담당 비서에 이르기까지, 북한 통치의 이념적 근간인 주체사상 중 인간중심철학 이념 부분에 관여했다. 만약에 선생의 이론대로 '사람이 모든 것의 주인이며 모든 것을 결정한다'는 초기 이념에 충실했다면, 오늘의 북한이 저 꼴은 되지 않았을 것이다.

김 부자를 증오하다

　주체사상은 김일성이 1960년대 중국과 소련의 이념분쟁에서 독자적인 노선을 가기 위해 이념적 슬로건을 제시한 것인데, 김정일이 유일사상 10대 원칙과 수령론으로 둔갑시켜 김일성 신권 체제의 굴절된 이념으로 변질시켰다. 황 선생은 김정일의 후계자 점지를 위한 그릇된 행동을 비판했다. 선생께서는 김정일은 남을 속이고 나쁜 데로 몰아가는 데는 누구보다도 머리가 발달한 인물이라고 했다. 김정일이 주체사상을 변질시킬 때 자신이 직접 쓰지는 않았을 테고, 선생께서 직접 관여하지 않았는지 하는 질문을 했다. 그러자 자신은 "할 말은 하는 사람으로 이에 관여치 않았으며, 주체철학연구소의 못난 놈들이나 김정일의 아첨배들이 이를 왜곡시켰다"고 하면서, 김정일의 비위를 가장 잘 맞추는 인물이 최고인민회의 상임위원장 김영남이며, 그 다음에는 김기남이라고 했다. 당대표자회의에서 정치국 상무위원인 이영호는 자신이 북에 있을 때는 잘 알지 못하는 인물로, 3대 세습 후계자 김정은에 맞추어진 인물이라고 했다. 선생은 김정일과 그의 동복 여동생 김경희를 직접 교육하여 김일성 일가를 너무 잘 안다. 김정일은 선생이 김일성대 총장으로 있을 시절 학부 학생으로서 스승과 제자의 관계이다. 동생 김경희는 황 선생의 부인인 박승옥이 성장수업을 시켜, 이들 오누이의 자라난 과정을 속속들이 잘 알고 있다.

선생의 학문적 정열은 끝이 없다

타계 며칠 전 선생께서 인간중심철학 강좌 시간에 평소와는 다르게 수강생들을 불러 포도주 한 병씩을 돌리셨다. 그러면서 강의들 듣느라고 수고가 많다고 일일이 수강생들의 이름을 호명하며, "나의 평생 동지들, 이만하면 일당백이지." 하면서 격려하셨다. 그런 선생이 타계하셨다는 것이 믿어지지 않는다. 선생은 젊은 사람도 하기 어려운 열정적 강의를 했다. 여의도 강좌, 학동 강좌, 연세대 강좌, 토요 교수 대상 강좌 등 매번 100분씩 젊은 사람도 하기 힘든 수업을 하여 수강 학자들을 놀라게 했다. 북한 독재정권의 종식을 강조하시던 황 선생, 김정일 3대 세습을 강도 높게 비판하시던 선생의 모습이 아직도 생생하다.

탈북자의 정신적 지주인 황 선생, 탈북자들의 경조사가 있으면 성의 표시를 하는 선생의 따뜻한 마음을 잊을 수 없다. 강의가 시작되기 전 매번 빠짐없이 김정일 체제를 비판하시던 황 선생, 선생께서는 김정일의 악행에 대해 하루빨리 북한 정권이 민주정권으로 교체되어야 함을 역설하셨다. 그런 황 선생이 비록 천수를 다했다고 해도 좀더 사셔서 북한 민주화 투쟁의 성과를 보았어야 하는데 안타깝다. 탈북자 단체들의 정신적 구심점이었던 황 선생, 탈북자 2만 명 시대에 누가 이들을 이끌어갈지, 새삼 황 선생의 그동안의 역할을 잊을 수가 없다. 황 선생이 남한으로 내려오셔서, 북한 지도부의 비인간적이고 야수적인 실상을 직접 강연과 언론 출판을 통해 세상에 널리 알려 다가오는 통일시대를 이끌었다.

한국 망명 1년 전부터 한 자루의 원고 자료를 보내다

선생은 탈출 1년 전부터 망명하겠다는 결심을 하시고, 자신이 집필하던 각종 자료를 북경에 있는 여광무역 대표 김덕홍을 통해 한 자루 분량을 국내로 미리 보냈다. 이 자료는 국내에서 학술 도서로 출판되어 세상에 빛을 보게 되었다. 북한 상층부 인물로는 국제 담당 비서인 관계로 해외를 가장 많이 여행한 황 선생은 너무도 바깥세상을 잘 알아, 김정일의 통치 방법으로 북한을 이끌어 가다간 북한이 멸망하고 말 것이라는 생각에 망명을 결정하게 되었다.

선생은 일체 술을 들지 않으시는데, 북의 김정일이 매일같이 주지육림에 묻혀 술판에서 북한의 정책을 결정하는 것을 보고, '이것이 과연 옳은 일인가?' 하고 수없이 갈등을 느꼈다고 했다. 선생은 평소 "나에게 2억 달러만 주면 북한을 쉽게 해방할 수 있었을 텐데."라고 하시며, 늘 자신의 활동에 한계를 느끼면서 한국 정부에게 북한 민주화 투쟁 활동 지원이 좀 더 필요함을 역설했다.

남한으로 내려와서 하신 첫 마디가, 북한 주민이 기아와 굶주림으로 200-300만이 죽어가고, 어느 고장에서는 인육을 먹고 있다는 소리가 들리는데, 핵무기나 개발하고 북한 주민들의 최소한의 인권도 보장되지 못하고 있다고 비판한 것이었다. 김정일의 통치 행태는 북한 주민을 인간 생지옥으로 몰아, 북한을 해방하여 민주화를 이룩하자는 뜻에서 망명을 했다고 했다.

햇볕정권 좌파를 증오하다

지난 좌파 정권이 황 선생, 김덕홍의 관계를 이간하여, 역량을 합쳐도 부족한 판에 함께 망명했던 김덕홍 씨가 민주화 활동을 방해, 반목하도록 했음을 안타깝게 생각한다. 김덕홍은 황 선생이 김일성대 총장으로 재직 시 행정 담당 과장을 한 인물로, 북경에 내보내 외화벌이를 하도록 하여 망명 중개자 역할을 했다.

북한은 1990년대에 경제적 어려움이 가중되자 각 기관별로 외화벌이 사업을 하도록 허용하여, 외화를 벌어들여 김정일에게 충성자금을 바치도록 했다. 그런 시기에 황 선생이 김덕홍을 북경에 내보내 망명 준비를 하도록 했다.

선생은 북한에서 남쪽으로 내려올 때, 남쪽은 경제적으로도 세계 어느 나라보다 빨리 발전, 통일의 대업이 남한 주도로 이루어질 것으로 굳게 믿었다고 한다. 그러나 남한으로 내려와 보니 그와는 완전 다른 상황이었다고 회고했다. 바로 좌파 정권이 시작되어 햇볕정책으로 인해 그의 활동은 모조리 통제되고 제한당했다. 황 선생은 1998년 망명 직후 한번은 필자에게 이런 말씀을 했다. 김일성 생존 시 김일성에 보고를 하러 들어갔는데, 앞에서 대남 비서 허담이 보고하기에 뒤쪽에서 기다리고 있었다. 그때 김일성이 "김대중이가 우리한테서도 돈을 받아먹고 저쪽(조총련)에서도 받아먹었단 말이지." 하는 말을 들었다고 했다. 필자가 "그러시면 좀 더 구체적으로 이를 국민에게 알리자."고 하니까, 조금 있다가 "아무것도 아니야." 하면서 정치적 파장을 우려하여 그 말을 거두기도 했다.

선생께서는 평소 국내 좌파의 활동을 우려하면서, 과거 여진족 출신의 청 태조인 누르하치가 여진족 60만에서 선발된 군 병력 5만을 가지고 중국 중원으로 쳐들어가 명나라를 멸망시켰다는 중국의 역사를 소개했다. 그리고는 병력이 많다고 강한 것은 아니라면서, 천안함 사건 이후 국내 좌파들의 노골적인 국가 흔들기 활동에 오히려 북한보다 남한이 더 위험해질 수 있다고 경고하며 대한민국의 장래를 걱정하기도 했다.

천안함 사건에서 중국 측이 우리 대통령에게 희생자에 대한 애도를 표시하는 등 성의 표시를 한 것으로 생각한다면서, "우리 언론이 너무 지나치게 중국을 비판하여 중국을 자극하는 것은 좋지 않다. 중국과 가까워지는 것이 중요하다. 이를 위해 FTA를 빨리 체결해야 한다"고 했다. 필자의 인간중심철학 월례 발표에서 필자가, 북한 체제가 종교적 신권체제가 된 것은 김일성이 기독교 가정에서 태어나 영향력을 받았으며, 앞으로 3대 세습도 이러한 차원으로 지속될 것이라고 설명하자, 황 선생은 화를 버럭 냈다. 그러면서 이론과 실무를 다 한 사람이 천안함 사건 이후 한국의 좌파 척결에 대해 왜 한 마디 안 하느냐고 야단을 치기도 했다.

선생 망명의 진실

망명 직후 황 선생은 자신의 망명 후 북한 내부에서 2,000여 명의 대숙청 바람이 불고 있다는 뉴스에 인간적 고뇌를 한 적도 있다. 황 선생의 직계 가족으로는 모스크바 유학 시절 만난 부인 박승옥(82)

씨와 1남 3녀가 있다. 장남 황경모(50) 씨의 처는 장성택 국방위 부위원장의 누이 딸이다. 김형직 사대 교수인 맏딸과 의사인 둘째, 셋째 딸, 교수와 당 간부인 이들은 황 씨의 망명 이후 모두 숙청됐다. 선생은 북한 당국에 의해 자살한 것으로 알려진 부인에 대해 안타까움과 함께 사죄의 마음을 밝힌 바 있다. 아들 경모가 신의주 쪽으로 탈출하다 체포되었다는 제보도 있어 그를 슬프게 만들었다. 장성택의 누이 딸인 자신의 며느리가 아들과 이혼했다는 이야기, 그리고 사위들이 반역자의 딸이라고 하여 모두 이혼하고, 가까운 일가들 모두가 정치범 수용소로 실려갔다는 이야기들은 너무도 그를 슬프게 했을 것이다. 함께 망명했던 김덕홍 씨의 가족도 모두 총살되었다는 소식은 이들 두 망명객들을 한동안 슬프게 만들기도 했다. 황 선생은 이따금 가족에 대한 그리움으로 내려올 때 가져온 어린 손녀의 사진을 보면서 인간적 고뇌를 하며 회한에 사로잡히기도 했다.

황 선생의 망명 당시, 많은 사람들이 황 선생의 의도와는 달리, 서로 모셔왔다고 자신들의 공과를 대외적으로 언론 등에 공개하는 모습은 선생에 대한 도의가 아니었다. 선생은 강의 도중 한국으로의 망명은 관계 기관이 직접 도와 이루어졌을 밝히시고, 내려올 때는 김정일 정권이 얼마 못 갈 줄 알았는데 김정일 정권이 오래 가는 데는 남쪽에도 문제가 있다고 했다. 이제 황 선생을 떠나보내면서 황 선생의 고혼이 저승에서나마 남북통일에 가호 있기를 바란다. 황 선생, 그는 분명히 우리 세대에 살다 간 사상적, 학문적, 정치적 거목(巨木)이다. 이제 그분의 영전에 바쳐 우리 국민들이 북한을 똑바로 보는 혜안이 돌아오길 바라며 그분이 소망한 통일이 하루빨리 이루어지길 빈다.

北, 김정은 치적 쌓기 위해 추가도발 가능성

<미래한국> 2010.11.12)

북한은 9월 말 당대표자회를 통해 3대 세습의 막을 올렸다. 전 세계인 앞에 한민족을 망신시킨 김정일의 또 한 번의 폭거라고 할 수 있다. 김정은에게 대장 칭호와 함께 노동당 중앙군사위원회 부위원장 자리가 주어졌다.

중앙군사위원회는 1962년 12월 개최된 중앙위원회 제4기 5차 전원회의에서 김일성이 제시한 4대 군사노선을 채택하면서 중앙위원회 군사위원회로 설치된 후, 1984년 중앙군사위원회로 명명됐다. 많은 전문가들이 김정일은 당에서부터 지도자 수업을 한 데 비해, 김정은의 경우는 군에서 시작하고 있다는 분석을 한다.

노동당 규약에 중앙군사위원회는 '당의 군사정책 수행 방법을 결정하며 인민군을 포함한 전 무장력·강화와 군수산업 발전에 관한 사업을 조직 지도하며, 나라의 군대를 지휘한다'고 규정하고 있다. 김정은이 맡은 새로 신설된 당군사위원회 부위원장 직책은 당 업무가 배제된 채 순수 군 관계 업무를 하는 곳은 아니며, 당적 통제 업무를 포함하고 있다.

이에 대칭되는 국방위원회는 2009년 4월 개정된 북한 헌법 6장에서 '국방위원장은 조선민주주의인민공화국의 최고령도자이다'로 명시해, 국방위원장이 국가원수가 됐다. 또한 국방위원회는 국가 통치기관으로 변모해 선군정치를 리드하는 기관이 된 것이다. 국방위원회 부상에 따른 군사위원회 쇠락 여부에 관한 견해에는 다소 차이가 있다. 어떻든 국방위원회나 군사위원회 모두 김정일이 위원장으로, 어느 기관이 더 중요하다거나 덜 중요하다고 할 수 없다.

이번 당대표자회에서 눈에 띄는 대목은 천안함 사건을 실무적으로 지휘한 김영철 인민무력부 정찰총국장과 정명도 해군사령관, 이병철 공군사령관이 중앙군사위원회 위원으로 영전된 것이다. 김양건 통전부장도 정치국 후보위원에 올랐다. 이들은 모두 천안함 사건을 일으킨 강성 인물들로, 향후 대남관계가 더욱 경화될 조짐을 보이고 있다.

얼마 전 김태영 국방부 장관이 서울대 행정대학원 조찬모임에서, 천안함 폭침사건에 대한 대응조치로 북한 접경지역에 확성기 11개를 설치한다고 하면서 북한의 도발을 우려했다. 김 장관은 국감에서 이와는 별도로 북한에 라디오를 살포하는 방안을 강구 중임을 밝혔다. 북한은 여러 번 대북 심리전 방송 확성기 설치에 대해 무력 대응을 경고했다.

북한은 자신들의 요구로 2년 만에 개최된 지난번 남북군사실무회담에서 천안함 침몰사건과 관련해 북한의 검열단 파견을 수용하라든가, 탈북자 단체가 북한에 보내는 전단 살포를 중지하라는 기존 주장을 되풀이했다. 이어 10월 15일 남북장성급회담 북한단장이 남쪽에 보낸 통지문에서도 "반공화국 전단 살포 행위를 중지시키지 않으면 물리적 타격을 피하지 못할 것"이라고 협박했다. 이산가족회담이나 군사회담이 진전이 없을 경우 김정은 치적 쌓기의 일환으로 북한의 대남공작 기관이 또 한 번 도발할 것이 예상돼, 우리의 철저한 대응이 필요한 때다.

야당 대표는 "북한의 3대 세습에 대한 비판과는 별개로 대북 쌀 지원은 조속히 이뤄져야 한다"고 밝혔다. 북한의 천안함 사건 도발에 대한 제재가 진행 중인데, 이는 타당하지 않다. 북한이 군량미를 100만 톤이나 비축한 증거가 있다고 국가 정보기관이 밝힌 상황에서, 북한의 강성 인물을 대거 포진시킨 3대 세습 정권에 쌀 제공을 해서 축하라도 하라는 것인지 묻고 싶다.

정의구현사제단, 해체하는 것이 낫다

(<미래한국> 2010.12.30)

　최근 한국의 천주교를 대표하는 정진석 추기경이 주교회의가 4대 강 사업에 반대한 것이 아니라고 발언한 것에 대해 천주교 정의구현 사제단이 비판하고 나서 사제 조직과 신도는 물론 일반 국민들에게 큰 파장을 일으키고 있다.

　1974년 7월 23일 지학순 주교가 '유신헌법 무효'라는 양심선언을 발표한 후 징역 15년형을 선고받자, 일부 젊은 가톨릭 사제들이 중심이 돼 같은 해 9월 26일 단체를 결성했는데, 이것이 정의구현사제단이다. 이 사제단은 설립 당시 반유신독재라는 기치 아래 제2차 바티칸 공회의 정신에 따라 사제의 양심에 입각해, 교회 안에서는 복음화 운동, 사회에서는 민주화와 인간화를 위한 활동을 표방해 국민들에게 공감을 주는 면도 있었다.

　그러나 정의구현사제단은 1980년대 이후 현실정치나 사회문제에 참여해, 신앙과는 거리가 먼 반미, 반정부, 친북 활동을 함으로써, 일부 친북 좌파 인사나 진보 인사를 제외하고는, 국민들이 이들의 행동에 대해 과연 종교단체인지 혹은 북한대남공작부서의 전위 조직인지를 의심해왔다. 이 단체는 신앙과는 거리가 먼 행동을 해왔다. 같은 종교단체로 유사한 과격한 활동을 해 비난을 받는 이슬람 원리주의 그룹은 차라리 그들 나름대로 종교적 문제로 투쟁을 벌여, 오히려 테러를 하는 것을 제외하면 종교적인 면에서는 정의구현사제단보다 명분이 낫다. 정의구현사제단은 종교단체이면서도 종교와 무관한 정치적 문제, 남북문제, 사회문제를 이슈로 대한민국의 정통성을 훼손하고 국민적 갈등만을 부추겨 정체가 의심스럽다.

정의구현사제단은 1987년 이후 주한미군 철수, 국가보안법 철폐, 연방제 통일 등 북한의 대남 노선을 공개적으로 화답하고 이를 지지했다. 이들은 1980년대 말부터 좌편향으로 빠져들어 추기경에게까지 이러한 잣대를 들이대고 있다. 이들의 지난 행적을 보면, 2003년 '이라크 파병 반대행동', 2005년 '평택 범 대위', 2008년 '광우병 국민대책회의'에 참여해 반미운동을 벌여왔다. 한 가톨릭 신도가 "이 단체는 인간의 영적 구원을 인도하는 사제가 아니라 가톨릭에서 세력 다툼에 빠진 속세 무리"라고 평가한 것과 같이 상식에 어긋난 행동만 해왔다.

기독교 전통에서는 종교와 정치의 개념을 별개로 분리해왔다. 신앙의 대상인 예수는 "카이사르의 것은 카이사르에게, 하나님의 것은 하나님에게 바쳐라"(신약성서 누가 20:25, 마태 22:21)라고 가르쳤고, "내 왕국은 이 세상에 있는 것이 아니다"라고 했다. 종교의 정치화나 세속화는 안 된다는 점을 성서에서 가르치고 있다.

천주교는 로마 교황을 정점으로 피라미드 조직으로 돼 있으며, 정진석 추기경은 한국의 10개 교구를 관장하면서 북한도 관할한다. 정의구현사제단은 200여 명 정도로, 사제 조직의 5%에 불과하다. 이들이 마치 한국 천주교를 대표하는 것처럼 추기경을 공박하고, 이명박 정부에 대해서는 "민주주의 발전에 백해무익한 정치집단", "도저히 정부라 볼 수 없고 차라리 강도 집단" "바야흐로 신앙과 양심의 이름으로 국민 불복종을 선언할 결정적인 때가 닥친 것이다…. 정부의 탈선과 광기를 잠재우고 새로운 국가 공동체를 준비하는 일에 다 같이 신명을 내자."라고 본분을 망각한 주장을 하고 있다. 도저히 종교단체로는 입에 담기 어려운 막말을 해대고 있다.

국민 통합에 도움이 안 되는 이 단체의 행동은 비난받아 마땅하며, 이들은 수천 년을 유지해온 가톨릭 전통에 먹칠을 함으로써 가톨릭의 암적인 존재로 치부돼 향후 선교에도 막대한 지장을 초래할 것이다. 해체하는 것이 마땅한 단체다.

중동의 민주화, 북한에도 불까?

(『북한』지 2011년 4월호)

2011년에 들어와 장기 독재를 해온 중동국가들이 민주화를 맞고 있다. 24년간 독재를 해온 튀니지의 벤 알리 대통령이 1월 중순 민중 시위로 쫓겨났으며, 중동의 맹주를 자처해온 호스니 무바라크 이집트 대통령도 국민들의 거센 민주주의 요구로 30년 독재를 마감했다. 중동의 민주화 물결은 이제 42년간 최장기 독재를 해온 리비아 카다피 국가원수와 예멘 통일을 주도한 덕분으로 33년간 독재정권을 유지해온 예멘의 알리 압둘라 살레 대통령의 퇴진을 요구하고, 인접 알제리, 요르단, 이란, 바레인까지 번져 나가고 있다. 김정일은 아랍국가들이 붕괴하는 것을 보고 가장 가슴 아파할 독재자다.

북한과 중동 독재자들과는 깊은 우호관계

1960년대 북한은 중동국가들과 소위 '국가 대 국가, 인민 대 인민' 외교를 통해 민관 연합 동조세력 구축에 전력을 집중하여, 대(對) 중동 외교에서 한국보다 우위에 있었고, 북한 나름대로 이슬람권에 대해 많은 연구가 있었다. 아랍 강경 독재자인 이라크의 전 대통령 사담 후세인이나 시리아의 전 국가원수 아사드, 그리고 현 리비아 국가원수 카다피 등은 반제국주의 반미투쟁 등 이데올로기 면에서 북한과 흡사하다. 또 주한미군과 아랍-이스라엘 분쟁관계에서도, 반미와 연계시킨 이해관계의 보완성 등도 북한이나 아랍 측이 유사하다고 할 수 있다.

이집트의 4대 무바라크 대통령은 직전 3대 사다트 대통령과 같은 이집트 북부 메노피아 출신으로 공군 사령관과 부통령에 오를 수 있었다. 1973년 4차 중동전쟁 시에는 북한으로부터 조종사를 지원받아 이집트 공군 조종사들을 훈련시키고, 이스라엘 유대 절기인 욤키푸르(속죄일)에 이스라엘 침공을 효과적으로 할 수 있었다. 당시 북한은 군수물자도 1억 달러 상당을 지원했고, 이집트는 그에 대한 보은으로 북한과는 정상적 외교관계를 맺었으나, 남한과는 1994년까지 수교를 맺지 않고 총영사 관계로 한국을 격하시켜 왔다. 무바라크는 1981년 사다트가 암살된 후 대통령이 되어, 1983년부터 1990년까지 북한을 네 번이나 방문하여 친분을 두텁게 했다. 이러한 관계로 북한은 이집트로부터 소련제 스커드 B미사일을 북한으로 반입, 샘플 연구를 통해 미사일 개발을 하여, 오히려 중동국가들에 미사일을 역

△ 1993년 5월 동해상에서 시험발사된 로동1호(화성7호) 미사일은 소련제 R-21 미사일을 개량한 중거리 탄도미사일(MRBM)이다. 사거리가 1,300km에 달해 일본내 미군기지까지 타격이 가능하며 현재 이란과 파키스탄에 기술이전돼 각각 샤하브-3와 가우리 미사일의 원형이 되었다. 사진은 로동1호와 유사한 외형의 샤하브-3 미사일.

수출하기까지 했다. 이란-이라크 전쟁에서 북한이 이란에 판 무기는 30억 달러에 이른다.

북한은 중동권 독재자들과 친분관계를 유지하며 아랍국가의 제정일치 형태의 이슬람 정치제도를 많이 모방하고, 아랍 쪽에서는 북한의 신권적 정치제도를 많이 답습했다. 리비아 주민이 카다피를 향해 '알 파타(혁명)'를 외치는 모습이나, 시리아, 이라크에서 과거 사담 후세인 그리고 시리아의 아사드 등이 혁명을 외치고 거리에 많은 초상화를 걸어 존경을 표하도록 하는 것은 북한의 모습과 유사하다. 이란도 제정일치의 이슬람 국가로서, 북한이 이란에 미사일을 판매하고 대신 원유를 가져오는 불가분의 관계이다. 북한이나 아랍권은 각각 주체사상이나 이슬람 교리로 정권을 유지한다. 북한은 이슬람 사회주의 국가들로부터 종교적인 통치 형태를 많이 답습하고, 중동 독재자들은 자신들의 유리한 통치 방법을 모사해왔던 것이 분명하다.

고전적 독재정치 이론은 현재도 유효

　전 세계 장기 독재 국가는 중동, 아프리카의 소수 국가와 아프리카 일부 국가를 제외하고, 이제 모두 민주 공화정으로 바뀌어가고 있다. 이 모든 상황은 인간이 이 세상에 태어나서 인간답게 살 권리를 쟁취하기 위해서는 독재체제를 버리고 민주화로 가는 것이 필연적이라는 점을 보여주는 단면이다. 동북아에는 유독 북한만이 3대 세습을 하여 외부세계와 단절된 채 60년이 넘는 최악의 독재국가를 유지해가고 있다.　이제 북한에도 머지않은 장래에 독재가 종식되어 민주 정부가 들어오는 것은 필연적인 인류사의 귀결이다. 전체주의 독재 이론가 칼 프리드리히(Carl J. Friedrich)와 브레진스키(Zbigniew K. Brezinski)는 전체주의의 특성을 다음 여섯 가지로 요약하고 있다.

① 관제 이데올로기를 지향하고, 인간 생활의 집합성을 강조하며, 현존 사회를 무자비하게 타도하고, 천년 평화왕국 건설을 지향.

② 정당 체계는 독재자 한 사람에 의해 영도되는 단일 대중당에 의해 영도.

③ 반체제자들을 감시하기 위한 폭력적 경찰 체계.

④ 신문, 라디오, 영화 등과 같은 모든 유효수단을 당과 당 간부의 수중으로 독점.

⑤ 모든 무력 수단에 대한 독점.

⑥ 전체 경제에 대한 중앙통제와 지도로 경직성, 단순성, 종속성, 획일성, 단원성, 수직성 체제 성향을 강하게 보임.

위 여섯 개 항목 중 네 번째 항목은 독재자가 반대세력으로부터 정권을 보호하는 유효한 수단이지만, 민주 세력이 독재정권을 붕괴시키는 데도 유효한 수단이다. 혁명이나 변란으로 쿠데타 세력이 정권을 잡을 때 가장 먼저 장악하는 곳이 방송국이나 주요 언론매체다. 이는 미디어를 통한 정보 확산이 가장 빠르고 선전 효과가 크기 때문이다. 독재자들이 자신의 권력을 유지하기 위해 방송이나 언론매체를 장악하는 것은 필수 요건이라 할 수 있다. 역으로, 이번 중동 각국 민주화 세력의 정보매체 활용은 반독재 투쟁시위에서도 가장 효과적인 수단이었다.

중동의 민주화 운동도 정보매체가 주요 역할

인터넷이나 트위터, 문자 메시지 등을 통한 정보 확산은 민주화 세력의 집단화를 효과적으로 규합, 극대화할 수 있다. 이집트와 튀니지는 페이스북을 사용하는 사람이 각각 600만 명과 200만 명이나 되어, 민주화 시위 확산에 결정적 역할을 했다. 이집트에서는 구글의 중동, 북아프리카 매니저들이 사이트를 운영하면서 시위를 촉구, 익명으로 시위를 독려한 것이 결정적 역할을 했다. 배후 세력은 시위의 대변인이라는 익명으로 사이트를 운영, 수십만이 등록하게 하여, 이들을 통해 시위를 조종했다. 이들 시위 배후세력들은 비밀 점조직을 이루어 매일 촬영한 시위 장면을 동영상으로 페이스북과 인터넷에 올리고, 시위 장소와 시간을 사이트에 올려 대규모 시위가 가능케 했다. 이집트에서는 내무성 국가 보안총국에서 이를 차단키 위해 인터넷 접근을 통제하려 했으나, 군이 중립을 지켜 철저히 막지 못했다.

리비아, 바레인, 예멘 등의 보안당국은 시위 확산을 막기 위해 페이스북 접속을 철저히 제한했다. 이러한 민주화 시위에 대한 독재국가들의 네트워크 서비스 방해에 대해 힐러리 미 국무장관은 "역사는 억압 정권들이 반드시 혁명으로 붕괴된다는 사실을 보여주고 있다"고 언급했다.

북한의 민주화는 시간이 걸릴 것

북한의 민주화 여건이 성숙됨에도 불구하고 아직 성공에는 한계가 있다.

첫째로 이집트의 이번 시민혁명의 성공 요인은 소셜 네트워킹이 잘 되어 정보 확산이 빠르게 진행되었다는 점을 들 수 있다. 역설적인 이야기지만, 이집트의 오리콤 사가 북한에 모바일 사업 진출을 하여, 북한에는 30만 대의 핸드폰이 확산되고 정보 확산이 빨라지고 있다. 하지만 아직도 보안 기관의 인터넷 차단, 모바일 도청 등 감시가 철저하다. 이집트, 리비아, 요르단의 경우는 이미 오래전부터 핸드폰 모바일, 트위터 등의 사용이 자유로워 혁명 분위기가 조성될 수 있는 요건이 구비되어 있었다.

둘째, 북한의 경우는 아들에게 3대 세습을 했지만, 주민 기층이 이러한 장기 독재에 대항할 수 있는 여건이 원천적으로 봉쇄돼 있다. 북한에서는 반 김정일이나 반정부 성향을 띠는 것 자체가 죽음으로 이어질 수 있기 때문이다. 예를 들면, 이집트 정보부나 내무성 산하 보안총국은 소수 이슬람 과격파나 반정부 세력을 감시하는 정도에 그칠 뿐, 북한과 같은 정치범 수용소나 독재구역 등이 없다.

셋째, 이집트나 리비아는 혁명 직후 참신한 사회주의 표방으로 부패가 별로 없었고, 식량 등은 정부 보조로 인해 안정적으로 공급되었으며, 교육은 모두 무상이었다. 그러나 기득권 세력이 점차 부패해지고 통치세력의 가족이나 상층부에 부가 편중됨에 따라, 독재정권들이 국민들로부터 불신을 받아 민주화 세력이 봉기한 것이다. 북한도 노동당 상층부에 부패가 만연하여 돈만 있으면 무엇이든 해결할 수 있다는 분위기가 확산되어 가고 있다.

넷째, 아랍인들은 특유의 이슬람 절대주의와 반미주의, 반 시오니즘이 항상 상존하고 있어서, 그것이 폭발할 경우 지하드(성전) 정신으로 죽음을 두려워하지 않아, 마치 자살 특공대와 같이 걷잡을 수 없는 분위기로 확산된다. 그러나 북한의 경우는 주체사상과 수령절대주의로 통치, 잠재세력 자체가 자랄 수 있는 환경을 근본적으로 막아 버리고 있다.

다섯째, 중동국가는 어느 정도 인권이 보장되어 있다. 반정부 활동을 하지 않는 한 계층별 분류나 신분상의 불이익을 당하지 않는다. 따라서 시위나 반정부 활동을 할 여건이 어느 정도 되어 있다. 비즈니스도 자유롭고 정부 인사도 접촉이 비교적 자유롭다. 그러나 북한은 계층별 분류를 하여 관계당국이 상호감시로 철저히 통제한다.

여섯째, 아랍국가들은 북한과 같이 강제동원도 없고 통관, 통신, 통행 등 3통(通)이 어느 정도 보장되어 있다. 북한에 비해 느슨한 독재라서 민주화 세력이 발아할 수 있다. 그러나 북한은 3통을 철저히 통제하여 민주화 기반을 근본적으로 막고 있어 민주화에 장애가 되었다.

북한의 민중봉기 가능성이 싹트고 있다

중국과의 접경지역에는 국제통화가 가능한 중국제 휴대전화가 수천 대 들어가 있다. 중국 휴대전화만 있으면 서울과 곧바로 통화할 수 있다. 역설적이기도 하지만 이집트의 오리콤 사를 통해 북한에는 30여만 대의 핸드폰이 보급되어 있으며, 부분적으로 인터넷도 확산되고 있다. 따라서 남쪽의 소식이나 국제 정보가 과거보다 쉽게 들어가 북한 내부가 동요되기 쉬운 환경으로 되어가고 있다. 북한 주민들은 USB 메모리와 DVD 등을 통해 남한 드라마와 영화를 보고 있다. 북한에서 CD 플레이어도 살 수 있고, MP3도 젊은이들 사이에 많이 퍼져 있다. 2009년 10월 김일성종합대학교 학생 1만 8,000명을 대상으로 소지품 검사를 했더니, 2000여 명에게서 대북(對北) 영상물이 담긴 CD와 USB가 발견됐다고 한다. 북한 최고 엘리트들의 이 같은 정보 확산은 북한 내부에 전혀 민란이 일어나지 않으리라는 보장이 없다는 것을 보여준다. 북한 내부의 금전 만능주의가 확산돼, 뇌물을 주면 라디오 단속이나 중국제 휴대전화 통화 단속도 피해 나갈 수 있다. 화폐개혁 시 주민들이 장마당이나 시장에서 신권과 구권 화폐 교환액 제한으로 주민들의 불만이 확산, 봉기 직전까지 가는 등 민중 혁명 가능성이 전혀 없지는 않다. 베이징 등 중국 주요 도시에서의 반정부 시위가 일어나면 접경지역을 통해 즉각 북한에 알려지고, 이에 자극을 받은 북한 주민들이 집단행동을 일으킬 가능성이 있다.

리비아의 카다피는 민주화 세력에게 항공기, 전차 등의 무차별 공격을 했는데, 이것이 김정일에게 '무력으로 도모하면 된다'는 그릇된 생각을 가지게 하여 오히려 독이 될 수도 있다. 비록 북한의 민주화 여건은 열악한 환경이지만, 세계 독재국가의 민주화는 인류 보편적 가치로, 결코 김정일 정권이 독재를 영구히 할 수는 없다. 북한 내 적극적인 정보화 확산과 반 김정일 세력 육성에 집중할 때다.

포퓰리즘 공약 공화국

(〈미래한국〉 2011.04.27)

동남권 신공항 백지화 발표로 정치권은 물론 해당 지역에서 쟁론이 격화되고 있다. 우리 사회는 많은 갈등이 존재한다. 분단 이후 6·25를 겪고도 이데올로기 대립으로 남남 갈등이 심하다. 지역주의를 이용하는 정치가 지역 갈등을 유발해, 특정 당파에 대한 지역 전체의 맹목적인 지지 현상이 자주 표출된다.

급속한 경제발전에서 온 지역 간 불균형 갈등, 계층 간 갈등, 그리고 6·25를 경험한 세대와 그렇지 않은 세대 간 갈등, 지난 정권 군사 문화의 유산으로서 비롯되는 민·군 갈등, 친환경 세력과 정부 간의 갈등 등 여러 가지 형태가 있다.

동남권 신공항 건설 공약 사례

이러한 갈등을 교묘히 활용하는 것이 정치인들이다. 그 폐해로 나타난 동남권 신공항 건설 관련 갈등도 중요한 사례이다. 선거 때 표를 얻기 위한 대중 영합주의에서 나온 산물이다. 전문가 집단의 검증도 없이 선거 때 단견적 공약을 내세워 수년이 지난 후에도 후폭풍이 일고 있다.

공항 건설에 10조 원 이상의 투자비용이 소요되는데, 이를 회수하려면 항공 수요가 많아야 한다. 현재도 KTX 개통 이후 영남권 수요 부족으로 항공사들이 취항을 줄이고 있는 실정에서 새 공항을 지어 항공 수요 부족으로 막대한 손실이 난다면, 국민이 모두 세금으로 떠안아야 한다. 원래 이 사업은 노무현 전 대통령이 집권 말기인 2006년 12월 부산 북항 재개발 종합 계획 보고회에서 동남권 신공항 건설을 공식 검토하도록 지시해 착수하게 된 것이다. 얼마 전 갈등이 봉합된 세종시 문제도 노무현 정부 때 나온 것이다. 노 전 대통령은 재임 중 "선거에서 수도 이전 공약을 내걸어 재미 좀 보았다"고 고백하기도 했다. 그는 재임 중 국가 균형발전을 내세워 178개 공기업의 지방 이전을 공약으로 내걸어 지방 땅값을 올리고 업무 비효율화의 문제를 만들기도 했다.

결국 전임 대통령이 많은 공약을 내걸면 후임 대통령 후보들은 선거에서 이기기 위해 선임자 공약 외에 지역주민들에게 국익에 관계없이 더 솔깃한 공약을 내놓아야 하는 악순환이 계속될 수밖에 없다. 정치인이 자신의 영달을 위해 국가의 장래와 국익을 생각하지 않고

인기 영합주의에 휩쓸린다면, 국가의 장래는 어두울 것이다.

신공항 백지화로 쟁점이 되고 있는 대구나 부산의 국회의원들, 지방자치단체장들은 재선을 위해 대통령이나 정부를 비판해서, 언론에 이름이 오르내려야 다음 선거에 유리한 국면에 설 수 있다는 계산에서 더 격앙된 자세를 보이고 있다. 쟁점이 되고 있는 대구나 부산 인근 영남지역에는 국내 14개 공항 중 5개 공항이 몰려 있다. 김해, 대구 공항 외에 포항 공항, 울산 공항, 사천 공항 등이 있는데, 이들 공항은 김해 공항을 제외하고는 모두 적자를 면치 못하고 있다.

김해 공항은 국내 항공사 4개를 포함해 21개 항공사에서 26개 국제선 노선을 주 258회 운항 중이며, 대구 공항은 4개 외국 항공사만 4개 국제노선을 주 15회 운항 중이다. 이들 공항의 국제선 운항 횟수를 보면, 김해 공항은 12%이고 대구 공항은 0.7%로, 국제선 수요도 단기간에 크게 늘 것 같지 않다. 더구나 대구 공항은 KTX 영향으로 대구-김포 노선이 폐지돼 국내선이 줄어드는 추세다.

국내 항공사 관계자들은 '김해나 대구 공항은 현재도 국내선이나 국제선은 수요가 없어 운항을 최소화하고 있는 실정이며, 외국 항공사라 하더라도 수요가 없는데 새 공항이 들어선다고 취항을 하겠느냐'는 의견을 내놓고 있다. '특정 지역민의 편의를 생각하는 것도 좋지만, 이윤을 추구하는 기업 입장에서 손실이 나면서 취항할지 의문'이란 점도 지적하고 있다.

지역 이기주의는 결국 국민의 손해

새 공항을 지어 5년 후 개항한다고 해도, 항공화물이나 여객 수요가 갑자기 늘 것으로 보이지 않는다. 더구나 2020년대 이후는 각종 인구 지표들이 모두 인구 정체나 감소를 예측하고 있어, 미래를 향한 새 공항 건설 전망이 밝지 않다. 상황이 이러함에도 불구하고 대구나 부산 지역 지방자치단체장들은 각각 민자 유치를 하든지 독자 추진을 해서, 기필코 공항 건립을 하겠다는 성명을 발표하고 있다.

역대 대통령 치적 평가에서 60% 이상의 지지를 받아 여타 대통령들의 추종을 불허하는 박정희 대통령 시대에도 정치권의 지역 간 갈등은 있었다. 경부고속도로 건설 당시 1968년의 제63회 국회건설위원회에서 IBRD의 보고서에 근거해, 당시 야당 대표인 김대중 전 대통령은 호남 차별 정책도 거론하며, 경부선 복선철도에 비해 호남선 철도는 단선인데다가, 그나마 낡았는데도 경부고속도로를 우선 추진하는 것에 강력히 반발했다. 지역 간 불균형이 심화되니 호남선 철도를 먼저 건설해야 된다는 주장과 함께 박 대통령의 편중된 영남지역 집중 개발을 비판하고, 호남지역 차별론으로 지역주의가 등장해 영호남 대립이 심화, 지금까지도 정치발전의 저해를 가져왔다. 이번의 영남 내부의 대구와 부산의 신공항 유치 대립 갈등도 마찬가지로 결국 손해는 국민에게 돌아간다.

지역이기주의는 정치나 국가 발전을 저해한다. 이번 동남권 신공항 문제에 대해 이명박 대통령에게 비난이 쏟아지고 있다. 이 사업이 대선 공약이었고, 대통령이 최종 정책 책임자이기 때문일 것이다. 그러나 이 상황에서 비난보다는 진정한 국익이 무엇인지, 또 스스로 국가에 무엇을 봉사해야 할지를 생각해야 성숙한 국민의 자세라 하겠다.

카터, 평화사절단 자격 있나

(<동아일보> 2011.05.06)

　지미 카터 전 미국 대통령이 전직 국가원수급 모임인 엘더스 그룹 회원 3명과 4월 26~28일 북한을 방문한 후 서울에 왔다. 카터는 이번 방북 때 김정일을 만나지 못했다. 전 미국 대통령이 동양의 작은 독재국가 원수를 두 번이나 면담 신청해 만나지 못한 것은 미국의 굴욕이기도 하다. 김정일은 카터를 통해 남한 대통령과는 물론 미국과 조건 없이 만나기를 원하고, 미국의 안전 보장 없이는 핵 프로그램을 포기할 의사가 없다는 메시지를 보냈다. 이는 북한의 종전 입장을 재확인한 것이다.

　김정일은 미국과 대화가 필요하면 미국인 인질을 잡고 전직 미 대통령들을 불러들여 자신 앞에 굴종시킴으로써 북한 주민에게 '위대한 장군' 모습을 연출하고 있다. 빌 클린턴 전 대통령이 미국 여기자 석방을 위해 방북했고, 카터는 북한이 억류한 미국인 아이잘론 말리 곰즈를 데려온 바 있다. 이번에도 5개월째 북한에 억류돼 있는 한국계 미국인 전용수 목사 석방 문제를 협의했을 것이다. 카터는 이번 방북 때 김정일과 김정은을 만나 자신이 남북한의 경화된 국면을 완화하고 평화적 역할을 했다는 점을 과시할 생각이었다. 이런 모습은 평화사절단이라기보다 뉴스메이커로서 자신의 이름값을 올리려는 노욕(老慾)으로 보인다.

카터가 1994년 6월 북한 핵 위기 시, 김일성과의 회담으로 핵확산방지조약(NPT)에 복귀시키고 미국의 영변 공격에 제동을 건 역할에 대해 자서전에서 자랑했음에도 불구하고, 그는 우리에게 마음 편한 손님이 아니다. 카터는 대통령에 당선된 후 자신의 대선 공약인 주한미군 철수를 실행에 옮겨, 1978년 3,400명의 미군을 1차 철수시키고 추가 철군을 계획했다. 하지만 박정희 전 대통령의 시해와 미 의회 및 군의 반대, 땅굴 발굴 등으로 취소됐다. 카터는 재임 시 주한미군 철군과 함께 한국의 인권 문제를 거론하면서, 미군이 한반도에 배치한 전술 핵무기 제거를 압박해 북한을 흡족하게 했다. 카터의 이런 태도에 맞서 당시 박 대통령은 자주국방을 선언하고 미사일 개발 실험을 해 한미 관계가 악화되기도 했다.

카터는 방북 전 베이징(北京)에서 열린 기자회견에서 "한국이 북한에 식량 지원을 중단한 상태라 아동과 임산부 등 식량 부족으로 심각한 영향을 받는 북한 사람들이 있다"고 말해, 북한 식량난의 책임이 한국 정부에도 있다는 듯한 인상을 주었다. 식량난은 김일성과 김정일 부자의 농업정책 실패와 개혁개방 거부에 따른 자업자득이지 우리 탓이 아니다. 김정일은 북한 주민들의 굶주림을 외면한 채 지금도 호화 사치 생활을 하고 있다.

카터는 1979년 6월 29일 한국을 방문해 박정희 대통령과 한미 정상회담을 갖고 한국의 민주화를 요구했다. 유신체제 하의 한국 인권 문제를 이슈화하면서 박 대통령과 각을 세워 감정적 대립까지 했다. 카터는 인권 문제에 대해 그 나름대로 소신을 가지고 있는 인물로서 과거 한국 정부에 압력을 가했지만, 김정일에게는 이제껏 인권 문제를 단 한마디도 거론한 적이 없다. 카터는 도널드 그레그 전 주한 미대사, 브루스 커밍스 시카고대 교수 등과 함께 미국 내에서 몇 안 되는 친북 성향 인물이다. 독재자 김정일에게 인권에 대해 바른말 한마디 못 한다면 노벨 평화상 수상자로서 자격이 없다.

北 '비밀접촉' 협박은 김정일 노쇠화 반증

- 섣부른 정상회담 카드 만지지 말아야 (<데일리 엔케이> 2011.06.13)

북한은 김정일 방중 직후인 지난달 30일부터 남북 당국 간 정상회담 예비접촉 사실을 폭로했다. 북한 발표 내용에는 회담에 관여한 참석자 명단과 돈봉투 전달 사실, 천안함 무마 시도까지 담겨 있어 국내에 큰 소동이 일었다. 북한은 여기에 그치지 않고 최근에는 비밀접촉 녹취까지 공개하겠다고 협박했다. 폭로에 이어 협박으로 한 단계 압박 수위를 높인 것이다. 북측이 보인 저간의 행태를 볼 때 남측이 아무런 반응을 보이지 않을 경우, 또 다른 카드로 우리 정부를 흔들어놓을 가능성이 크다. 북측의 이러한 대남 압박 의도는 결국 남측 내부의 보수와 진보 간의 갈등을 일으켜 남한 내부 혼란 성과를 올려보겠다는 간계이다. 이와 함께 김정일의 건강과 심리가 노쇠화된 것과 관련이 있다.

우리는 언제부터인가 남북문제가 나오면 국민적 통합을 이루지 못하고, 정치권이나 국민들 간의 갑론을박으로 편안하게 지나가는 법이 없다. 바로 이러한 내부 분열이 김정일이 공갈협박을 통해 실속을 채우는 나쁜 버릇을 갖게 한 1차 동인이다. 이러한 모습은 과거 핵 문제부터 시작해 이 정부 들어 대북 전단살포 문제나 천안함 폭침 진실규명 과정에서 어김없이 재연됐다.

핵 문제만 해도 남한의 진보 좌파를 자처하는 종북주의자들은 "북한이 약소국이고 미국이라는 거대 강대국을 맞서기 위해서 핵을 보유할 수밖에 없어 이를 이해한다"라는 말로 북한을 옹호하는 입장을 취했다. 최근 민노당 대표는 "3대 세습을 비판하지 않겠다"고 말해 국회에서 종북 노선을 떳떳하게 밝히기도 했다. 북한 인권문제도 마찬가지다. 인권문제는 북한의 인권탄압 실태와 정치범 수용소 등 주민들의 참혹한 인권 현실을 개선하는 것인데, 이와는 거리가 먼 대북지원 문제를 끼워넣어 쓸데없는 논쟁을 벌이고 있다.

김정일은 이러한 남측 내부 갈등에 대해 속으로 쾌재를 부르고 있음이 분명하다. 남북문제를 지휘하는 국방위원회와 집행 단위인 정찰총국, 통전부는 이와 같은 남측의 분란을 흡족한 시선으로 바라볼 것이다. 명백한 대남 도발도 이명박 정부 책임이라며 정부를 공격하니 북한 입장에선 일거양득인 셈이다.

이명박 정부는 한반도 비핵화를 대북 정책의 최우선으로 추진해왔다. 그리고 이러한 원칙을 출범 후 지금까지 일관되게 잘 지켜왔다. 이와 같은 일관된 정책으로 과거 정부와 같이 현금 지원이나 쌀·비료를 지원하면서 구걸하는 서툰 모습은 보이지 않았다. 북한의 천안함, 연평도 공격에 대해서는 사과와 재발 방지 요구를 굽히지 않고 있다. 북한이 핵실험을 실시해도 몇 달 지나지 않아 수십 만 톤의 식량을 지원했던 노무현 정부와는 차별화된 모습으로 평가된다. 실제 북한은 남북관계 복원과 대북지원 유도를 위해 한동안 대남 유화전술을 펴기도 했다. 김대중 전 대통령 장례식에는 북측 김기남 비서와 김양건 통전부장이 내려와 김정일의 정상회담 초청 메시지를 들고 왔다. 지난 시절 북한에 구걸하다시피 성사된 정상회담과는 달리 북한이 우리에게 끌려오도록 하는 결과를 낳았다.

정부는 정상회담과 관련해 항상 문이 열려 있다고 말한다. 여전히 미국과 중국에게 비핵화를 위한 6자회담 개최는 남북관계 개선이 전제돼야 한다는 점을 관철시키고 있다. 북한이 천안함 사과와 비핵화를 위한 행동을 보인다면, 남북관계 개선, 대북지원 재개, 6자회담 개최가 일사천리로 진행될 수 있다.

정부가 이러한 노력의 일환으로 북한 당국자들을 만나 먼저 천안함을 사과하라고 설득한 것이 바로 베이징 비밀접촉으로 파악된다. 현인택 통일부 장관도 지난 몇 번의 대북 접촉에 대해 천안함 사건과 연평도 포격사건 사과 문제를 해결하는 데 집중한 것이라고 밝혔다. 북한의 녹취록 공개 협박에는 "할 테면 하라."고 맞받아 쳤다.

북한의 비밀접촉 폭로 당시 일부에서는 정부가 정상회담을 하기 위해 여러 번 대북접촉을 가져놓고도 이를 숨겨왔다거나, 겉으로는 대북 압박정책을 하면서 뒤로는 북한과 타협을 시도한 것 아니냐고 비난했다. 요새 한국 사회는 정부 정책이나 해명을 믿지 않으려는 경향이 강해졌다. 자신과 정치적 성향이 다르면 이러한 불신은 더욱 강해진다. 대북 정책은 사실상 논리로 상대방을 설득하는 단계를 이미 벗어난 느낌이다. 수개월 전 일본의 쓰나미 사태 당시 어려운 조건에서도 일본 국민이 보여준 모습과 대조적이다.

북한의 대남 공세는 더욱 빈번하고 노골화될 것이다. 여기에는 핵 실험이나 미사일 발사도 포함된다. 이명박 정부는 집권 하반기에 각종 게이트와 무상복지 등 포퓰리즘 준동으로 상당한 정치적 난국에 처해 있다. 대북 정책도 남북관계 단절 책임을 이명박 정부에 떠넘기는 야당과 종북 세력의 준동으로 선명성이 약해지고 있다.

이러한 국면에 과거 햇볕정권은 정상회담을 출구로 선택했다. 노무현도 집권 말기에 정상회담을 개최했다. 그러나 이명박 정부는 이와 달라야 할 것이다. 임기가 18개월 남은 이명박 정부가 남북 정상회담을 한다고 해서 큰 이익을 볼 것도 없다. 국민들은 지난 정부 두 차례에 걸친 정상회담에 식상해 있다. 회담은 화려한 환영 대회를 제외하고는 기대할 것이 별로 없다. 이명박 정부가 지난해 6·2지방선거에서 패배한 원인을 대북 정책에서 찾아 섣부른 정상회담과 대북 지원에 나선다면, 이는 북한 도발에 시간을 끌었지만 결과적으로 포상을 하는 것이나 다름없다. 일관성을 유지할 때다.

국정원 반세기를 말한다

(<뉴데일리> 2011.06.14)

금년 6월은 국정원 창설 50주년이 되는 해다. 현재 국정원에 몸담고 있는 사람이나 거쳐 간 사람들 모두는 창설 50주년을 맞아 감회가 새로울 것이다.

지난 반세기 동안 이 기관은 나무나 많은 시련과 영욕의 역사를 걸어왔다. 5·16혁명 직후 혁명 주체 세력들이 반공을 기치로, 육해공군에 분산되어 있는 정보보안 방첩 기능을 한 군데 모아 국가안보 정책에 효율적으로 대응하기 위해 이 기관을 만들어 중앙정보부라는 명칭으로 출범했다. 중정은 출범 이후 대공기관으로 방첩 업무나 대북 정보수집에 많은 공도 세웠지만, 정치활동에 관여하여 국민들로부터 비판을 받기도 했다.

국정원은 이러한 비판을 불식시키기 위해 그동안 두 번에 걸쳐 명칭도 바꾸고 쇄신도 하여, 정통 정보기관으로 변신하는 모습을 보이기도 했다. 국정원은 과거 동백림 간첩단 사건 관련자들을 색출, 징벌

⌃ 90년대 후반에서 2000년대 초 남북경협과 대북 경제 지원이 본격화되어 가는 와중에도 제1연평해전 (1999.6.15, 북한 어뢰정 침몰 및 경비정 대파 후 퇴각, 아측장병 7명 부상), 제2연평해전(2002.6.29, 북한 측 퇴각, 아측장병 6명 전사, 19명 부상, 참수리357호 침몰), 금강산 관광객 박왕자씨 피격사건(2008.7.11) 등 남북관계의 주도권을 쥐기 위한 대남 무력도발은 계속되었다.

하여 국민에게 대공 경각심을 높였고, 통혁당 사건 시 북한의 대남 혁명 기도를 사전에 차단하여 큰 공로도 세웠으며, 크고 작은 수많은 간첩들을 검거하는 실적과 공로도 있었다. 최근에는 황장엽 노동당 비서를 망명시켜 북한 정권 내부의 무모함을 폭로하고 국민에게 신뢰받는 일도 했다.

국정원은 지난 시절 부훈에서 잘 표현된 바와 같이, 음지에서 일하고 양지를 지향하는 역할도 했다. 이들의 활동은 국민이 알아주건 몰라주건 그저 국가 안보를 위해 묵묵히 일하는 것이 그들 본연의 자세요 임무다.

국정원 정문 밖 외로운 음지에는 대한민국의 안보를 지키다가 불귀의 객이 된 이 기관 출신 요원들의 제위를 모신 보국탑이 있다. 여기에는 이렇게 쓰인 글귀가 있다. "겨레의 모든 시련을 기꺼이 앞장서 막으리라. 음지에서 애국의 일념으로 말없이 실천하는…." 이 비문은 죽어서도 아무도 알아주지 않는 넋이 되어 대한민국 안보를 지켜보는 망령들의 고혼을 위로하고 있다.

최근의 각국 정보기관들은 정보가 국력이라는 말과 같이, 자국의 안보와 국가이익을 위해 각축전을 벌이고 있다. 실례로, 미국의 경우 최근의 미 CIA가 테러리스트 빈 라덴을 색출한 것은 그동안의 축적된 정보수집 능력과 전문 인력이 있었기 때문에 가능한 일이었다. CIA는 과거 이란의 회교혁명 전후 전문 인력 대량 해고로 한때 이란 정세를 오판하는 경우도 있었다. 9.11사태 후 CIA는 소임을 다하지 못하여 국토안보부라는 상위기관이 생기는 수모도 겪었다. 하지만 이러한 난관을 딛고 이번에 수천 명의 무고한 인명을 앗아간 테러리스트 빈 라덴을 소탕하여 미 국민들로부터 존경과 신임을 받았다.

일본이 청일전쟁에서 승리한 것은 정보전에서의 승리였으며, 여기서 막후 주요 역할을 한 것은 일본 중앙정보학교인 나까노 가꼬 출신 요원들의 역할이 컸기 때문이다.

정보, 방첩, 보안은 현대 국가에서도 상대방을 이기기 위해 절대적으로 필요한 수단이며, 이제는 국가뿐 아니라 민간 기업들도 이 분야는 중요하다.

최근의 북한은 김정일 방중 후 남북 간 각종 현안의 잘못을 남측 탓으로 돌리면서 남북 간 접촉 중단을 선언했다. 그들의 무력 위협은 더욱 가중되고 있다. 북한의 비핵화는 이제 공염불이 되어 3차 핵실험 도발이 예견되고 있어, 이에 대한 북한의 핵 개발 정보 수요가 날로 증대되고 있다. 천안함, 연평도 포격사건 도발을 남남 갈등으로 이용하면서 사이버 침투 활동을 더욱 강화하고 있어, 이에 대비한 국정원의 역할과 정보 수요가 어느 때보다 커지고 있다. 북한은 금년 들어 디도스 공격, 농협 전산망 해킹 사건을 비롯해, 키리졸브 훈련 동안 교란 신호를 보내 우리를 교란했고, 지난해 을지훈련 동안에는 GPS 신호 교란도 했다.

북한이 이와 같이 무차별적 인터넷 공격을 하고 있지만, 이를 막는 요원들의 활동을 지원해야 할 통신비밀보호법, 사이버 위기관리법이 여야의 정쟁으로 수년간 국회에 계류되어 있어, 안보에 대한 취약성이 깊어지고 있다. 한 번 안보의 구멍이 뚫리면 끝장난다는 점을 여야가 모두 유념해야 한다. 9.11사태 후 미국에서는 자유보다 안전이 더 중요하다는 여론조사 결과가 압도적으로 나온 바 있다. 조속한 시일 내 관계법 정비로 국정원을 비롯한 안보요원들이 제대로 활동하도록 해야 한다.

국정원 창설 50주년을 맞아 국가는 국정원 요원들에게 안보에 대한 무한 책임을 요구하고 있다. 이제 국정원은 입체적인 정보전에서 승리하기 위해 정보·방첩·보안 업무와 더불어 사이버 테러 등 IT 분야에서도 많은 전문가를 양성하여, 대공 분야는 물론 대테러 전에서도 승리해야 하며, 국민의 사랑을 받는 기관이 되어야 할 것이다.

김정일의 건강 징후 심상치 않다

<데일리 엔케이> 2011.07.04)

김정일이 한 달간 현지 지도에 모습을 드러내지 않고 북·러 정상회담까지 취소되자, 그의 건강 이상에 대한 의구심이 다시 커지고 있다. 일본 교도통신은 김정일의 러시아 방문이 취소되자, 복수의 러시아 정보 소식통을 통해 '건강 상의 이유'일 가능성을 제기했다.

김정일은 지난 5월 20일부터 27일까지 여드레 동안 건강이 좋지 않은 상태에서 6,000㎞ 가량의 방중(訪中) 일정을 소화했다. 건강한 사람이 열차로 이동하기에도 버거운 거리다. 실제 어느 정상도 상대국 방문에 이러한 강행군을 고집하지는 않는다. 김정일의 방중 일정을 의료진이 종합적으로 고려했을 것으로 보이지만, 나이와 뇌졸중 병력을 감안하면 정상적인 여정이 아님은 분명하다.

김정일은 이번 방중을 통해 중국의 경제·외교적 지원을 최대한 끌어내는 목표를 갖고 있었지만, 기대에 미쳤는지는 의문이다. 북한은 2012년 강성대국 진입의 해를 코앞에 두고 대대적인 경제 지원이 필요한 상황이었다. 그러나 특구 개발 이외에 눈에 드러나는 성과는 없어 보인다. 아무래도 내년 잔치를 치를 만큼 중국의 지원이 충분치 않았을 가능성이 크다. 북한이 최근 강성대국이라는 명칭을 두고 수위를 낮춰 '강성국가'로 바꿔 부른 것에서도 이러한 정황이 드러난다. 오히려 후진타오(胡錦濤) 주석에게 남북관계 개선 요구를 받고, 원자바오(溫家寶) 총리로부터는 개혁개방을 요구받아 마음이 편치 않았을 가능성이 있다. 여기에다 양광례(梁光烈) 중국 국방부장도 지난 6월 싱가포르에서 열린 지역안보 포럼에서 중국이 북한과 소통하기 위해 '상상할 수 있는 것 이상으로' 많은 노력을 해왔다고 밝혀, 천안함·연평도 포격사건 이후 양국이 이를 두고 입장이 순탄치 않음을 우회적으로 드러냈다.

북한은 김정일 방중 이후 대남 비난 성명 수위를 급격히 높였다. 각종 대남 담화를 통해 "남(南)과 상종하지 않겠다"고 협박한 데 이어, 남측과 정상회담 예비접촉 사실이 있었다면서 돈봉투까지 내놓았다는 폭로 아닌 폭로로 남측을 협박했다. 이후에는 남측으로 표류한 주민 송환, 전방부대의 사격 판 표지, 대북관을 담은 구호, 금강산 관광까지 연쇄적으로 문제삼았다. 중국에 대한 우회적인 불만 표시라는 분석이 나왔다.

김정일은 최근 한 달간 현지 지도에 나서지 않았다. 다만 몇 차례 실내 공연만 관람한 것으로 나타났다. 통치 실패로 인한 권력 누수를 현지 지도로 메우던 김정일이 갑작스럽게 현장 방문을 중단한 것은 그의 건강에 대한 관심을 자연스럽게 배가시킨다. 고령에 무박으로 강행군 일정을 소화한 방중 후유증과 러시아와 중국의 지원 미흡에 따른 스트레스, 내부 3대 세습 및 강성대국 등의 난제가 산적하면서 건강이 일시적으로 나빠졌을 가능성이 있다. 최근 정보기관에 입수된 김정일 방중 필름에서는 그의 왼쪽 다리가 제대로 기능을 하지 못해 수행원에 끌려가는 듯한 모습을 보였다. 일반적으로 병원에서는 뇌졸중 환자에게 금주·금연, 스트레스 관리, 과로를 피하고 평상심을 유지하도록 권하고 있다. 뇌졸중 병력 이외에도 다양한 합병증을 앓고 있는 김정일이 최소한 이러한 수칙도 지키지 못했을 가능성이 커, 건강 이상이 발생한 것 아니냐는 판단이다.

일단 우리 정보 당국은 김정일의 건강에 큰 이상 증세가 보이지 않는다고 밝히고 있다. 그러나 최근의 행보는 건강 이상에 대한 의혹을 갖기에 충분하다. 한 달여간 현지 지도 중단과 러시아 정상회담 취소가 그의 건강 문제와 결부돼 있다면, 한반도는 다시 예측 불가능한 상황으로 빠져들 가능성도 생겨나고 있다.

김정일에 '국방위원장' 호칭 써줄 필요 없다
- 우리 대통령에 대한 비난 수위 도 넘어 (<데일리 엔케이> 2011.07.26)

후계 결정 과정에서 김정일은 삼촌 김영주, 계모 김성애가 후원하는 이복동생 김평일 등과 후계 경쟁을 치열하게 진행했다. 당시 김정일은 자신이 후계자가 되기 위해서는 김일성의 신임이 절대로 필요하다는 것을 알고, 김일성 우상화 작업에 성과를 내기 위해 심혈을 기울였다. 고(故) 황장엽 노동당 비서의 증언에 따르면, 김정일은 어린 나이부터 정치적 야욕을 숨기지 않았다.

김정일은 1959년 고급 중학교 졸업반 시절 모스크바 21차 공산당 대회에 참가한 김일성을 수행했다. 모스크바를 방문할 당시 김일성은 47세로 원기 왕성한 나이였다. 그럼에도 불구하고 김정일은 김일성이 외출할 때마다 김일성의 팔짱을 끼고 부축하는 행동을 하는 등의 모습을 보였다고 한다. 또한 나이와 경험이 일천함에도 수행원들을 직접 불러 김일성 수행에 나서는 문제점을 지적하고 개선을 요구했다. 현장에서 모스크바 유학을 권유받자 "나는 아버지에게 배우면

충분하다. 외국 유학은 불필요하다"고 말했다고 한다.

　김정일은 1970년대를 전후하여 노동당 선전선동부 부부장, 부장으로 선전 매체를 장악하면서 김일성으로부터 큰 심임을 받게 된다. 그 비결은 김일성에 대한 우상화를 신격화 단계로 높인 점에 있었다. 김일성 개인숭배 운동은 과장된 찬양과 상징 조작, 날조된 과거 행적의 선전, 사상교육 등의 형태로 전개되었다. 김일성 이름 앞에 붙는 경칭과 찬양의 수사는 무려 180여 가지에 달했다. 김일성을 호칭할 때는 그 이름 앞에 최상의 수식어와 최상의 경어가 붙여졌다. '경애하는 수령', '어버이 수령', '탁월한 영도자', '가장 걸출한 지도자'에서 '김일성 그이는 한울님'에 이르기까지, 다양한 용어로 마치 기독교 성서에 나오는 하나님에 대한 경칭보다 더 많은 수식어를 붙였다.

　이와 더불어 김정일은 당시 혁명 5대 가극인 '꽃 파는 처녀', '피바다', '당의 참된 딸', '금강산의 노래', '밀림아 이야기하라'를 발표, 김일성의 항일 활동을 집중 부각시켜 김일성의 절대적 신임을 얻은 결과, 후계자로 안착하게 된다.

　김정일은 1992년 4월 13일 김일성에게 '대원수' 칭호를 부여함으로써 호칭의 극치를 보여주었다. 김정일 자신도 '장군님', '영광스러운 당 중앙', '친애하는 지도자', '존경하는 지도자', '영명하신 지도자' 등 김일성보다는 한 단계 낮지만 최고 지도자에 걸맞은 수식어를 붙이고 있다. 일반 방송 매체나 종북 성향의 남측 인터넷 매체들도 올해 4월 15일 "故 김일성 주석의 생일인 태양절을 맞아…"라고 보도하는 행태를 보이고 있다. 북한에서 사용하는 김일성에 대한 '주석' 존칭어를 그대로 인용해 쓰고 있는 상황이다.

이에 반해 조선중앙통신이나 〈노동신문〉은 남측의 국가원수에 입에 담기도 민망한 '이명박 역도', '역적패당', '불한당', '무리' 등의 표현을 쓴다. 심지어 최근에는 우리 전방부대의 김 부자를 향한 전투 구호를 문제삼아 악의에 찬 남측의 국가원수 모독을 이어가고 있다. 대북 지원을 통해 북한 정권을 물심양면으로 도왔던 김대중, 노무현 정부 시절 정상회담 등의 계기가 있을 경우에는 이름 뒤에 '대통령'이라는 직책을 붙이지만, 일반적으로 이 당시에도 '대통령 김대중' '대통령 노무현'이라는 표현을 주로 사용했다. 이에 비해 남측의 언론들은 자유분방한 북한 보도를 하면서도 김정일에게 필요 이상으로 '위원장'이라는 호칭을 붙여왔다. 통일부는 이명박 대통령에 대한 북한의 실명 비난이 최근 급증했다고 밝혔다. 대통령제를 채택하고 있는 국가에서 대통령은 국기, 국가와 함께 국가를 상징하는 가장 핵심적인 요소이다. 통일부는 "북한이 베를린 제안에 대해 부정적 입장을 표명한 지난달 11일 '조평통 기자회견' 이후 이 대통령에 대한 실명 비난이 급증했다"고 밝혔다. 4월부터 석 달간 총 166회에 걸쳐 비난했다고 말했다.

그동안 우리는 북한에 지원해줄 것은 다 해주면서도, 호칭 하나 제대로 받아내지 못했다. 김정일에 대해 언론이나 전문가들이 '국방위원장'이라는 호칭을 반드시 붙여야 하는지에 대해 심사숙고해봐야 한다. 김정일은 북한 권력에서 수령의 위치를 가지고 있고 국방위원장이라는 현직을 유지하고 있지만, 그의 반 역사성과 반 인민성, 대남 혁명 전략, 한국 대통령에 대한 태도를 고려할 때, 그에 대한 존칭은 우리 사회의 지성에 반한다고 볼 수 있다. 자국민의 인권을 유린하고 우리 대통령에 대해 선동적이고 비상식적인 비난을 일삼는데도, 우리 정부나 언론이 일관되게 김정일 위원장이라고 부른다는 것은 납득하기 힘들다. 나치의 홀로코스트(유태인 학살)가 드러났는데도 프랑스 〈르몽드〉 지가 '히틀러 총통'이라고 불렀다면, 유럽 지성 사회는 이를 용납하지 않았을 것이다.

차기 대법원장에게 바라는 것

(<미래한국> 2011.09.05)

사법부의 경우, 지난 좌파 정권 시절 임명된 이용훈 대법원장 임기 동안 사법부 안에는 우리법연구회 등 일부 진보 좌파 판사 그룹이 자유민주주의와 배치되는 판결을 해 간첩 및 좌파의 자양분이 돼왔다. 왕재산 간첩단 사건에서 보는 바와 같이, 대한민국의 자생 간첩과 지하당 조직은 그 원흉인 김일성이 죽은 지 20년이 돼도 수단과 방법을 가리지 않고 정계, 사법부, 행정부, 군, 종교계에 부식돼 빛을 발하고 있다.

김일성은 1973년 4월 대남공작 담당 요원과의 대화에서 다음과 같은 특별 교시를 내렸다. "유성근(1980년대 납북된 주 서독 한국대사관 노무관)의 경우를 보면, 남조선에서는 고등고시에 합격만 하면 행정부와 사법부에 얼마든지 들어갈 길이 열려 있는 것을 알 수 있다. 이제부터는 학생운동에서 검열된 학생 중에서 머리가 좋고 견실한 사람은 데모에 동원하지 말고, 고시 준비를 시키지 않으면 안 된다…. 중앙정보부와 경찰 조직에도 깊이 잠입할 길이 있다. 공채 시험을 치러 들어갈 수 있다"라는 교시가 이를 잘 대변하고 있다. 아무리 공안 기관이 수사를 잘해 간첩을 색출해내도 좌파적 시각의 잣대로 판결을 한다면, 대한민국의 정체성이 무엇인지 미래가 두렵기만 할 뿐이다. 이러한 가운데 최근의 임명된 한상대 검찰총장의 종북주의자들과의 전쟁 선포 발언은 의미가 있다.

사법부는 자유민주주의를 지키는 최후의 보루다

이미 우리 사법부는 간첩 사건을 비롯한 공안 사건에 대한 판결이 과거와는 판이하게 달라지고 있다. 좌익세력이 사법부에 상당히 침윤돼, 확실한 증거가 없으면 모두 기각 판결이나 무죄, 집행유예 등으로 풀려난다. 증거가 있어도 집행유예 판결을 받은 대표적인 것이 송두율 재판이다. 공안 당국이 여러 해 동안 추적해온 증거를 들이대도, 일부 판사는 마이동풍으로 집행유예 판결로 그 죄의 심각성을 간과하고, 징벌 아닌 징벌로 판결을 내리고 있다. 빨치산 추모제에 대한 무죄 판결 등 죄질이 나빠 당연히 중벌을 받아야 함에도, 가치중립성 등을 이유로 대한민국의 정체성을 부인하는 판결을 한 것도 사실이다. 일부 좌익 세력들이 공안 당국으로부터 피의자를 보호하고 정치적 명분을 얻기 위해 조작이라고 날을 세우는 것도 믿는 구석이 있어서 이러한 주장을 하는 것이다.

이번 왕재산 간첩단 사건에서 좌파 세력이 치고 나오는 것도 이런 연유이며, 어렵사리 기소가 돼도 재판부가 어떤 판결을 내리느냐가 관건이다. 최근에 사이버민족방위사령부라는 카페를 만들어 북한을 찬양했다가, 2008년 5월 인천지검에 불구속 기소돼 항소심에서 징역 1년에 집행유예 2년을 선고받고, 상급심에서 재판장이 1심 형량보다 6개월을 감형했다. 선고 이유를 '북한을 찬양 고무했고 실질적인 해악은 크지 않았다고 판단한다'는 식의 솜방망이 판결을 하고 있다. 더욱 가관인 것은, 피의자가 확신범 행동으로 법정에서 '김정일 장군 만세'까지 부르면서 형량이 적다는 말을 하는 정도가 됐다.

사법부의 판사 임용 과정에서 과거와 같이 신원조사를 특별히 하는 것도 아니고, 설령 좌익적 문제가 있어도 크게 반영도 안 된다. 이제 사법부에서 좌파적 요소를 견제하고 튀는 판결을 방지할 수 있는 최선의 방법은 대법원장이 예하 판사들에 대한 인사권을 행사하는 정도일 것이다. 좌파적 용공 판사는 인사권으로 퇴출시키는 방법 외에 길이 없다. 따라서 보수 성향으로 알려진 양승태 대법원장 후보자는 앞으로 대한민국의 정체성을 훼손하고 자유민주적 기본 질서에 위배되는 판사가 임용되지 않도록 해야 할 것이다.

왕재산 사건, 안보 대응 능력 높이는 계기로 삼아야

<조선일보> 2011.09.06)

　국내 공안기관의 끈질긴 추적 끝에 장기간 암약해온 왕재산 간첩단이 검거됐다. 고(故) 황장엽 전 북한 노동당 비서가 남한 내부에 북한 고정간첩이 5만 명에 이른다고 주장한 적이 있음을 기억한다. 결코 과장이 아니다. 휴전 이후 1999년까지 남한에서 생포, 사살, 자수한 남파 간첩 수만 5,000여 명이나 되고, 1,350여 명이 북한으로 도주했다는 공안 당국의 조사도 나와 있다.

　왕재산 사건의 배후인 북한 정찰총국은 대남·해외 공작을 총괄하는 기구이다. 편제상 인민무력부 총참모부 산하지만, 김정일에게 직보하는 체제다. 올해 초부터는 후계자인 김정은이 직접 정찰총국으로부터 보고를 받고 관련 지시를 하고 있으며, 총국장인 김영철(65) 상장은 김정은의 핵심 측근으로 알려져 있다. 정찰총국은 천안함 사태의 배후 기관으로 지목됐으며, 2009년 말 2인조 간첩의 황장엽 암살 시도도 김영철의 지시에 따른 것으로 드러났다. 검찰은 작년에 이어 올해 국내 주요 기관을 상대로 이뤄진 디도스(DDos) 공격도 정찰총국의 소행으로 확인했다.

정찰총국은 2009년 2월 노동당 작전부(침투 공작원 호송·안내 담당)와 35호실(대외 정보수집), 인민무력부 산하 정찰국, 그리고 225국 등 4개 부서의 통폐합으로 만들어졌다. 간첩 양성 교육기관을 운영하는 1국과 암살·폭파·납치 등 공작 업무를 담당하는 2국, 공작 장비를 개발하는 3국, 대남·해외 정보를 수집하는 5국, 남한 내 지하당을 조직하는 6국(225국), 그리고 121사이버 부대로 구성돼 있다. 121부대 산하에는 1,000명에 달하는 사이버 공격 조직들이 북한 전역 및 중국에 해킹 기지를 두고, 한국 내 주요 전산망을 공격하고 있다. 이번 사건의 중심축인 225국(구 연락부)의 국장은 강관주(가명 강주일)로 김일성의 외조카 뻘이다.

정찰총국의 도발에 대한 우리의 대응 능력은 어떤가? 좌파 정권 시절 국정원·경찰·기무사 등 공안기관의 대공 수사요원 양성 소홀로 수적·질적으로 취약하다는 지적을 받고 있다. 종북·간첩 세력에 대한 수사요원은 1998년 4,100여 명에 달하던 것이 2010년 말 현재 1,900여 명으로 대폭 줄었다. 어렵사리 간첩을 잡아내도 사법부가 집행유예 등의 솜방망이 처벌을 하니 허탈할 수밖에 없다. 빨치산 추모제 사건, 송두율 사건 등이 대표적이다. 새로운 대법원장에게도 자유민주주의 대한민국의 정체성을 지키는 역할을 기대하고 싶다.

홍어를 가오리라고 우기는 사람들

(<미래한국> 2011.11.16.)

MB정부 마무리 시기가 가까워짐에 따라 종북좌파주의자들이 정부의 대북 정책 비판을 더욱 거세게 하고 있다. 여기에 통일부 장관이 교체되면서 기존의 대북 정책이 변화되는 듯한 인상이다.

종북좌파 진영은 남북한의 대화 단절을 정부의 대북 정책 탓으로 돌리고, 남북정상회담을 무조건 재개해야 남북이 소통되며, 5·24 조치도 해제해야 교류와 화해 분위기가 올 수 있다고 주장한다. 원칙과 일관성 있는 대북 정책 추진은 북한 정권의 부패, 대규모 탈북, 반김 활동 증가, 회담 구걸 탈피 등 종전 정권의 읍소(泣訴) 식 정책과는 다른 패턴을 이끌어냈다. 그러나 종북좌파의 왜곡 주장으로 진실은 가려진 채 남한 내부가 오히려 문제를 일으키고 있다.

남북관계 경색이 우리 때문(?)

생선 중에 구분이 어려운 것이 광어와 도다리, 그리고 홍어와 가오리다. 생선을 바닥에 눕혀 머리를 놓고 볼 때 눈이 왼쪽으로 몰린 것이 광어이고, 입 쪽으로 있는 것은 도다리다. 홍어와 가오리도 마찬가지다. 홍어와 가오리는 모양이 유사하지만 학명이 다르다. 홍어는 각이 뚜렷한 모양을 하고 있지만, 가오리는 각이 둥글다. 생선을 취급하는 사람이 아니면 혼동하기 쉽다. 요즘에는 칠레산 홍어가 들어와 좀 싸지기는 했지만, 홍어는 가오리에 비해 가격이 비싸 모양이 비슷한 가오리를 홍어라고 속여 팔기도 한다.

종북좌파 세력은 홍어를 가오리라고 우기는 것과 같은 태도를 보인다. 사실을 호도해서 북한의 책임은 묻지 않고, 모든 잘못을 정부에 돌린다. 일부 국민들은 어느 것이 옳은지 헷갈려 진실을 알 수 없게 되어 버리고 만다.

5·24조치의 경우 천안함 사건으로 꽃다운 대한민국 젊은이들이 안보 전선을 지키다 북한의 기습공작에 의해 무참히 살해된 것으로, 사건 후 국민의 80%가 북한을 응징해야 한다는 취지를 반영해 내놓은 조치다. 종북좌파 세력은 세월이 지나 국민의 격앙된 분위기가 가라앉자, 그때 일을 벌써 다 잊고 정부의 5·24조치 때문에 남북이 막혔다는 주장을 한다.

좌파의 진실 오도는 곽노현 서울시 교육감 사례에서도 마찬가지이다. 곽노현 서울시 교육감이 지난해 교육감 선거에서 후보 단일화 과정에 2억 원이라는 돈이 거래됐다는 보도가 나오자, 처음에는 진보

좌파 진영까지 나서서 곽 교육감의 사퇴를 주장했다. 그러나 시간이 지나자 일부 진보좌파 세력이 "상대방이 어려워 선의로 2억 원을 대가 없이 줬다는 곽 교육감의 주장이 옳다"고 주장하자, 일제히 진보 정치권까지 공안 탄압을 합창하면서, 곽 교육감은 혐의가 없다고 반격에 나섰다. 이런 상황이 되자, 국민들은 이것도 옳고 저것도 옳은 것 같아 어리둥절한 듯하다. 물론 곽 교육감의 옳고 그른 것은 법원에서 가려지겠지만, 좌파가 태도를 180도 바꿔 그들의 입맛대로 주장하니 혼란스러운 것이다.

또한 언변이 좋은 좌파 논객이 방송에 출연해 대북 지원을 강조하면서, 실례로 남쪽의 대북 지원품 중 대한민국이라는 글씨가 있는 쌀이나 비료 포대가 깨진 북한 주민의 주택 유리창에 대용 바람막이로 쓰여, 자연히 북한에 한국을 홍보하는 등 부수적 효과도 크다고 주장했다. 그러나 북한 주민은 '남조선'은 알아도 '대한민국'은 모른다.

'자유'란 단어는 친일파의 것?

그런가 하면 역사 교과서에 자유민주주의를 명시한다고 해서 사퇴한 역사교육과정개발추진위원회 위원들이 있는가 하면, 자유민주주의의 '자유'란 단어를 걸고넘어지면서 "자유민주주의 운운은 친일파가 좋아할…"이라고 발언한 야당 국회의원도 있다. 철저한 1인 독재 국가인 북한도 헌법 2조에 "인민의 자유와 행복을 실현하기 위한"과 같이 조문에 '자유'라는 용어를 쓰고 있다.

자유를 풍족히 누리고 있는 대한민국에서 자유민주주의국가라는 말을 교과서에 넣는다는 것이 무엇이 그리 큰 문제가 된단 말인가? 역사 교과서에서 한반도의 유일한 합법정부 대한민국이라는 용어마저 빼고 툭하면 색깔론으로 몰아붙이는 종북 세력은 민주의 상징 용어인 '자유'라는 단어까지 시비를 하고 있다. 중동의 독재자들을 비롯한 전 세계의 독재자들이 민주화 혁명으로 모조리 쓰러지는 판에, 유독 아직도 존재하는 대한민국 좌파의 허무맹랑한 어불성설은 언젠가 역사의 심판대의 준엄한 심판을 받을 것이다.

중국 최고 지도자 부인들과 김일성·정일 부자

(〈조선일보〉 2011.10.31)

국가안전기획부 북한조사실 단장(2급)을 지낸 북한 전문가 송봉선 고려대 겸임교수가 최근 펴낸 저서 『중국을 통해 북한을 본다』를 통해 북한과 중국의 끈끈한 혈맹관계를 보여주는 희귀 사진들을 대거 공개했다. 이 가운데 눈길을 끄는 것은 김일성·김정일 부자가 중국 최고 지도자의 배우자들과 교분을 나누는 장면을 포착한 사진들이다.

1958년 12월 상하이를 찾은 김일성이 중국의 국부 쑨원(孫文)의 부인 쑹칭링(宋慶齡) 부주석과 반갑게 악수하는 모습, 1979년 5월 함흥 흥남비료공장에 세워진 저우언라이(周恩來) 전 총리의 동상 제막식에 참석한 부인 덩잉차오(鄧穎超) 전국인민대표대회 상무위 부위원장과 김일성이 기념품을 주고받는 장면, 2006년 방중 당시 김정일이 중국 차세대 지도자 시진핑(習近平) 부주석의 아내이자 국민가수인 펑리위안(彭麗媛) 인민해방군 소장과 악수하는 모습이 사진들에 담겼다.

송 교수는 "김일성·김정일 부자가 반세기에 걸쳐 중국 최고 지도자들은 물론 그들의 부인과도 친분을 쌓아왔다는 것을 보여줌으로써 북·중 동맹이 튼튼하다는 것을 대내외에 과시하겠다는 의도가 엿보인다"라고 말했다. 송 교수는 이 밖에도 인민복만 입는 것으로 알려진 김정일이 양복 정장 차림으로 포즈를 취한 사진, 김정일의 친여동생 김경희가 유년시절 중공군 장교의 가슴에 꽃을 달아주는 사진, 1963년 9월 김일성이 평양을 방문한 류샤오치(劉少奇) 중국 국가주석과 맞담배를 피는 사진 등 희귀자료 여러 점을 공개했다.

송 교수는 "마오쩌둥(毛澤東)은 대(對) 독일전에 참전했다 적에게 항복한 스탈린의 아들 얘기를 하며, 6·25전쟁에서 전사한 장남 마오안잉(毛澤東)을 자랑스러워했다"며 "마오쩌둥은 며느리의 간청에도 불구하고 아들의 시신을 중국으로 송환해오는 것을 거부했을 정도로 북·중 관계를 중시했다"고 말했다.

물론 북·중 관계가 순탄했던 것만은 아니다. 1960년 마오쩌둥은 김일성이 문화혁명을 지지하지 않는다는 이유로 김일성을 수정주의자로 비판했고, 김일성은 주체노선을 표방하며 중국과 거리를 두기 시작했다. 특히 1992년에는 중국이 김일성 부자의 만류에도 한국과 수교를 단행해 양국 관계가 최악이 됐다.

송 교수는 "북한은 중국을 혈맹으로 생각하면서도 항상 경계하는 입장이 됐고, 중국의 반대를 무릅쓰고 독자적 핵 개발에 나섰다"며 "하지만 경제가 파탄에 빠진 뒤로는 생존을 위해 중국과의 우호를 강조할 수밖에 없는 상황"이라고 말했다.

한반도가 중대 국면에 다가서고 있다

- 김정은 체제 안정 위험요소 산재해 (<데일리 엔케이> 2011.12.20)

북한 조선중앙 TV는 19일 김정일 사망 사실을 발표하면서 후계자 김정은에 대해 '위대한 영도자', '위대한 계승자'라고 명명했다. 북한 매체에서 그에게 위대한 영도자라는 표현을 사용한 것은 이번이 처음이다. 또한 232명의 장의위원 명단을 발표하면서 김정은을 처음으로 호명했다. 사실상 장의위원장 역할로 그가 북한 권력 서열 1위라는 점을 내외에 분명히 한 셈이다.

1994년 사망한 김일성의 영결식은 11일간의 애도 기간을 거쳐 7월 19일 장례식을 치렀다. 김정일은 17일 사망해 28일 장례식을 거행하기 때문에 애도 기간은 아버지와 같다. 일단 북한은 내부에서 김정일에 대한 조문 분위기를 고조시키는 데 힘을 집중할 것으로 보인다. 절대 권력자의 유고로 발생하게 되는 일시적 힘의 공백을 조문 분위기를 통해 메우면서 후계 안정을 도모하기 위한 목적이다.

김정일 장의위원 숫자는 김일성 장례 당시와 비교해 40명이 적다.

김일성 장례위원은 모두 273명이었다. 장의위원 명단에는 향후 김정은의 후견인 역할을 할 것으로 보이는 김정은의 고모 김경희가 14번째, 그의 남편인 장성택 국방위원이 19번째에 이름을 올렸다. 장의위원 순서가 공식 권력 서열을 반영하지만, 실질 권력을 그대로 보여주는 것은 아니다. 김정은 시대에 김정은의 후견인 역할보다 더 막강한 실력자를 다른 데서 찾는 것은 무의미할 수도 있다.

김정은의 후계 수업 기간이 일천하다는 지적이 있지만, 최소 4년 이상 지도자의 면모를 갖추기 위해 준비해왔던 점을 볼 때, 단기적으로 북한 내부가 혼란에 빠질 가능성이 커 보이지는 않는다. 김정은은 최근까지 후계 체제의 관건인 군부에 대한 정지 작업을 꾸준히 진행해왔다. 2009년 2월 11일 개최된 노동당 중앙군사위원회에서 리영호 총참모장, 김정각 총정치국 제1부국장, 김원홍 총정치국 조직담당 부국장, 우동측 국가안전보위부 부부장 등으로 김정은 인맥을 구축해왔다. 특히 2009년 5, 6월경 북한에서 작성된 '존경하는 김정은 대장동지의 위대성 교양' 자료에서 드러나듯이, 북한군은 '김정일의 군대'에서 '김정일·김정은의 군대'로 조금씩 변화해왔다.

북한 지도부는 당분간 김정은 체제의 안정화에 주력할 것이다. 1994년 김일성 사망 이후와 마찬가지로 대외적으로 애도 소강기를 가지면서 김정은을 중심으로 한 단일 지도체제 구축을 시도할 것으로 보인다. 장성택을 중심으로 한 후견그룹이 그를 보좌하는 형태이다. 이 기간 김정은이 당과 군부 후견 그룹을 잘 조정하면서 자신의 지도력을 증명해 나간다면, 김정은 체제가 일정 기간 순항할 가능성이 있다.

그러나 김정일 사망 직후 지도부 내에 동요가 없고 단기간 김정은이 큰 위험 요소 없이 권좌를 이끌어 간다고 해도, 장기적으로 김정은 체제의 성공이 보장되는 것은 아니다. 김정은이 필연적으로 마주칠 수밖에 없는 위기 요소가 곳곳에 산재해 있고, 그런 위기를 한두 번은 넘을 수는 있지만, 중장기적으로 김정은 체제가 성공할 가능성은 매우 낮아 보이는 것이 현실이다.

김정은은 지난해 노동당 대표자회를 통해 중앙군사위원회 부위원장에 임명됐다. 이후 중앙군사위를 통해 군부 장악에 적극 나서왔지만, 아직도 군에는 김일성 시대부터 내려온 노(老) 간부들이 존재하고 있다. 김영춘 인민무력부장, 이용무 국방위원회 부위원장, 오극렬 국방위 부위원장 등이 대표적이다. 김정은이 지도력을 보여 이들과 신진 세력인 리영호 총참모장, 김정각 총정치국 부국장, 이명국 작전국장 등과 조화를 잘 이룰 것인지가 관건이다. 군부 내에서 이들 간에 알력이 발생하고 권력투쟁으로 비화될 경우 김정은의 권력 기반 자체가 요동칠 수도 있다.

또한 고모 김경희와 고모부 장성택이 후견인이라고 하지만, 김정일은 한때 장성택을 혁명화 사업에 보내 고통을 주어 견제한 적이 있다. 김정일은 장성택을 쥐고 흔들 수 있는 정치력을 발휘했지만, 김정은이 장성택을 혁명화 구역에 보내는 등의 방법으로 그를 좌지우지할 수 있는지는 미지수다. 권력이란 부모 형제간에도 나누기 힘든 부분이 있다. 또한 가족간의 권력투쟁은 흔히 발생하는 일이다.

지난해 9월 당대표자회를 통해 장성택의 측근들이 대거 당 요직에 발탁됐다. 최룡해, 태종수, 김평해, 박도춘, 문경덕 등이 지방당 책임

비서에서 중앙당으로 올라온 신진 세력이다. 군에서는 리영호 총참모장, 김정각 군총정치국 제1부국장, 우동측 국가안전보위부 제1부부장이 장성택의 사람으로 꼽힌다. 만약 김정은이 장성택을 견제하거나 심각한 권력 운영의 실수를 보인다면, 장성택이 권력을 직접 장악하려는 욕구를 가질 수도 있다.

김정은의 권력 안정을 가로막는 것은 그가 물려받은 나라가 부도 직전의 상태라는 점이다. 북한의 경제가 극도로 악화된 상태에서 2012년 강성대국에 걸맞은 혜택을 주민들에게 베풀어야 한다. 주민 여론을 무마하는 리더십은 김정은에게 쉽지 않은 문제이다. 당면한 식량문제 해결, 경제난 극복 등 불만을 해결해주지 않을 경우, 주민들은 겉으로만 충성할 뿐 그를 지도자로 인정하지 않을 가능성도 있다.

대외적인 변수도 넘어야 할 산이다. 김정일 사망 후 북한의 제1의 후원세력인 중국은 당중앙위, 전국인민대표대회, 국무원, 중앙군사위 등의 명의로 '사회주의 강성국가 건설 전진'을 강조하고 후계 체제 안정을 지지하는 모습을 보였다. 그러나 김일성 사망 당시처럼 즉각적인 최고 권력자 명의로 즉각적인 조전을 보내지는 않는 등, 당시와는 달라진 모습을 보였다. 김정은 체제 안정을 위해 적극적인 역할을 하겠다는 모습도 아직은 보이지 않는다.

2012년 한국과 중국, 미국에서 권력 교체가 진행될 예정이다. 주변 국들이 외교적으로 힘을 싣기 어려운 상태에서 북한에 위기가 발생할 경우, 신속한 외교적 지원을 기대하기 어려운 측면이 있다. 중국뿐만 아니라 한국과 미국의 우호적 환경 조성도 정권 안정의 중요한 변수이다. 북한은 핵 문제를 중심으로 6자회담의 진전을 이뤄야 외부

원조 등을 기대할 수 있지만, 김정은 스스로 운신의 폭이 좁은 상태에서 군부의 강경 입장을 무마시키고 한미와 합의를 이뤄내기도 쉽지 않다.

김정은의 지도자 수업은 몇 년간 진행돼왔지만, 김정일에 비하면 일천하다. 김정일은 1974년 이후 삼촌 김영주나 이복형제 김평일 등과 권력투쟁에서 승리하면서 스스로 권력 기반을 구축했다. 김일성과 공동정권을 구성하면서도 적극적으로 자신의 입장을 관철시키고, 나중에는 김일성을 무력화시켰다. 1980년 6차 당 대회 이후부터는 정치국 상무위원과 비서국 비서 등을 거머쥐면서, 김일성에게는 외교권만을 주고 내치를 좌지우지했다. 김정은은 아직 스스로 쟁취한 권력 기반이 없는 상태다. 모든 위기를 권력 장악 하나로 이겨내온 김정일과는 다른 부분이다. 한반도가 중대 국면으로 더욱 다가가고 있다.

김정일이 사망한 이후 대부분의 북한 전문가들은 새 지도자 김정은의 나이가 아직 어리기 때문에 북한의 미래가 불투명하다고 분석한다. 김정은은 올해 서른이 됐다. 물론 어린 나이가 통치력에 문제를 일으킬 수 있다. 노동당이나 군부 세력의 노령층 간부들이 어린 지도자와 조화를 이뤄 북한을 통치하는 것은 쉬운 일이 아니기 때문에 이러한 분석은 어느 정도 타당성이 있다.

북한의 유일사상과 명진 스님

(<미래한국> 2011.12.27)

　북한은 유일사상 10대 원칙을 만들어 기독교의 10계명과 같이 북한 인민 대중들에게 이 원칙을 적용해 모든 법체계를 초월한 상위 개념으로 믿게 하고 있다.

　김일성이라는 유일신을 만들어 더 엄격한 행동 규율을 요구함으로써 북한 주민들에게 김일성의 절대성을 유지시키고 있다. 김정일은 1974년 4월 14일 당 5기 9차 전원회의에서 주체사상과 개인숭배, 절대권력 체제를 결합시켜 북한의 실질적인 최고 지상법이 되는 유일사상 10대 원칙을 발표했다. '전 당과 온 사회에 유일사상 체제를 더욱 튼튼히 세우자'라는 연설을 통해, 이는 단순한 상징적 통치 이념이 아니라, 전체 인민이 삶과 행동에서 지켜야 할 철저한 원칙임을 밝혔다. 따라서 비록 북한의 형법이 있다고 하지만, 유일사상 10대 원칙이 절대 우선이다. 이 원칙 하에서는 김일성이나 김정일의 권위를 훼손할 때는 아주 경미한 경우라도 강력한 처벌을 할 수 있다.

『저항과 화해의 비전』 저자인 리차드 라이트(Richard Wright)는 "북한의 유일사상 10대 원칙과 기독교의 십계명의 규율은 각각의 영역에서 동일한 목적을 가진 복잡하고 철학적인 생활지침을 직접적 형태로 구체화해 사람들에게 교리를 제시한다는 점에서 같은 역할을 하고 있다"고 했다. 만약에 북한 당국이 어느 특정인을 목표로 한다면, 이 10대 원칙에 걸리지 않는 사람은 없다.

여기에 비하면 남쪽은 그야말로 초법적인 자유를 누리고 있다 하겠다.

전 봉은사 주지 명진 스님은 최근 출간한 『중생이 아프면 부처도 아프다』는 책자에서 이 대통령을 향해 막말을 했다. 우이독경(牛耳讀經)을 고쳐 서이독경(鼠耳讀經), 즉 '쥐 귀에 경 읽기'로 비하하는가 하면, '쥐구멍에 물이나 들어가라'는 식으로 대통령을 쥐라며 천박한 말을 쓰고 있다. "대통령의 말이 서푼짜리 동전만도 못하다"는 말로 도저히 종교인이 쓴 책이라고 할 수 없을 정도의 표현을 했다. "차라리 청와교"라는 말로 대통령이 기독교 신자임을 비하했다.

모든 종교의 기저(基底)에는 사랑과 용서 그리고 내세관에서 죄를 짓지 말라는 구도(求道)의 길을 제시하고 있다. 이에 비춰 종교인인 명진을 아무리 이해하려 해도 이해가 안 된다. 명진 스님은 북한을 자주 왕래해 북한을 잘 알 것이다. 3대 세습을 하면서 유일사상 10대 원칙을 걸어 20만 명이나 되는 주민들을 정치범 수용소에 보내는 김정일 집단에 대해서는 단 한 번이라도 비판을 했는지 묻고 싶다. 남쪽은 명진의 이러한 국가원수 모독에 법 집행을 하거나 명예훼손으로 고발하지도 않았다. 우리 사회가 어떻게 여기까지 왔나 참담할 뿐이다.

    북한 웹사이트 〈우리민족끼리〉도 명진의 '쥐 귀에 경 읽기'라는 제목으로, 최근 명진이 '서이독경(鼠耳讀經)'이라는 부제로 발간한 신간서적 『중생이 아프면 부처도 아프다』를 인용해, 이 대통령에 대해 "'특등 사대 매국노', 히틀러를 능가하는 '리틀러'라는 별칭을 다 받았겠는가."라면서, 최근 불거진 대통령 주변의 비리를 결부시켜 집중 비난했다. 이는 종교와 정부 당국 간의 남남 갈등을 유발시키려는 또 다른 기도로 보인다.

    정치와 종교는 인간이 사는 사회에서 꼭 필요하다. 그러나 명진과 같이 '흑 아니면 백', '죽기 아니면 살기' 식의 논리로 접근하다 보면 해결이 나지 않는다. 현실세계에서 양자 관계는 가까우면서도 거리를 두어야 편하다.

—

2012년

—

김정은의 군부 의존 결국 부메랑이 된다

- 병영 체제 지속은 군 식량난 가속화 (<데일리 엔케이> 2012.01.10)

역사적으로 살펴보면 어린 나이에 정권을 승계한다고 해서 반드시 실패하는 것은 아니라는 것을 알 수 있다. 김일성이 소련 지원으로 1948년 북한 정권을 수립한 것이 36세 때다. 김정일이 1974년 후계자로 공식 등장한 나이가 32세이다. 모두 젊은 나이에 권력을 잡았다. 김정은은 이제 30세로 선대보다 더 젊은 나이에 최고 권력에 등극했다.

조선시대 왕조 역사를 보면, 27명의 왕 중 10대에 왕이 된 임금이 13명이며, 20대는 4명, 30대 이상은 11명에 불과하다. 조선시대 통치를 잘한 왕으로 알려진 세종은 21세에 즉위했다. 태평성대를 이끌었던 성종은 12세의 어린 나이에 즉위하여 37세까지 살면서 통치를 잘했다. 중동의 장기 독재를 이끌다 몰락한 카다피의 경우도 29세에 정권을 잡았다. 이와 같은 전례를 보면 김정은이 앞으로 북한을 이끌어가는 데 나이는 절대적인 변수라 할 수 없을 것이다.

권력의 속성에 따르면, 권력을 갖고 싶어 하는 자는 권력자의 나이와 관계없이 그 주변으로 몰려들게 돼 있다. 김정일 사망 이후 상주 김정은이 문상을 받는 장면을 보면, 나이 많은 70~80대도 모두 90도로 조아려 인사를 한다. 떠오르는 권력 앞에 아부와 충성이 뒤따른다는 점을 새삼 느끼게 한다.

김정은이 아버지와 다른 정책을 펼 것이라는 기대감은 이제 많이 수그러들었다. 북한은 김정일 유훈을 국정 운영의 제1원칙으로 내세웠다. 기아와 폭압으로 상징되는 장기 독재자 김정일이 사라지고 김정은이 등장했지만 변화의 기미는 없다. 김정은은 이미 2, 3년 전부터 단독으로 여러 정책 결정을 해왔다. 하지만 핵무기나 남북관계, 주민통제 어느 분야에서도 긍정적인 방향으로 가지 않고 있다.

우리 정부는 북한에 기회의 창이 열려 있다는 신년 메시지를 보냈다. 남한 정부에서는 김정은이 독재정권 세습자이지만, 새로운 남북관계를 열어 한반도의 평화는 물론 북한 주민에게도 희망의 온기가 느껴지기를 기대하고 있을 것이다. 그러나 어린 지도자 김정은의 시작 전조는 그리 좋지 않다. 엊그제는 이명박 정부와 상종하지 않겠다고 남측 조문 조치에 대한 가시 돋친 비난을 하고 나섰다. 강성대국과 선군정치를 앞세우고 후견인 고모부 장성택까지 군복을 입히는 등 군부 폭압정치의 전조가 보이고 있다.

주민 통제 정책도 일종의 병영 식 통제 정책의 연장으로 볼 수 있다. 통일부 '인권백서'에 의하면, 지난해 9월까지 북한의 공개처형은 60여 명 이상 되어, 전해에 비해 3배나 많아졌다. 2011년 8월부터 김정은 지시로 양강도와 함경북도 등 국경지대에 군인들로 구성된 폭풍 군단 검열 조를 만들어 탈북, 밀수, 중국 휴대폰 사용을 철저히 통제하고 있다.

지난해 당대표자대회 이후 김정은은 김정일과 함께 100회 이상의 공개 활동을 했지만, 군사 분야가 26회로 가장 많고 경제 분야 25회, 대외 분야가 10회, 그리고 기타가 39회다. 천안함 사건과 연평도 포격 사건을 도발한 것도 2009년 2월 노동당 작전부와 35호실 인민무력부 정찰국 등 3개 부서를 통폐합하여 만든 정찰총국을 김정은이 지휘하면서 발생한 사건으로 보인다. 서해 5도 관할지역 군단인 4군단장 김격식을 해임하고 새로이 변인선을 임명한 것도 김정은 자신의 도발 행위를 비켜 나가기 위한 행동에 불과하다. 김정은 시대 처음으로 나온 신년 공동사설에서도 김정일의 유훈과 선군정치를 이어가겠다고 다짐하고 있다. 이처럼 북한 김정은은 자신의 취약한 권력 기반을 아버지 유훈과 군부에 기대어 돌파하려는 의도를 노출하고 있다.

물론 초기에는 군부의 지지를 받고 가는 것이 가장 안정감이 있을 것이다. 그러나 김정은이 변화를 거부하고 군부에만 의존해 병영 국가 시스템을 지속해 나간다면 북한의 경제난은 더욱 극심해질 것이고, 군부 내 식량난도 극심해질 수밖에 없다. 김정은 중심으로 군부 인적 쇄신이 가속화되면, 이 과정에서 소외된 세력의 반발도 커지게 된다. 김정은에 위장 충성하는 상당수 군 간부들도 이런 상황을 계속 참는 데는 한계에 도달할 수밖에 없다.

탈북 주민들의 운명

(<한국일보> 2012.03.15)

중국은 탈북자들을 난민으로 인정하지 않고 불법 체류자라는 멍에를 씌워, 체포된 탈북자를 북한으로 돌려보내고 있다. 북한에 보내진 탈북자들은 북한 보위부 당국자들로부터 인간 이하의 고문과 처형, 중노동에 처해지고 있다. 최근에는 지도자 김정은마저 "김정일 애도 기간에 탈북한 사람들은 삼족(三族)을 멸하라."는 지시를 내렸다. 북한이라는 집단의 잔학 행위가 전 세계는 물론 인류 역사에도 찾아볼 수 없는 범죄 행위로 일관하고 있는 것이다.

탈북자들이 죄가 있다면 북한에서 태어났다는 죄뿐이다. 모든 인간은 이 세상에 태어나 정의롭게 살 권리가 있는 것이 인류 보편의 가치다. 더욱 가관인 것은, 중국 당국이 이들 탈북자를 돌려보내는 데 항의해 단식 농성을 벌이는 박선영 자유선진당 의원에 대한 진보 성향 단체들의 비판이다. 표현이 지나친 부분이 한둘 아니다. 마치 우리 속담에 "나무라는 시어머니보다 말리는 시누이가 더 밉다"는 표현이 이들에게 적절하다.

강제로 보내는 중국은 시어머니 격이고, 북한을 두둔하는 일부 진보 단체들은 시누이 격이다. 이들은 박 의원을 향해 "공천을 받기 위해 쇼를 한다"거나 "다이어트하면서 사기치지 말라."고 비난하는가 하면, 수감 중인 인터넷 팟캐스트 방송 '나는 꼼수다'(나꼼수) 출연자 정봉주 전 의원 사이트에서 "안면 근육 배열을 보니 기절한 게 아니다", "오버 적당히 해라." 등의 야유를 보냈다. 정 전 의원은 국회의원 시절이던 2004년 "탈북자를 받아들이면 북한이 곤란할 수밖에 없고, 결국 남북관계에 악영향을 줄 수 있다. 미래적 남북관계를 위해 이 문제로 북한을 자극하지 않도록 해야 한다"고 말했던 장본인이다.

2000년 남북 정상회담 이후 6·15 공동선언 실천 남측 위원회를 중심으로 한 '우리민족끼리' 세력은 지금까지 탈북자 문제에 대해 침묵으로 일관해왔다. 이들은 북한 인권법 통과에 반대를 해온 중심 세력이다. 6·15 남측 위원회에 참여했던 조국통일범민족연합(범민련) 남측 본부와 평화와통일을여는사람들(평통사) 등은 탈북자 문제는 거들떠보지도 않고, 제주 해군기지 반대, 한미 자유무역협정(FTA) 폐기 촉구, 한미 정례 군사훈련 반대 등 정치 투쟁에 열을 올리고 있다. 이들은 2004년 베트남을 통해 468명의 탈북자가 대거 국내에 들어온 뒤 북한이 반발하자 "탈북을 부추기는 기획 탈북을 중단시키라."고 요구하기까지 했다. 만약 북한에서 중동의 민주화나 동구, 소련에서와 같은 시민혁명이 일어나 3대 세습 독재자들이 제거되고 나면, 이들 세력은 무엇이라고 할 것인가. 대변도 하기 전에 북한 주민들로부터 돌팔매를 먼저 맞을 것이다.

김정은에겐 기대할 것이 없다
(『북한』지 2012년 5월호)

적화통일 못 한 한을 풀겠다는 김정은

김정은은 제4차 당대표자회에서 노동당 제1비서 겸 당 정치국 상무위원, 중앙군사위원회 위원장으로 추대되고, 국방위원회 제1부위원장, 최고 사령관에 오름으로써 전권을 장악했다. 북한 정권은 당 중앙군사위원회 위원장을 제1비서가 겸임하도록 노동당 규약을 개정하여, 김정일이 '영원한 총비서'이고 노동당은 '김일성·김정일의 당'이라고 선포했다. 또 제1비서직을 신설하여 제1비서가 당의 수반으로 당을 대표하고 전당을 영도하며 김일성·김정일의 사상과 노선을 실현해 나간다고 밝혔다.

또한 최고인민회의에서는 김정일에게 영원한 국방위원회 위원장 자리를 부여하고, 김정은 자신은 제1위원장직을 차지했다. 지난 1994년 김일성 사망 후 김정일이 김일성을 영원한 주석으로 만들고, 김정일 자신이 주석 자리에 오르지 않았던 것과 판박이다. 김일성은 북한을 창건하여 김씨 일가가 한반도를 영원히 지배하고자 했다. 자신이 세운 국가를 마치 바티칸이나 중동의 이슬람 신권통치 국가의 통치 방법으로 김씨들이 영원히 세습 통치하도록 한 것이다.

아들 김정일은 살아생전 김일성을 신으로 만들고, 자신은 교주로, 3세인 김정은은 차기 교주로 만들었다. 그로써 김씨 일족이 천세만세 한반도를 통치하고, 그들이 마음먹은 시기에 남조선까지 해방, 한반도에서 확고하고 굳건한 종교 정권을 수립하는 것이 그들의 목표다. 김정일은 김일성이 지난 1994년 죽고 나서 3년간이나 일체 외부 활동을 자제한 채 김일성의 유훈으로 북한을 다스려 나간 적이 있다.

김정은의 경우도 김정일과 마찬가지로 선대의 유업을 받들기 위해 강성국가 유훈에 따라 김정일이 살아생전에 진력해왔던 핵과 미사일 개발에 총력을 기울이고 있다. 그들에게는 체제를 보호하기 위한 만능적 수단이 모세의 지팡이와 같은 핵과 미사일이라고 할 수 있다. 이제 김정일은 갔어도 김정은 자신은 장거리 미사일을 개발 완성하여, 그의 조부와 아버지가 미국 때문에 통일하지 못한 한을 풀고, 체제 유지를 위해 지엄하고도 존엄한 유훈을 지키겠다는 것이다. 김정일이 죽은 지 반년이 지나가지만 김정은에게서는 주민을 위한다거나 대외적으로 긍정적인 모습은 그 어느 것도 전혀 보이지 않고 부정적인 방향으로만 가고 있다.

김정은, 군부 장악에 총력

4차 당대표자회의에서 김정은의 심복들이 대거 요직에 진출됐다. 혁명 원로였던 최현의 차남인 전 근로단체 비서 최룡해(62)를 정치국 상무위원회(5명)에 임명하고, 이어 군 감시 조직인 총정치국장으로 임명했다. 김정은이 맡았던 당 중앙군사위 부위원장직도 맡겼다. 민간인인 최룡해에게 군복을 입혀 군의 수장을 만드는 일은 북한만이 할 수 있는 일이다. 일부에서는 장성택이 김정은의 군부 장악을 돕기 위해 자신의 분신 최룡해를 투입했다고도 했다. 국가안전보위부 부장에는 김원홍(68)을 기용한 바, 김원홍은 보위사령관(기무사령관 격)에 이어 2009년 초 총정치국 부국장을 맡아 김정은의 군 장악을 도왔다. 제3차 당대표자회 때는 김정은 옆에 앉아 최측근임을 과시했다. 인민무력부장 자리는 총정치국 제1부국장인 김정각을 임명했다. 김정은은 군을 자신의 심복들로 채운 셈이다.

'김정일 시대'의 핵심 군부 세력이었던 군부 원로들은 한직(閑職)으로 밀려났다. 김정일과 어려서부터 가까운 관계로 30년간 대남 공작을 총지휘했던 오극렬(82) 국방위 부위원장은 정치국 멤버이긴 하지만 후보위원에 머물렀고, 1995년 6군단 반란 사건을 진압해 김정일의 절대적 신임을 받았던 김영춘(76) 차수도 인민무력부장직에서 해임돼 군사 부장자리로 자리를 옮겼다.

지난 2월 16일 김정일 생일 때는 북한군의 예식 행사에서 군 수뇌부가 이례적으로 김정은 앞에 일제히 늘어서 충성을 맹세함으로써 권력 기반이 취약한 김정은을 옹위하고, '3대 세습체제'를 고수하겠다는 의지를 대내외에 과시했다. 사실상 김정일 생일에 열병식이 열린 것은 처음이다. 리영호 군 총참모장, 김영춘 인민무력부장, 최근 차수 계급장을 단 김정각 군 정치국 제1부국장, 김원홍 군 총정치국 부국장, 박재경 대장 등 주석단에 있던 군 수뇌부는 광장에 내려가 김정은 앞에 도열, 김정일에 의해 핵보유국이 된 점을 강조하고 충성을 맹세했다.

리영호 총참모장은 군 수뇌부를 대표해 "인민군대는 설사 지구가 깨지고 하늘땅이 열백 번 뒤집힌다 해도 당과 영원히 운명을 함께하겠다"며 "우리 대에 기어이 미제와 남조선 괴뢰 역적 패당을 총대로 쓸어버리고, 민족 최대의 숙원인 조국통일의 역사적 위업을 반드시 이룩하고야 말겠다"고 말했다. 열병식에서는 분열행사에 이어 방사포, 미사일, 장갑차 등 각종 무기를 선보임으로써 군사력 강화에 더욱 힘을 쏟고 군부 총대정치를 계속하겠다는 김정은의 의지를 드러내고 있어, 개혁적 사고는 조금도 보이지 않는다.

장거리 미사일·핵 개발로 선대 유업 계승 선포

김정은의 장거리 미사일 발사와 관련해 일부 북한 분석가들은 지난 3월 말 북한이 미국과의 합의를 저버린 것은 강경파들과 대미 협상파들 간의 알력 때문에 일어난 일이라는 분석도 했다. 그러나 북한은 유일 지배체제로서 결코 군부세력에 의한 것이기보다는, 김일성 생일 100주년을 맞아 김정은 자신이 이를 번복했을 가능성이 크다. 장거리 미사일 발사는 강성대국을 대내외적으로 과시하고, 이어 핵실험 의사를 표출함으로써 김정은 자신의 위상을 높이고자 했을 가능성이 크다. 4차 당대표자회를 통해 노동당 제1비서에 올라 대내외적으로 존재감을 과시하고 당 중앙군사위원위원장에 올라 유훈을 지키면서, 김정일에 대해서는 영원한 총비서와 국방위원장직을 부여하여 아버지 김정일이 조부 김일성에게 한 것과 똑같은 행태를 보였다. 이제 김정은은 최고 사령관은 물론 헌법을 고쳐 국방위원회 제1위원장 자리도 거머쥐어 승계를 마무리했다.

김정일이나 김정은 모두 북한 주민이 죽거나 살거나 관계없이, 선대의 유훈은 결코 어떤 것도 바꿀 수 없는 절대적인 '신의 명령'으로서 결코 포기할 수 없다. 황장엽 씨는 김정일이 북한 주민의 절반이 굶어죽어도 눈 하나 깜짝할 인물이 아니라고 했다. 김정은도 자신의 당대표자회에서 노동당 총비서를 꿰어 차고 팡파레를 울려야 할 상황에서 결코 주변 말을 듣고 장거리 미사일 발사를 포기할 위인이 아니다. 고집대로 발사 강행을 했고, 결국 실패했다. 북한은 여러 번에 걸쳐 이번 발사가 위성실험이라고 강변하며 여전한 뻔뻔스러움을 국제사회에 보이기도 했다.

북한 〈노동신문〉은 지난 2월 7일 "공화국(북한)의 평화적 우주 진출을 막을 힘은 그 어디에도 없다"며 "지금 우리는 우주를 평화적으로 이용하기 위한 사업을 적극 추진하고 있다"라고 장거리 미사일 실험을 위성 발사로 호도하는 한편, 핵실험 의사도 표시하여 유훈을 이어가겠다는 의도를 분명히 했다. 상전인 중국이 최근에 북한의 위성 발사에 적극적인 제재 의사를 표시해도, 미·북 간 이면 협상도 유훈

앞에서는 전혀 통하지가 않는다. 한편 〈노동신문〉도 사설에서 김정일에 의해 "세계적으로 손꼽히는 핵보유국, 인공 지구위성 발사국이 됐다"면서 "김정은 동지의 두리(주위)에 뭉쳐 장군님 사상과 유훈을 충직하게 받들자."고 역설했다. 지난 2차 핵실험에서 50일 간격을 두고 미사일 시험에 이어 핵실험을 한 바, 핵·미사일 개발로 체제수호 의사를 분명히 하며 주변국을 위협하고 있다.

종북좌파 세력 선동으로 선거 개입·사회교란

북한이 한국의 선거 개입을 위한 대남공세를 강화하고 있다. 이는 어제 오늘의 일이 아니다. 이번 총선에서도 통일전선부(통전부) 산하에 선거 개입을 위한 비밀조직(TF)을 가동하고 있다. 대남 선전 선동 웹사이트 〈우리민족끼리〉는 소셜 네트워크 서비스(SNS)를 통한 개입을 기도하고 있다. 선거 때가 되면 통전부는 으레 자신들의 입맛에 맞는 좌파 정권이 한국에서 승리하도록 하기 위해, 베이징에 사무실을 두고 한국 정치인을 조종하거나 각종 선전 매체를 동원하고 있다. 통전부 산하 조국평화통일위원회가 운영하는 '우리민족끼리'는 우리 총선을 전후해 새누리당과 대통령에 대한 욕설과 비난 일색이다. 〈우리민족끼리〉는 '전대 미문의 반민중적, 반민주적 불법사찰을 단호히 성토한다'는 문건을 통해 "'새누리당'의 국회 입성은 곧 유신독재와 실용정부의 민간인 불법사찰 부활"이라면서 "민간인 불법사찰 사건의 주범인 이○○이 '특검'을 계기로 또다시 협잡배의 기질을 발휘하리라는 것은 불 보듯 명백하다"고 주장했다.

이어 "권력에 환장한 박근혜를 비롯한 새누리당의 족속들은 민주 개혁 세력들이 민간인 불법사찰을 총선에 리용하고 있다는 궤변을 늘어놓으면서 요사스럽게도 민생복지를 떠들고 있다", "모두 다 선거 장으로 달려가 새누리당에 파멸을 안기고 국민의 이름으로 이○○을 하야시키자!"고 선동했다.

조국통일민주주의전선 중앙위원회 서기국도 비망록을 통해 "이명 박은 남북관계를 최악의 국면으로 몰아넣은 장본인"이라면서 "우리 는 이명박 패당의 무모한 체제 대결 책동을 결코 용납하지 않을 것이 며, 반드시 비싼 대가를 받아낼 것"이라고 말했다. 조국평화통일위원 회는 '남조선 동포 형제자매들에게 고함'이라는 격문에서 "남조선 평 화 민주개혁 세력은 당파와 소속, 당리당략을 초월해 굳게 연대·연합 해 선거 당일을 친미 반 통일 파쇼 세력 심판의 날로 만들자"고 선동 했다. 특히 〈우리민족끼리〉는 '리○○ 보수패당을 단호히 심판한다' 라는 코너를 신설하고 대통령과 여당을 비난하는 성명·담화·투고를 연일 게재했다. '박근혜의 뒤집어놓은 색깔론', '남조선 인민들은 새누 리당에 다시는 기회를 주지 않을 것' 등 남한의 총선에 즈음하여 〈노 동신문〉, 〈우리민족끼리〉 등을 통해 대남 비난 공세를 강화하고 있 는 것이다.

북한은 혹시라도 이번 총·대선에서 좌파 정권이 승리하면 과거와 같이 돈과 쌀이 넝쿨째 들어올 것을 기대하고, 좌파 정권 승리를 위 해 전 매체를 총동원하여 대남선전을 하고 모습이다. 대남 기구인 반 제민족민주전선은 정초에 "진보 세력의 대단합을 보다 높은 수준에서 이룩해 올해 총선과 대선에서 남한 정부에 결정적 패배를 안겨야 한다"고 주장하기도 하는 등 '남조선 혁명' 목표에는 변함이 없다.

갈수록 포악해지는 김정은

김정은에게 더욱 가증스러운 것은 그의 도발성과 포악성이다. 김정은은 잘 알려진 바와 같이 정찰총국과 4군단을 조종하여 천안함 폭침 사건과 연평도 포격 사건을 일으켰다. 우리가 흔히 쓰는 말에 '매 앞에 장사 없다'는 말이 있다. 김정은은 온실 속에 자란 식물과 같은 존재다. 고통을 경험하고 평지풍파를 겪고 자라야 북한 주민의 고통이 무엇인지, 인간의 고뇌가 어떤 것인지를 알 것이다. 김정일이 김정은 세자 수업으로 철저하게 가르친 것은 조부와 아버지가 유훈으로 남긴 군부 장악과 포악성을 철저히 이수시킨 것이다. 김일성이 일찍이 동생 김영주와 김정일의 경쟁 관계에서 아들 김정일을 세자로 찍으면서 한 말이 있다. "정일은 독한 면이 있지만, 영주는 그렇지 못하다"이 말은 북한을 장악하고 이끌어 나가는 데는 강력한 철퇴로 국가 집단을 다스리는 것이 절대적으로 필요하다는 뜻이다.

김정은은 그가 후계자로 등장한 후 포악한 업적으로 천안함 사건과 연평도 포격 사건을 저질렀다. 정보 당국자들에 의하면 김정은이 체제 결속을 고심하고 있지만, 최근 북한 내부는 부정부패가 심화되어 성역으로 여기는 김일성이 태어난 만경대 고향집마저 문짝이 뜯겨 나가는 등, 북한 체제에 한계가 오고 있다는 소리도 들린다. 북한은 8억 5000만 달러가 드는 광명성 3호를 발사하고 20억 달러를 들여 김일성 100회 생일을 준비했다. 이 돈이면 쌀 475만 톤을 사서 북한 주민 1년치 식량을 해결할 수 있다. 그러나 주민이 굶어죽건 말건 생일잔치 불장난을 치고 있다. 최근 김정은은 "탈북민은 3족을 멸하라."는 가혹한 지시를 내리는가 하면, 기관총도 아닌 기관포로 이들을 포사(砲死)시키라고 하여, 탈북민을 기관포로 쏘아 시체가 산산조각 내 형체도 찾을 수 없게 하고, 이에 더하여 이렇게 죽은 사람들을 "묻을 땅도 아깝다"고도 했다.

한국행을 기도했던 탈북민에게 공개처형이나 정치범 수용소 수감 등의 가혹한 형벌을 내리는 것이 국제적으로 알려지자, 최근 북한은 처형 방식을 '조용한 살해'로 바꾸고 있다. 감방에 가둬놓고 고문과 굶주림으로 서서히 죽게 만드는 방식이다. 국제적으로 공개처형과 정치범 수용소 문제가 끊임없이 논란이 되자, 부담을 느낀 북한이 고안해낸 은밀한 처형 방법이다. 최근 보위부나 보안부서 구류장에서 고문을 가하고 급식을 줄이는 방식으로 수감자를 서서히 말려 죽이는 사례가 증가하고 있는 실정이며, 구류장에는 죽어가는 사람을 방치하는 감방까지 등장하고 있다. 한국행 탈북민을 이런 식으로 처리하고, 그에 대한 조직적 묵인이 이뤄지는 것으로 알려지고 있다. 최근 탈북하다 체포돼 양강도 혜산 보위부에 수감돼 있는 동안 중국서 체포돼 끌려온 어린아이를 포함한 일가족 4명과 안내인이 이런 식으로 6개월 안에 모두 죽었다는 증언도 나왔다.

공개처형의 경우 우선 처형 사실이 외부에 알려질 위험이 크다. 최근 북한 인권단체들이 잠입해 찍어온 북한의 공개총살 비디오테이프가 파문을 일으켰다. 또 주민들을 모아놓고 한국행을 기도했다는 '범죄 사실'을 공표하는 일을 수시로 반복하면, 오히려 탈북에 대한 관심을 증폭시키는 효과가 난다. 북한 법에는 한국행 시도를 총살할 수 있는 근거 조항이 없기 때문에 무리한 처형이라는 비난도 일 수 있다. 현재 포화 상태인 정치범 수용소도 수용에 한계가 와, 어려운 경제난에 시설을 확장하기도 어렵다. 정치범을 수십만 명이나 관리해야 한다는 것도 큰 부담이다.

북한은 공개처형을 당하거나 정치범 수용소에 수감된 사람들의 가족 친척들을 모두 적대 계층으로 분류하고 있는데, 적대 계층이 최근 큰 폭으로 늘어나 체제의 근간인 계층 관리에 어려움을 겪고 있다. 이에 비해 조용한 살해는 여러 단계의 처형 승인 절차가 필요 없어 바로 집행할 수 있다. 죽여야 할 대상이라고 판단하면 고문을 하면서 급식을 줄여 살해하고 있다. 사망자의 가족 친지들에겐 조사 중 사망했다고 통보만 하면 소리소문 없이 처리가 간단하다 하여 이러한 잔인한 방법을 쓰고 있는 것이다.

김씨 정권은 사라져야 한다

김정은이 후계자로 내정된 이후 북한이 국제사회의 일원으로 합류하겠다는 의지가 어느 곳에서도 발견되지 않고 있다. 한국과 주변국은 김정은 체제가 시작되면서, 비록 세습이긴 하지만 북한 지도 체제의 권력 승계 작업 등 내부 변화요인에 관심을 갖고 일말의 화해 무

⟨⟨ 지난 2014년 9월 인천아시안게임에 북한 선수단이 참가하고 폐막식(10.4)에 황병서·
최룡해·김양건 북한실세 3인방(왼쪽 사진, 왼쪽부터)이 전격 방한하는 등 파격적인 유
화 제스처를 보였던 북한은, 사흘만에 경비정으로 NLL을 침범해 교전(10.7)을 유발했으
며 연천지역에서는 우리측 대북전단을 향해 고사포 도발(10.10)을 감행하여 전형적인
화전양면전술을 보여주었다.

드를 기대했다. 그러나 김정은이 보여준 유훈기간 중의 각종 면모들
은 김정일보다 더 잔인한 독재자로 변신하리라는 것 외에 다른 모습
은 전혀 보이지 않는다. 김정일 사후 남북관계가 어떻게 변화, 발전
해 나갈 것이냐의 관건은 북한 지도부라는 변수가 가장 중요하다. 북
한 체제의 권력이양이 순조롭게 이루어지고, 북한이 개혁·개방의 전
향적인 변화를 모색한다면, 남북관계가 개선되어 북한 주민의 삶도
향상되고 남북한 주민이 상생할 것이다.

북한의 김정은 3대 세습체제는 단기적으로는 소강 상태를 유지하
면서, 후견인이자 고모부인 장성택과 김경희 부부의 지원 하에 김정
일 식의 지도체제로 갈 것으로 보이나, '경험 미숙', '경륜 부족'으로 인
해 체제 안정기 중 군부의 돌출 행동이나 또는 측근에 의해 실각할
개연성도 있다.

세계적으로 일당 독재 족벌체제는 오래가야 50~60년이다. 소련,
중국, 쿠바, 중동 국가 등 공산 독재체제의 권력이양 과정이 그것을

잘 보여주고 있다. 쿠바의 경우 1959년 혁명에 성공한 피델 카스트로 (86세)가 지난해 4월 쿠바 공산당 제1서기 직을 마지막으로 동생 라울 카스트로(81세)에 넘겨줄 때까지, 52년 2개월의 권좌를 누렸다. 이집트, 리비아 등 중동의 장기 독재자들도 30~40년 독재를 영위했지만 줄줄이 무너졌다. 세습을 이어온 시리아의 바샤르 아사드 정권도 국내 시위가 격화되어 붕괴되는 모습을 보이고 있다. 폭압 살인으로 체제를 유지하고 민의를 거스르는 정권은 오래 가지 못할 것이다. 이제 주민을 외면하는 인면수심(人面獸心)의 잔인한 3대 세습 김씨 정권은 지구상에서 사라져야 한다. 이번 미사일 도발을 계기로 한국은 물론 미국, 중국, 일본 등의 공조체제를 수립, 주변에서 김정은 정권을 더 옥죄어 붕괴되도록 해야 한다.

6·25 호국영령들 앞에 떳떳한 나라가 되자

(<한국일보> 2012.06.22)

　금년 6월은 6·25동란 62주년이지만, 호국영령 앞에 부끄러운 보훈의 달이 됐다. 조국 수호를 위해 목숨을 바친 호국영령 전몰 장병들의 고귀한 희생과 숭고한 애국정신에 힘입어 한국은 이제 2050클럽에 가입, 세계 7위권의 국력으로 남부럽지 않은 나라가 됐다. 하지만 국방부 자료에 따르면 아직도 북한 지역에 묻혀 있는 6·25전쟁 전사자 중 유해를 수습하지 못한 경우가 13만 명에 이른다고 한다. 이들의 유해는 이름 모를 계곡이나 산야에 묻혀 자유대한의 가족 품으로 가기만을 기다리고 있으나, 휴전선이 막혀 영혼을 달랠 길이 없다. 아직도 우리는 분단의 고통 속에 살면서 전쟁의 원인 제공자인 북한은 시도 때도 없이 핵과 군사 위협으로 우리를 긴장시키고 있다.

　4월 총선에서 붉은 세력이 대한민국 국회에 입성해 자유민주주의를 위협하고 있어 호국의 달을 더욱 안타깝게 하고 있다. 호국영령들이 어떻게 지켜낸 나라인데 이 지경까지 왔나 비탄을 금할 길 없다.

간첩 활동을 한 인물들이 이념적 괘를 같이하는 보좌관들과 함께 대거 국회 안에 둥지를 틀고, 합법적으로 국정을 농단할 수 있게 됐다. 마음만 먹으면 대한민국의 특급 비밀을 수집해 북에 넘겨줄 수 있는 위치가 되어 안보가 풍전등화다. 20년 전 무단 입북해 국기를 문란케 한 임수경 씨가 19대 국회의원이 되어 하는 첫 마디가, 하태경 의원이나 탈북자들에게 '변절자'라는 말과 함께 쌍말을 써가면서, 그녀 스스로 북한 당국자 행세를 했다. 함께 의원이 된 이석기는 "종북보다는 종미가 더 문제"라면서, 대한민국이 마치 북한이 말하는 '미제가 주리를 틀고 좌지우지하는 국가'인 것처럼 했다. 새로 민주당 대표가 된 이해찬 전 총리는 북한 인권문제에 대해 '다른 나라의 내정간섭'이라는 희한한 말을 쓰고 있다. 많은 전쟁 유가족들과 미망인, 그리고 천안함 유족들이 시퍼렇게 눈을 뜨고 있는 세상에 이런 말을 한다는 것은 그 경력으로 볼 때 최소한의 염치도 없다.

　과거 독일 통일 이전에 동독의 사회주의 연구가인 루츠와 비교 연구가인 바이메가 사회주의 스스로가 설정한 이념에 근거해 사회주의를 평가하는 데 중점을 둬야 한다는 내재적인 접근 방법을 제시했고, 재독 교포로 간첩 활동을 한 송두율이 이를 답습했다. 이온죽 서울대 교수가 자신의 저서 『북한사회 연구 사회적 접근』에서 내재적 접근법을 인용해 북한 연구에 적용시킨 후, 1980년대 유행병처럼 주사파들에게 확산됐다. 북한을 연구하는 데 '북한의 신발을 신고 북한의 안경을 쓰고 북한 사회를 봐야 한다'는 이런 이론은 북한이 비판의 대상이 아니라 북한의 입장에서 이해해야 한다는 것이다. 내재적 접근법은 이종석, 강정인, 강정구 등 소위 진보 성향의 학자들이 주류를 이루고 있다. 결국 이들은 북한을 표면적 이념으로 포장하고, 강압적 인권 탄압과 1인 독재는 한쪽 눈을 감은 채 외눈박이로 보는 데 집착했다. 우리의 경우 그동안 진보 쪽의 목소리가 커서, 인성 교육은 비켜가면서 자라나는 세대들에게 자유민주주주의 시장경제 등 이념 교육에 치중한 측면이 있다. 이런 교육은 학창 시절 학업은 뒷전에 두면서 종북 활동이나 반미 활동 등으로 지탄을 받아도, 튀어서 이름만 나면 국회의원이나 정치인이 될 수 있다는 인식을 갖게 했다.

이제 대한민국의 정체성 확립을 위해 국회는 스스로 자정을 통해 이들 종북 논란 의원들을 걸러내야 한다. 통일부와 교육부는 신세대들로 새로 짜야 한다.

김정은도 인민의 배고픔보다 제 입맛 앞세워

– 후지모토 초청해 다랑어 회 즐겨…, 아버지와 다를 바 없어

(<데일리 엔케이> 2012.08.27)

조선시대에 궁중에서 임금의 수라상 음식을 담당하는 기관은 주원(廚院), 즉 사옹원이다. 식기와 식자 자재 등 음식에 관계된 전체를 관장했다. 임금에게 직접 올리는 것은 내시부의 내관과 내명부의 궁녀들이 책임을 진다. 리섬리내관(薛里內官)은 음식을 올리는 데 진상한 음식재료를 검사하거나 요리를 직접 맛보는 역할을 담당하고, 내의원 제조는 음식의 모양을 검사했다. 내의원 관원은 임금과 거의 매일 일상 식사에 대해 무엇을 먹을지, 어떤 음식을 먹었는지를 대화하여 임금의 건강을 챙기는 대단한 권력을 누렸다고 한다.

이렇게 임금의 식사는 내의원, 사옹원, 내관 궁녀들이 차례로 관여했다. 최근 김정일의 전속 요리사였던 후지모토 겐지(藤本健二, 66, 사진)가 김정은의 초청으로 북한을 다시 방북하고 귀환해 화제가 되고 있다. 북한 왕조와 조선시대를 비교한다면, 후지모토는 조선시대 주원의 수랏상 요리 담당자이다. 김정일은 그의 입맛을 위해 그녀들이 가

장 싫어하는 일본인에게 생명을 담보하는 수라간 요리사로 두면서 무척이나 신경 썼을 것이다.

김정일은 조선시대의 왕들보다도 더 고급스러운 미각을 생전에 과시했다. 세계 각국에 나가 있는 공관원이나 무역 요원을 통해 자신의 미각에 맞는 음식을 가져다 먹었다. 김정일은 이러한 자신의 미식 습관을 맞춰줄 후지모토를 13년이나 자신의 곁에 두고 그가 만들어낸 맛을 즐겼다. 이란 철갑상어 알, 덴마크 돼지고기, 체코 생맥주, 태국 과일, 위구르 포도 등 서민들은 생각지도 못하는 음식을 먹었다.

특히 김정일은 외국 요리 중에서도 상어 지느러미, 다랑어 회(참치회)를 좋아했는데, 이 때문에 주치의가 "다랑어는 콜레스테롤과 기름기가 많기 때문에 피하라."고 하자, 한동안은 잘 지키다가도 "죽을 때 죽어도 먹어야겠다"면서 다랑어 회를 실컷 먹었다고 한다. 1990년대에 북한 주민 200-300만 명의 아사자가 발생했음에도 불구하고 자신만의 미각을 즐긴 파렴치한 모습을 보였다. 조선시대의 왕들은 가뭄이 들면 수라상 음식 가짓수를 줄이고 기우제를 지내기도 했는데 말이다.

후지모토는 김정일의 식탁에는 보통 20-30가지 음식이 올랐다고 말했다. 그는 일국의 통치자가 이 정도로 차려 먹는 것은 흉이 될 수 없다고 했다. 후지모토는 김정일 생전에 그의 일식 음식을 담당하며, 제한된 활동 반경에도 김정일이 누리는 취미 활동을 같이 즐기기도 했다.

김정은이 후지모토를 이번에 초청한 이유는 어린 시절에 대한 향수가 크게 작용한 것으로 보인다. 어린 시절 폐쇄적인 왕자 생활에 친구가 돼준 후지모토가 그리웠고, 김정일 생전에는 불가능했겠지만, 그가 부재하면 불러서 만나야겠다는 생각을 했던 것이다. 후지모토는 이번 방북 과정에서 '혼마구로(참다랑어)'를 선물로 가지고 가 김정은에게 대접했다. 김정은은 방북한 후지모토를 포옹까지 하면서 "오랜만이다"라며 "언제라도 (다시) 오면 환영하겠다"고 했는데, 그런 데서도 이러한 분위기를 잘 읽을 수 있다.

김정은은 후지모토를 통해 자신의 이미지를 대외적으로 선전하는 수단으로도 활용했다. 김정은이 부인 이설주, 동생 여정과 함께 후지모토를 위해 손님들을 초청하여 파티를 열어주고, 북한인 처 엄정녀와 자녀도 만나게 해주는 등 통 큰 배려를 한 것은 자신이 후지모토의 입을 통해 어떻게 그려질지 충분히 감안했기 때문인 것이다. 북한은 향후 후지모토를 대일관계 이면 창구로 활용할 가능성이 있다. 후지모토는 김정일 시절 요리 재료를 구하러 간다는 명목으로 2001년 일본으로 갔다가 돌아가지 않고, 『김정일의 요리사』라는 책까지 펴내, 제2의 이한영(김정일 전처 성혜림 조카)과 같이 북한의 보복 테러까지 우려된 사람이었다. 여러 반대에도 무릅쓰고 불러들인 만큼 활용도를 높이기 위한 방안을 마련할 가능성이 크다.

이제 외부에서는 후지모토의 역할을 주목할 것이다. 그리고 그가 방송에 나와 하는 행동은 북한 측과 사전에 합의된 측면이 적지 않을 것이다. 김정은은 후지모토를 통해 어린 시절 입맛을 살리고 김정은의 이미지 메이커로 활용했지만, 정작 그가 아버지처럼 인민의 배고픔과 무관하게 다랑어 회를 즐기는 지도자라는 점도 확인시켜줬다. 김정은이 자신의 미각(味覺)에 대한 향수보다 북한 주민의 배고픔을 달래주지 않는 이상 어떠한 이미지 메이킹 시도도 결국 성공하기 어렵다.

값싼 노동력 해외 송출로 연명하는 김정은

(『북한』지 2012년 8월호)

경제상황 악화로 각종 외화벌이 사업에 몰두

북한은 계속되는 경제상황 악화로 근로자 해외 송출, 카지노 운영, 해외 식당사업, 마약 등 외화벌이 사업에 적극 나서는 모습을 보이고 있다. 1988년 서울 올림픽을 흉내 낸 무리한 청소년 축전은 국고 탕진을 가져와, 1990년대 대기근으로 이어졌다. 계속되는 북한의 경제 사정 악화와 폐쇄 경제로 인한 실정, 기근, 누적된 사회 일탈로 이제 3대 세습자인 김정은의 통치가 온존할지 어려운 국면에 처해 있다. 김정일의 경우는 38호실, 39호실 등을 통한 외화벌이 사업으로 통치 자금을 확보하여 핵 개발 사업에 직접 투입하는가 하면, 소위 '통 큰 정치'로 군부와 심복들을 관리하는 데 활용해왔다. 그러나 김정은은 3대 세습을 하면서 곡간이 비어 아버지 김정일의 통 큰 정치를 흉내 내기도 어려워지고, 식량 사정은 더욱 악화되어 결국 값싼 노동력을 송출하여 손쉽게 돈을 벌 수 있는 인력 송출에 몰두하는 모습을 보이고 있다. 북한의 외화벌이 행태를 살펴보고 향후 김정은 통치 제제를 전망해본다.

인력 송출 사업

해외로 탈출한 북한 근로자를 지원하는 '북한인권개선모임' 등의 단체와 탈북민들의 최근 증언을 종합하면, 북한은 건설 붐이 일고 있는 쿠웨이트, 아랍에미리트 등 중동 국가에 노동당 39호실 산하 대외건설총국 직원들을 파견하여 인력 송출을 적극 추진하고 있다. 현재 전 세계 40여 개국에 파견된 북한 노동자 규모는 6~6.5만여 명으로 추산된다. 이들의 연간 송금액은 1.5~2.3억 달러 정도로 집계된다. 5·24제재 조치 이후 철광석과 석탄 등 광물의 대중 수출을 대폭 늘리는 것으로 대응해온 북한은 김정일 사후 해외 인력수출 확대 쪽으로 방향을 돌리고 있다.

북한의 해외 인력은 러시아 하바롭스크 체크도민 일대에 20000~25000명이 파견되어 있다. 또 쿠웨이트는 북한 고려항공의 유일한 중동지역 취항지로 대략 3500~4000명이 파견되어 있으며, 예멘에는 약 150명의 북한 근로자가 건설과 의료 분야에 종사하고 있다. 또 동남아시아는 15000여 명, 아프리카 7000~8000명, 동유럽 지역 5000명, 몽골 5000여 명 등에 이른다. 중국에는 베이징 등 각 지역 식당, 건설현장 등에 북한 근로자 7000~8000명이 나와 있다. 최근에는 중국이 두만강과 접해 있는 지린(吉林) 성 투먼(圖們), 훈춘(琿春) 일대에 북한 근로자 2만 명을 받기로 한 데 이어, 압록강 하구의 랴오닝(遼寧) 성도 단둥(丹東) 지역에 추가로 연간 2만 명의 북한 근로자를 산업 연수생 형태로 받기로 합의하여, 중국 내 북한 근로자 수는 5만 명 가까이로 불어날 전망이다.

러시아에서는 벌목, 중동에서는 건물, 정유공장, 도로, 수로 등의 건설, 아프리카에서는 대통령궁, 각종 기념관, 대형 조형물, 군사시설 건설과 의료 분야에 주로 종사한다. 동유럽에는 단순 임가공에 종사하는 여성이 많으며, 동남아에서는 건설 분야가 많다. 중국과 몽골에서는 임가공과 광업 등에 종사한다. 북한이 해외 송출로 눈을 돌린 것은 지난 2010년 천안함 폭침 사태 이후 우리 정부가 취한 5·24 제재 조치로 일거리가 없는 데다, 내부 경제사정이 악화된 것이 주요인이다. 해외 송출자 중에는 임가공 공장의 숙련공이 상당수 포함된 것으로 알려졌다. 외교 소식통은 동북 3성이 노동력 부족에 시달리는 현상을 해소하기 위해 산업 연수생 형식으로 북한 노동력을 받아들이고 있으며, 중국 언론에는 북한 인력 공급과 관련된 광고도 게재되고 있는 것으로 알려지고 있다. 북한의 중국 송출 인력 임금은 매월 150달러(한화 약 17만 원) 정도로, 개성공단에서 받는 110달러보다 높은 수준이다.

중국이 동북 3성 지역에서 탈북민 등에 대한 대대적인 단속에 나서면서도 북한 근로자에 대한 취업 비자를 발급해주는 것은, 북한 측의 어려운 경제사정을 덜어주기 위한 조치로, 북한도 이러한 외화 벌이를 통해 김정은 체제 안정용 외화벌이 창구를 확보할 수 있다는 측면에서 적극적이다. 김정은이 지난 봄에 "한두 놈 탈북해도 상관없으니 외화벌이 노동자를 최대한 파견하라."고 지시한 이후, 중국의 중소기업에서 북한 인력을 쓰는 경우가 늘어나고 있다. 중국은 인력이 부족한 동북 3성이 북한의 값싼 노동력을 활용하고 북한은 외화 난이 해소되어, 이해관계가 맞아떨어진 것으로 볼 수 있다.

송출된 북한 노동자가 받는 임금의 대부분은 김정일 시대와 같이 북한 김정은의 사금고로 알려진 노동당 39호실과 38호실에 송금되며, 근로자들에겐 전체 임금의 10% 미만만 주어지는 것으로 알려졌다. 북한 근로자 3500여 명이 파견된 쿠웨이트의 경우 근로자 한 명이 현지 업체에서 받는 월급은 연 5000달러 정도인데, 이 중 48%인 2400달러를 북한에서 떼어간다. 남은 임금 2600달러 가운데 10%는 방글라데시 송출 회사가 떼고, 25%는 북한대사관 노동국에서, 40%는 쿠웨이트 주재 북한 사업소와 각 지역 작업장에서 관리 운영비 명목으로 뗀다. 결국 북한 근로자의 연간 수령액은 1000달러 내외로, 월급으로 보면 70~80달러(한화 약 8~9만 원) 정도다. 북한에서는 당성(黨性)이 좋은 '혜택 받은 계층'이 아니면 외화벌이에 나가는 것이 어렵다. 봉급의 90%를 뜯겨도 외국에 나가 주린 배를 채울 수 있어 북한에 남아 있는 것보다는 낫다. 과거 서독에 갔던 우리 광원과 간호사들의 경우 개인이 벌어들인 돈은 모두 본인과 가족에게 돌아간 것과 대조적이다.

동구 급료 실태를 보면, 체코 봉제공장에서 일하는 북한 여성 근로자가 받는 월급은 150달러 정도로, 이 가운데 75~80달러는 무조건 북한에 송금돼 39호실로 들어간다. 여기에 월 숙박비가 40달러 정도이고, 공수된 〈노동신문〉 구독료가 1달러, 평양에 있는 김일성 동상에 '국외 노동자 일동' 명목으로 바칠 꽃바구니 비용으로 2달러를 내야 한다. 이렇게 되면 여성 근로자가 손에 쥐는 돈은 월 30달러가 채 되지 않는다.

러시아에 파견된 벌목 근로자의 월수입은 500달러 정도이지만, 70% 이상을 북한 당국이 챙기고 숙박료와 식비로 10~20%가 공제돼, 실제 수입은 50~100달러 정도에 불과하다. 그래도 북한에는 외국 근무 희망자가 넘쳐나고 있다. 감시받는 부자유한 생활을 하지만 북한보다 급료가 높기 때문에, 간부들에게 뇌물을 건네 건설 공사장 등에서 여벌 일을 할 경우 2~3년에 1000달러(한화 약 114만 원) 정도를 모을 수 있다고 한다. 노동당 39호실 대외건설 총국 직원들은 송출 인력의 임금을 북한에 보낼 때 회계조작 등의 방법으로 돈을 횡령한다고 한다. 한편 노동자들을 감시하는 보위부 간부들도 현지에 가족과 함께 나와 있는데, 이들은 근로자들의 비위를 구실로 외화를 착취하여 부유한 생활을 하고 있다.

마약 밀매

최근 〈뉴스위크〉는 북한에 필로폰 등 마약이 만연된 가운데 중국에까지 위협이 되고 있다고 보도했다. 중국 당국이 압수한 북한산 마약의 질은 민간 차원에서 제조할 수 있는 수준을 넘은 최상급으로 알려졌다. 우리 정부는 중국 내 북한산 마약 유통 규모가 약 5~10억 달러에 이를 것으로 보고 있다. 지린(吉林) 성의 옌지(延吉) 시, 용정, 도문 등 북·중 접경 중국 도시들에 북한산 마약이 확산되고 있다. 지난해에는 북한 주민 6명이 중국 공안당국에 체포되었다. 북한에서는 1g의 필로폰이 1kg의 쌀보다 10배 정도 비싼 미화 15달러 정도에 거래되고 있고, 중국에서는 이보다 훨씬 비싼 100~150달러에 팔리고 있다.

필로폰의 화학 원료나 필요한 제조 장소 등을 감안할 때, 북한은 산악 지형인 데다 버려진 공장이 많아 마약 제조가 쉽다. 북한 필로폰 제조의 중심지는 함흥이라고 한다. 이곳은 일제 강점기 화학 공단이 있었기 때문에 화학 전문가들이 많다. 북한에 가뭄이 강타했을 때 가장 극심한 경제적 피해가 발생했던 곳이기도 하여 마약 제조에 대한 유혹이 많다. 북한에서 이처럼 필로폰이 만연하게 된 것과 관련해, 치료 약품이 비싼 데다 구하기도 어려워 주민들이 필로폰을 이용하고 있다는 지적도 있다. 탈북자들은 "북한의 만성 질환자들이 필로폰을 이용한다"면서 "암 환자뿐 아니라 스트레스나 피로회복을 위해서도 사용하는 등, 그들에게는 마약이라기보다는 사실상 약품이 되고 있다"고 했다.

북한은 오랫동안 보석이나 담배, 미화 지폐 등에 대한 밀수를 정부 차원에서 주도해왔으며, 1970년대에는 아편 재배를 장려하기도 했다. 중국 당국이 2010년 압수한 북한산 마약은 약 6000만 달러(한화 약 645억 원)어치에 이르는 것으로 나타났다. 이는 적발된 액수일 뿐이며, 실제로는 이보다 훨씬 큰 5~10억 달러가 중국에 유통될 것으로 한국 관계 당국은 보고 있다. 중국이 적발한 북한산 마약 규모가 밝혀진 것은 이것이 처음이다. 중국은 그동안 북한산 마약 밀매 증가를 위협적이라고 여기면서도, 북한과의 관계를 고려해 공개적으로 문제삼는 것을 꺼려왔다. 최근 중국이 한국과 협력해 단속에 나선 것은 중국이 북 핵 문제 등 외교적으로는 북한을 비호하고 있지만, 동북 3성 지역을 위협하는 북한산 마약의 심각성을 더는 묵과할 수 없다고 판단했기 때문이다.

북한이 마약 밀매를 시작한 것은 1991년 소련의 붕괴 이후로, 북한에 경제적인 위기와 최악의 기아 사태가 발생하면서 수만 명의 주민들이 중국 국경을 넘나들었고, 그들 중에 전문 마약 밀수범들이 섞여 와 마약을 판매하고 식량과 교환하면서 지금처럼 확대됐다는 것이다. 2008년 미 의회에 제출된 한 보고서는 지난 20년간 마약 밀매 사건 50건에 대한 조사 결과, "북한 정권이 불법 마약의 생산과 제조에 관여돼 있다는 강력한 증거가 있다"고 공개했다. 최근에는 북한 함남 요덕 정치범 수용소 경내에 아편 경작지가 크게 늘고 있다고 최근 미국 〈폭스뉴스〉가 이 지역 위성사진을 판독해 공개했다.

불법 카지노 도박장 운영

북한은 2011년부터 러시아 모스크바 주재 북한 대사관의 부속 건물을 불법 카지노 도박장으로 이용하고 있다. 대사관 건물과 철제 담장으로 분리하여 카지노장을 운영하고 있는데, 사전에 전화로 예약하거나 기존 고객들이 추천한 사람들만 철저한 보안검사 과정을 거처 출입할 수 있다. 카지노엔 룰렛 게임용 테이블 4개와 포커·블랙잭 게임용 테이블 5개, 슬롯머신 약 30대가 설치돼 있고, 3층은 기업인 등 VIP 고객들만 출입할 수 있다고 한다. 러시아는 지난 2009년 7월 부터 주요 도시에서 카지노 영업을 금지한 연방법을 시행 중이다. 이에 따라 카지노 업자들이 치외법권인 외국 공관을 불법 영업장소로 이용하기 시작했고, 북한 대사관도 그 중 하나가 됐다는 것이다.

신문은 일부 카지노 업자들이 모스크바의 아프리카 국가 대사관 들과도 카지노 개설 협상을 벌여온 것으로 파악되고 있다고 덧붙였다. 주로 경제사정이 어려운 국가 대사관들에 상당한 임대료를 지불하는 조건으로 카지노 운영 허가를 받아냈다는 설명이다. 한편, 주 ㈜ 러시아 북한 대사관은 "우리 대사관 내부에는 어떠한 카지노도 없고 그전에도 없었다"는 성명을 냈다.

해외인력 송출은 북한 체제유지의 버팀목

북한의 무역은 해마다 대외적으로 6~8억 달러 이상의 공식 무역적 자를 내고 있다. 북한은 가장 큰 수입원으로 매년 이란, 시리아, 예멘, 미얀마 등으로의 무기 수출을 통해 연간 약 5~10억 달러 이상을 벌어들였으나, 유엔 안보리 1718호 대북 제재로 인해 그 규모가 최근 1억 달러로 줄었다. 2008년 7월 관광객 피격 사건으로 금강산 관광 수입 5000만 달러도 중단되고, 여기에 남북경협 수익금 1억 달러마 저도 사라져 수입이 대폭 줄었다. 북한은 이에 대한 대체 수단으로 인력 송출과 마약 수출에 크게 의존하고 있다. 김정은 사금고인 노동당 39호실은 산하에 해외지부 17개, 무역회사 100여 개를 두고 각종 외화벌이 사업을 총지휘한다. 현재 북한의 외화벌이는 송출 노동자 임금 1.5~2.3억 달러, 무기 수출 1억 달러, 금(金) 수출이 7~8천만 달러(연 5~6톤 생산)이고, 위폐 제작 2000만 달러, 마약 밀매 수입 1~2억 달러다.

개성공단의 경우는 2006년 30개 기업에 불과했으나, 현재는 123개 기업 근로자 5만 명이 생산 활동을 하고 있어 임금 수입이 연 3000~4000만 달러다. 2009년 장거리 미사일 발사와 2차 핵실험, 2010년 3월 천안함 폭침으로 인한 5·24 대북 제재로 남북경협 전면 중단 등, 식당업과 카지노 사업 수익을 합쳐도 39호실의 수입은 2007년 이전의 10억 달러에 못 미친다. 현재는 5~6억 달러 수준으로 보이고 있어 김정은의 통치 활동에 지장을 받고 있다. 중국에 4만여 명의 인력이 추가 송출되면, 김정은의 통치자금이 호전될 전망이다. 북한은 2~3년 내 총 10~12만 명의 인력을 파견 계획 중이며, 이 계획이 실현되면 인력 송출 수입으로 연간 3~4억 달러를 벌어들일 수 있다.

한국 등 외부의 대북지원이 중단되고 무기와 마약 등 불법 거래가 국제사회의 압력 및 감시로 크게 위축된 상황에서, 해외인력 송출을 통한 외화벌이가 북한 체제 유지에 버팀목이 되고 있다. 한국이 외화난을 극복하기 위해 1980년대부터 해외 송출에 진력했던 바와 같이, 북한도 이에 집중할 것으로 예상된다. 김정은의 통치자금이 많아지면 북한 핵은 물론 독재체제 장기화에 도움을 주는 측면도 있지만, 북한 주민의 해외 견문이 높아져 개혁개방에 긍정적인 면도 있다. 김정은 체제가 핵을 포기하고 대외 지향적으로 나갈 경우, 의외로 김정은 체제의 안정을 가져올 수 있다.

내우외환이 겹친 북한의 당 창건 기념일

<한국일보> 2012.10.08)

10월 10일은 북한 노동당이 창건된 지 67주년이 되는 날이다. 김정은 정권이 출범하면서 종전 선군정치에서 당 중심의 정치로 변화하는 모습을 보이고 있지만, 어느 것 하나 녹록한 것이 없다. 북한의 노동당원은 현재 약 400만 명으로 전 인구의 17%지만, 경제가 어려워 당원이라도 물자 공급을 받는 것이 종전 같지 않다.

최근의 북한 사회는 우리 속담에 '돈이면 제갈량'이라는 말과 같이, 당원이 되기보다는 외화벌이 부서나 대외관계 부서에서 일하는 게 더 인기다. 북한은 해마다 4대 명절인 김일성 생일(4월 15일), 김정일 생일(2월 16일), 정권수립 기념일(9월 9일), 노동당 창건일(10월 10일)에는 식량과 콩기름, 과자, 돼지고기 등을 지도자의 이름으로 주민들에게 나누어주면서 생색을 내는 관행이 있었다. 그러나 올해 당 창건 기념일에는 이마저도 곡간이 비어 어려운 실정이다.

최근엔 명절에 궁여지책으로 유사시 비상용 생필품인 의류, 쌀, 옥수수, 신발을 비축하는 2호 창고를 풀어 주민들에게 선심을 썼다. 2호 창고는 노동당 제2경제총국이 관리하는 곳으로, 가을 수확을 마치면 군량미 명목으로 쌀과 옥수수 등 양곡을 햇곡식으로 교체해왔다. 하지만 금년 당 창건 기념일은 지난여름 수해와 태풍으로 가을걷이가 부족해 주민들에 대한 지원이 그리 만만치 않은 상황이다.

〈조선중앙통신〉 보도에 따르면, 올여름 발생한 태풍과 집중호우로 900명이 넘는 인명피해가 발생했다. 6월 중순부터 8월 말까지 수해 때문에 전국적으로 300명이 사망하고 600여 명이 실종하거나 부상했으며, 농경지 12만 3000여 정보가 피해를 입었으나 복구할 엄두를 내지 못하고 있는 실정이다. 여기에 봄 가뭄으로 제때에 모내기나 파종이 이루어지지 않아, 곡창 황해도에 벌써부터 대기근이 발생해 아사자가 속출하고 있다.

북한은 그동안 대북지원의 큰손이었던 한국 정부의 수해 지원 제의에 대해 자신들이 바라는 양만큼 쌀과 물자를 주지 않는다고 걷어차 버리고, 적대적 위협 공갈로 일관해왔다. 설상가상으로, 김정일 시대부터 자신들의 운명을 건 풍계리 핵 실험장이 태풍과 수해로 붕괴되어 시멘트, 철근, 장비 마련에 돈 들어갈 일은 더 많아졌다. 지난 재해에 우리 측에 이와 같은 품목을 고집한 것이 왜 그런지 이해가 간다.

북한은 지난달 25일 최고인민회의를 개최해 해결책을 제시할 것으로 예상했으나, 경제문제와는 관계가 없는 12년 교육 학제 변경만을 발표함으로써, 당면 경제문제 해결책이 보이지 않는다. 최고인민회의는 당에서 결정된 사안을 추인하는 거수기에 불과하지만, 특단의 입법이라도 있을 것으로 예상됐으나 아무것도 없었다. 지난 3월 29일 미북 간 접촉에서 영양제 24만 톤을 미국으로부터 제공받기로 합의했으나, 장거리 미사일 발사 실험으로 미국이 지원 계획을 철회해 스스로 쪽박을 찼다.

김정일 사망 후 김정은의 후견인 역할을 하고 있는 고모 김경희마저 건강이 악화해 해외 치료설이 나오고 있어, 대내외적으로도 악재가 겹치고 있다. 망명한 황장엽과 김덕홍 씨는 김경희가 젊은 시절부터 술을 좋아하고 남색을 밝혀 간·혈관계 만성질환이 악화되었을 가능성이 크다고 했다. 김경희 남편 장성택의 경우도 중국에서 전립선암 수술을 받은 것으로 알려져 부부 모두 건강이 좋지 않다. 비록 김정은이 북한 정권의 수령 역할을 하지만, 아직은 같은 배를 탄 이들 후견 세력의 보호가 있어야 하고 권력 다지기의 시간이 필요하다. 대남 관계에서는 한국의 대통령 선거를 맞아 어선의 잇따른 서해 NLL 남하 시도가 이뤄지고 있다. 도발 명분을 축적해 제2의 천안함 사건으로 남한 내 국론 분열을 일으켜 자신들의 입맛에 맞는 정권 창출을 기도하려는 모습이 아닌가 싶다.

대선 후보들은 북한이 도발 시 이를 정략적으로 이용하기보다는 한 목소리로 강력한 응징 주장을 통해 재발을 막아야 한다. 이제 북한은 한반도 평화와 안정을 위해 도발보다는 평화의 손을 내밀어야 한다.

북한은 대선 개입으로 얻을 것이 없다

<한국일보> 2012.11.15)

    한국교원단체총연합회와 EBS가 지난해 초중고생들의 언어 사용 실태를 조사한 결과를 발표한 자료에 의하면, 학생들은 마치 욕을 하는 기계와 같았다고 한다. 조사 대상인 중고등학교 학생 4명은 친구 등과 4시간 동안 평균 190여 회의 욕설을 했다. 이는 1시간에 49번, 75초에 한 번씩 욕을 한 셈이라고 한다. 이러한 욕설은 학생들이 늘 접하는 공적 공간인 인터넷 사이트로 이어져 '악플'이 된다.

    이런 욕설은 비단 우리 학교 학생들만의 것은 아니다. 북한 선전 매체들도 똑같은 모습으로, 오히려 아이들 수준만도 못한 저질적인 욕설과 비방, 허위선전을 옮기고 있다. 북한 노동당 기관지 <노동신문>은 물론 방송 매체, <우리민족끼리> 등 대남 공작 매체도 연일 한국 정부와 대통령, 새누리당 후보에 대한 비난과 함께 NLL 침범 도발을 통해 남남 갈등과 세대 간 갈등을 조장하고 있다. 지난 4월 총선에서는 대남 공작기관 통전부의 외곽 조직인 '조평통'의 대남 선전 사이트 '우리민족끼리'가 주도해왔지만, 최근에는 북한의 모든 매체들을 총동원하고 있다.

한국 대통령과 정부에 대한 비난은 광란에 가까울 정도다. 금년도 국회 국정감사 자료에 따르면, 북한 관영 매체가 한국 대선을 직접 언급한 경우는 4·11 총선 이후 지난 9월 말까지 총 767건으로 하루 평균 4.6회였다. 17대 대선이 있었던 2007년 같은 기간(1.5회)보다 3배가량 늘었다.

북한의 대선 개입 특징은 민주당 문재인 후보나 무소속 안철수 후보에 대한 언급은 전혀 없이, 오로지 새누리당과 박근혜 후보를 헐뜯는 성명·논평·담화를 집중적으로 쏟아내고 있다. 북한이 발표한 각종 문건에 빠지지 않고 등장하는 메뉴는 '새누리당이 집권하면 전쟁이 난다'는 것이다. 이처럼 북한이 대선 개입 전략으로서 '전쟁' 카드로 떠벌리는 것은 2010년 3월 천안함 폭침 사건이 영향을 미친 것으로 보인다. 정부 관계자는 "과거엔 북한의 도발이 보수·우파 세력에 유리한 소재였지만, 천안함 폭침 이후 2010년 6·2 지방선거는 진보·좌파 세력에 유리했다"며 "전쟁 위기가 고조되면 보수층 결집 효과보다 전쟁을 무조건 피하려는 중도 성향의 젊은 층에서 친북·좌파 세력 지지 효과가 더 크다는 게 북한의 계산인 것 같다"고 분석했다.

하지만 우리 국민은 그 정도로 어리석지 않다. 북한이 어느 특정 후보에 대한 비방과 선전 선동을 한다고 해서, 그들이 선호하는 후보가 당선 혹은 낙선하지 않는다는 것이다. 오히려 북한이 선호하는 후보를 지나치게 두둔하는 모습을 보이면, 그 후보는 친북 세력으로 오인되어 감표 요인이 될 수도 있다. 4·11 총선에서 민주통합당 김용민

국회의원 후보가 노인 비하 발언과 라이스 전 미 국무장관에 대한 무례한 성적 모독 발언으로 전체 판세가 흔들려 역풍을 맞았다.

북한은 오판해서는 안 된다. 북한 선전 매체의 대남 비방과 선거 개입은 자신들의 입맛에 맞는 후보가 당선되어 지난 김대중, 노무현 정부 시절처럼 더 많은 대북 지원을 받고 남북관계를 주도하려는 데 그 목적이 있을 것이다. 그러나 이제 북풍이 한국 대선에 영향을 미치는 시대는 지났다. 국민들도 그만큼 현명해졌다. 북한의 대남 비방과 무례한 욕설은 조폭들도 사용하지 않는 저질적이고 치졸한 것들로, 이러한 선전 선동은 걷어치워야 한다. 우리의 언론 매체가 3대 세습자인 김정은에게 이러한 욕설을 한다면, 북한은 핵무기를 사용한다거나 선전포고를 해올지도 모른다.

패망이 가까워지는 김씨 체제를 그나마 유지할 방법은 6자 회담도 아니고 중국도 아닌 남쪽이다. 화풀이 대상도 남에 있고, 돈도 주고 쌀도 주는 후원 세력도 남에 있다. 북한이 입에 맞는 정파에 전력투구를 하지만, 누가 정권을 잡는다고 해도 남한 국민을 외면한 정치는 할 수 없다. 북한이 살아갈 길은 남한의 특정 정권이나 정파가 아니라, 어느 누구와도 손을 잡고 평화와 대화의 길로 나서는 길이다.

중국의 진시황은 최초로 중국을 통일한 인물로, 통일 후 자신의 품격을 높이기 위해 진나라 이전 6국의 군주가 사용했던 '왕'이라는 칭호에서 새로운 존호로 '황제'라는 이름을 붙였다. 그리고 그의 자손이 2세, 3세, 만세까지 중국을 통치하기를 바라면서, 신하들이 절대복종하도록 하기 위해 짐(朕), 제(制)라고 낮추는 말을 쓰도록 했다. 또한 부귀영화를 누리기 위해 아방궁을 짓고 만리장성을 축조하여 수

많은 백성을 죽이고, 자신이 사망하면 영혼이 누릴 거대한 능침을 여산에 축조하는 등 혹세무민했다. 북한의 김일성 주석의 경우도 '위대한 수령', '민족의 태양' 등 온갖 존칭어를 동원하여 그의 이름 뒤에 150가지나 되는 존칭어와 수식어를 붙이도록 했고, 유일사상 10대 원칙을 만들어 백성을 수족으로 만들었다. 김정일 국방위원장은 8억 9000만 달러나 들여 외국에서 갖가지 호사스러운 건축 자재를 들여다 북한판 아방궁 금수산 궁전을 지었다. 김정은 국방위원회 제1위원장도 이에 질세라, 부자가 같이 놀던 원산 특각의 대형 요트를 장장 2000km 예인하여, 남해를 돌아 아버지 시신 옆에 가져다 놓았다.

북한의 대선 개입 되레 역풍 불 수 있다

- 시정잡배 수준의 욕설 품격 떨어져 <데일리 엔케이> 2012.11.21

북한은 1991년 탈냉전을 맞아 남측과 남북기본합의서를 체결했다. 북한은 합의서를 통해 내정 불간섭 원칙에 동의했지만, 이후 남한 대통령, 국회의원, 지자체 선거에 지속적으로 개입해왔다. 평상시에는 남한 내 종북(從北) 세력을 기반으로 그들의 영향력 확대를, 주요 선거를 앞두고는 각종 개입 전술을 통해 특정 진영을 우회 지원했다.

한국교원단체총연합회와 EBS가 지난해 초중고생들의 언어사용 실태 조사 내용을 보니 학생들은 마치 욕을 하는 기계와 같았다. 중고등 학생 4명에게 녹음기를 소지시켜 그 결과를 확인해본 결과, 1명당 4시간 동안 평균 190여 회의 욕설을 했다. 이는 1시간에 49회로, 75초에 1번씩 욕을 한 셈이다. 욕설은 학생들이 늘 접하는 인터넷을 통해 자연스럽게 '악플'이 된다.

이런 욕설은 비단 우리 학교 학생들만의 것은 아니다. 북한 선전 매체들도 이런 중고생 수준의 욕설을 우리를 향해 퍼붓고 있다. 오히려 아이들 수준만도 못한 저질 욕설과 비방 허위선전을 공적 성격의 매체에서 옮기고 있다.

북한 노동당 기관지 〈노동신문〉은 물론 조선중앙TV와 라디오 방송, 조평통 산하 〈우리민족끼리〉 등 대남 공작 매체도 연일 한국 정부와 대통령, 새누리당 박근혜 후보에 대해 비난한다. 이와 함께 NLL 침범 도발을 통해 남남 갈등과 세대 간 갈등을 조장하고 있다. 지난 4월 총선에서는 대남 선전 사이트들이 동원됐지만, 최근에는 북한의 모든 매체들이 총동원된 상태다.

한국 대통령과 정부에 대한 비난은 광란에 가깝다. 금년 국회 국정감사 자료에 따르면, 북한 관영 매체가 한국 대선을 직접 언급한 경우는 4·11 총선 이후 지난 9월 말까지 총 767건으로, 하루 평균 4.6회였다. 17대 대선이 있었던 2007년 같은 기간(1.5회)보다 3배가량 늘었다.

북한이 새누리당과 박근혜 후보에게 비난을 집중하는 이유를 모르는 바가 아니다. 조건 없는 대북 지원과 도발에도 강경하게 대응하지 않는 정권을 파트너로 삼고 싶은 것이 북한의 본심이다. 그런데 해외 언론은 새누리당이나 민주당이나 대북 정책에서 별 차이가 없다고 평가한다. 〈월스트리트저널〉 에번 램스테드 기자는 "세 후보 중 누가 당선돼도 햇볕정책으로 회귀(回歸)할 것"이라고 했고, 10년째 한국 외교안보 정책의 변화를 지켜본 서울 주재 일본 특파원도 새누리당 박근혜, 민주통합당 문재인, 무소속 안철수 후보의 외교안보 공약이 너무 비슷해 차별성을 찾기 어렵다고 평가했다.

북한은 외국 기자들의 이러한 평가에도 불구하고, 민주당 문재인 후보나 무소속 안철수 후보에 대해서는 논평 없이 대선 활동만 언급하고 있다. 그러나 박근혜 후보에 대해서는 '집권 시 전쟁이 난다'며 유권자들의 불안 심리를 자극하고 있다. 북한이 대선 개입을 위해 '전쟁'을 언급하는 것은 2010년 천안함·연평도 사건을 상기시키기 위한 목적이다. 정부 관계자는 "과거엔 북한의 도발이 보수·우파 세력에 유리한 소재였지만, 천안함 폭침 이후 2010년 6·2 지방선거는 진보·좌파 세력에 유리했다"며 "전쟁 위기가 고조되면 보수층 결집 효과보다 전쟁을 무조건 피하려는 중도 성향의 젊은층에서 친북·좌파 세력 지지 효과가 더 크다는 게 북한의 계산인 것 같다"고 분석했다.

하지만 우리 국민은 북한의 세 치 혀끝에 놀아날 정도로 어리석지 않다. 북한이 어느 특정 후보에 대한 비방과 선전선동을 한다고 해서, 그들이 선호하는 후보가 당선 혹은 낙선되지 않는다. 오히려 북한이 선호하는 후보를 지나치게 두둔하는 모습을 보이면, 그 후보는 친북 세력으로 오인되어 감표 요인이 될 수도 있다.

4·11 총선에서 민주통합당은 김용민 후보의 노인 비하 발언과 라이스 전 미 국무장관에 대한 무례한 성적 모독 발언이 공개돼 거센 역풍을 맞았다. 북한의 남한 대선 개입이 도를 넘어서면 이러한 부작용을 부를 가능성이 있다. 이제 북풍이 한국 대선에 영향을 미치는 시대는 지났다. 만약 우리 언론이 김정은에게 이러한 욕설을 한다면, 북한은 핵무기를 사용한다고 엄포를 놓을 것이 분명하다.

북한이 체제를 유지하기 위해 경제적으로 기댈 대상은 중국도 미국도 아니다. 그렇다고 한국이 무조건 지원해주는 시대는 지났다. 야권 후보가 당선돼도 국민 눈높이를 벗어날 수 없다. 그렇게 한다고 해도

1, 2년 반짝이다. 결국 한국과 진지한 대화를 통해 호혜 협력을 논의할 때 경제지원도 가능하다. 특정 세력을 파트너로 삼아 북한 체제의 에너지 공급원으로만 삼겠다는 발상은 잘못돼도 한참 잘못됐다.

북한의 내우외환, 끝이 보이지 않는다

(『북한』지 2012년 11월호)

어려워져만 가는 3대 세습정권

최근 북한은 김정일이 사망한 후 내부적으로 김정은의 후견 세력인 고모 김경희마저 건강이 악화되어 해외 치료설까지 나온 바 있고, 김경희의 남편 장성택의 경우도 중국에서 전립선암 수술을 받은 것으로 알려져 부부 모두 건강이 좋지 않다. 비록 김정은이 북한 정권의 수령 역할을 하지만, 아직은 같은 배를 탄 이들 후견 세력의 보호가 있어야 하고, 권력 다지기의 시간이 필요하다.

설상가상으로 금년에는 수해와 태풍 기근의 피해가 예상보다 크다. 이는 북한 주민의 잘못도 아니고 유독 북한의 기후가 나빠서도 아니다. 이 모든 재해는 3대 세습자인 김정은의 선대 김일성·김정일의 잘못된 농업정책과 함께 치산치수를 소홀히 하고 핵무기 개발에 집중했기 때문이다. 김씨 정권이 북한에 존재하는 한 주민의 굶주림을 해결할 방법은 없다. 북한이 오늘날 만성적 기아 국가와 최빈국이 된 것은 김일성·김정일의 교조적인 교시와 잘못된 농업정책으로 인해 인민의 창발성이 무시되었기 때문이다. 북한이 살아남을 길은 김씨 정권이 사라지고, 중국의 등소평과 같은 지도자가 나오지 않는 한 희망이 없다. 대내외 정세 모두가 북한 정권 미래에 어두운 그림자를 드리우고 있다.

국내 일부 정치인들이 현 정부의 대북 정책을 비판하면서 퍼주기 정책의 재판(再版)을 주장하지만, 우리가 북한에 대해 식량과 물자를 제공하면 실패한 3대 세습 정권은 그만큼 연장이 되어, 통일의 시기는 늦춰지고 북한 주민의 고통만 가중될 뿐이다. 여기에 그들이 자신의 운명처럼 여기는 풍계리 핵 실험장이 붕괴되어 복구비가 만만치 않게 소요되면서 어려움이 가중되고 있고 대미 관계, 대중 관계도 여전히 답보 상태라 기대할 것이 없는 상황이다.

후견 세력의 불안정

김일성과 본처 김정숙(1949년 사망) 사이에서 태어난 김경희(66세)는 모스크바 대학에 유학했고 장기간 경공업 부장으로 일했다. 알코올 중독과 심장병 등으로 건강이 좋지 않은 것으로 알려져 있으며, 망명한 황장엽, 김덕홍 씨는 김경희가 젊은 시절부터 술을 좋아하고 남색을 밝혀 간·혈관계 만성질환이 악화되었을 가능성이 크다고도 했다. 2008년 8월 뇌졸중으로 쓰러진 김정일이 공개 활동을 재개하면서 함께 대외 활동을 해온 김경희는 최근 북한 TV에서 안색이 좋지 않고 걸을 때 보좌관의 부축을 받고 대외 활동하는 모습도 드물어져 건강 이상설까지 나돌고 있다.

김경희는 현재 '김씨 왕조'의 정신적 지주로 막후 실세다. 김정일이 살아 있을 때도 김정일이 김경희의 말이라면 모두 들어줄 정도로 고집이 세고 자기주장이 강한 여자다. 건강 악화설이 다시 제기된 김경희가 갑자기 사망할 경우, 아직 권력구축 기반 단계에 있는 김정은 체제에 상당한 충격을 줄 것으로 예상된다. 2008년 8월 김정일이 뇌졸중으로 쓰러지자 장성택, 김옥 그리고 김경희가 북한을 관리했으며, 김정은의 후계자 내정에도 깊숙이 관여, 김경희의 영향력은 절대적인 것으로 평가된다. 그녀는 김정일이 2009년 1월 자신의 건강이 악화되면서 김정은을 후계자로 내정한 지 6개월경부터 '김정은 후견인'으로 활동해왔다. 2011년 9월 당대표자회 때 김경희는 정치국원으로, 남편 장성택은 당정치국 후보 위원의 직위에 있었다. 이들이 정치국 상무위원은 아니지만, 실질적으로는 핵심 세력이다. 김경희는 북한군의 첫 '여성 대장' 계급장도 달았다.

김경희의 남편인 실세 장성택 노동당 행정부장(66세)도 최고인민회의에서 국방위원회 부위원장으로 승진한 직후, 신병 치료를 위해 중국을 여러 번 방문한 것으로 알려졌다. 장성택은 1990년대 중반 이후 프랑스 등에서 전립선암 치료를 받은 적이 있다. 장성택마저 병으로 활동하지 못할 경우, 김정은은 군부 세력으로부터 권력의 위협을 받을 수도 있다. 장성택의 집안 내력은 그리 장수하는 집안이 아니다. 장성택의 큰형 장성우는 인민군 차수 출신으로 호위총국장을 지냈지만, 2009년 77세의 나이로 사망했다. 둘째 형 장성길도 인민군 중장 출신으로 군단장을 지낸 후 67세의 나이로 2006년 사망했다.

최악의 수해 및 태풍 피해

올여름 발생한 태풍과 집중호우로 북한에서 900명이 넘는 인명피해가 발생했다. 조선중앙통신은 13일 '종합된 자료'를 근거로, 지난 6월 중순부터 8월 말까지 수해 때문에 전국적으로 300명이 사망하고 600여 명이 부상 또는 실종됐으며, 살림집(주택) 8만 7280여 가구의 파괴·침수, 이재민 29만 8050여 명의 피해가 발생했다고 보도했다. 농경지 피해도 12만 3380여 정보나 되고, 공공 및 생산 건물 2690여 동과 교육 및 보건 부문 건물 350여 동이 파괴됐다. 또 상수도망 92개소와 오수망 40개소, 소금밭(염전) 1300여 정보가 못쓰게 됐고 가로수 1만 6900여 그루가 넘어졌다고 중앙통신은 덧붙였다.

전력 부문의 경우 송전선 131km과 전력 케이블 160여km가 유실됐으며, 석탄 부문에서는 50여 개소의 갱이 침수 또는 붕괴했고, 채탄장 및 굴진막장 180개소가 침수됐다. 이밖에 철길 노반 1만 7150여 ㎡가 유실되고, 철길 300여 개소가 파묻히는 피해도 있었다. 특히 조선중앙통신은 제15호 태풍 '볼라벤'이 지난달 28일과 29일 북한 전역을 휩쓸면서 사망자 59명과 실종자 50명이 발생했고, 유명한 광산이 있는 함경남도 검덕 지구(사망 34명·실종 42명)의 피해가 가장 컸다고 했다. 이와 같은 자연재해는 금년도 농업생산이 좋지 않고 산업 전반에도 악영향을 미치고 있다. 특히 곡창지대인 황해도의 경우는 금년에 약 2만 명의 아사자가 발생했다. 지난봄 황해남도 바닷가의 어떤 농촌 일대에서는 풀이 제대로 보이지 않았는데, 이는 먹을 게 없어서 풀이 나는 대로 다 캐 먹어버렸을 정도로 비참한 지경에 이르렀기 때문이라고 한다. 지금 황해도 인구의 80%는 하루에 통강냉이로 한두 끼 먹으며 연명하고 있다고 한다.

유엔식량농업기구(FAO)에 의하면, 북한이 매년 필요한 식량은 약 500만 톤 내외로 추정된다. 식량 부족은 연도별로 차이는 있지만 50~100만 톤 정도다. 북한의 2011년 식량 부족분은 총 50만 톤이며 중국에서 37만 톤(쌀이 약 9만 2000톤)을 수입했다. 러시아에서도 5만 톤을 지원했다. 이밖에 미국을 대신해서 세계식량계획(WFP)이 34만 2000톤의 식량을 제공해왔다(2011년 12월~ 2012 3월). 지난해에는 작황이 비교적 좋아 460만 톤 정도의 곡물 생산을 해서 현상유지는 했을 것으로 관계기관은 추정하고 있다. 그러나 2012년에는 수해와 태풍으로 인해 평년보다 50만 톤 이상이 감산될 것으로 예상된다. 참고로 북한군의 연간 식량 소비량은 약 27만 톤 정도다.

개혁개방의 부진

북한은 과거 시장경제 도입 정책들을 수차례 발표한 바 있으나 모두 흐지부지되고 이렇다 할 성과가 없었다. 1996년에는 곡물 증산을 유도하기 위해, 목표량을 초과한 부분에 대해서는 농민들에게 현물 처분권을 허용했다. 10년 전인 2002년에는 김정일이 이른바 7.1조치로 불리는 경제관리 개선책을 내놓아, 임금과 물가의 현실화, 기업 독립 채산제 도입, 배급제 축소 등 2012년 6.28조치와 비슷한 개혁을 시도했다. 그러나 그 성과가 지지부진했고, 무엇보다도 개혁이 체제 위기를 몰고 올 수 있다는 우려로 유야무야됐다.

금년도 발표한 6.28 '새 경제관리 체제'의 핵심은 공장 기업소 등이 독자적으로 생산품을 결정하고 가격과 판매방법, 수익 배분을 자체에서 결정하도록 자율성을 부여한다는 것이다. 농업의 경우 2012년 가을부터는 정부가 생산물을 모두 가져갔던 방식을 버리고, 생산물의 70%는 국가에 납부하고 나머지 30%는 농민이 소유할 수 있도록 허용한다는 것이 골자다. 이와 함께 배급제는 국가 기관, 교육·의료 부문을 제외하고는 폐지한다는 내용이다. 이는 일반 주민에 대한 배급제를 폐지하고, 농민 소유와 단위 기업의 자율성을 확대하는 조치로 볼 수 있다. '고난의 행군' 이래 북한의 배급제가 사실상 붕괴되긴 했지만, 공식적인 배급제 폐지는 획기적 전환이나 다름없다. 북한 주민들 입장에서는 자본주의적 요소가 가미되어 생산과 소유의 사유화가 확대되면, 각자 단위별 능력에 따라 생존하여 생산 단위의 활성화를 가져올 수 있지만 그 실천이 문제다.

그 결과가 체제 위협으로 갈 경우에는 통제 계획경제 체제로 다시 원위치할 것으로 예상된다. 따라서 6.28조치도 크게 기대는 되지 않는다. 한편 지난 9월 25일 최고인민회의를 개최하여 추가적 세부시행 해결책을 제시할 것으로 예상했으나, 경제문제와는 관계 없이 교육과 관련된 12년 학제 변경만을 발표하여, 당면 경제문제 해결책은 보이지 않는다. 최고인민회의는 당에서 결정된 일을 추인하는 거수기에 불과하지만, 그래도 특단의 입법이 있을 것으로 예상되었으나 아무것도 없었다.

서먹한 북·중 관계

북한과 중국은 지난 8월 장성택 방중 시 황금평·위화도와 나선(나진·선봉) 지구 개발에 있어 개성공단을 벤치마킹해 황금평·위화도와 나선 지구를 전담할 각각의 관리위원회를 설치하고, 중국이 나선에 전기를 직접 공급하기로 하는 등 개발을 서둘렀지만 가시적 성과는 없다. 북·중 간 합의문을 보면, 여전히 황금평과 나선 개발의 전망은 불투명하다. 양측은 이번에도 '정부 인도', '기업 위주', '시장원리', '상호이익'이란 북·중 경협의 기본원칙만을 재확인했다.

"장성택 당 행정부장이 직접 방중한 것은 '지난 2년간 황금평과 나선을 중국 기업에 개발을 맡겼더니 아무 성과가 없어, 기업 위주가 아니라 중국 중앙정부가 나서 지원해달라'는 메시지로, 개성공단처럼 '정부 위주'로 개발해달라는 것이었다. 그러나 중국은 그동안 고수해왔던 '기업 위주의 시장원리' 원칙을 합의문에 다시 포함시킴으로써 무조건 지원하지 않겠다는 입장을 분명히 했다. 따라서 북한이 중국 민간 기업의 투자를 유인할 정치적·제도적 환경을 만들지 않으면 황금평·나선 개발은 북한이 원하는 방향으로 이뤄지지 않을 가능성이 크다. 최근에 중국 시양(西洋) 그룹은 북한 광산사업에 거액(한화 약 430

억 원)을 투자했다가 한 푼도 못 건지고 쫓겨난 적이 있다.

물론 북한도 최근 '나선무역구법' 수정안과 '황금평 위화경제구법'을 제정하여 법·제도를 갖추려고 노력 중이지만, 북한의 행태가 일순간에 바뀌지는 않을 것이란 견해다. 중국은 나선항 진출과 청진항 진출 등 자국의 이익을 추구하지만, 북한의 신뢰도가 땅에 떨어져 '우호적 투자'는 하지 않을 것임을 분명히 했다. 특히 북한 노동력 관리를 놓고 북·중 간에 이견(異見)이 있는 것으로 전해졌다. 대북 소식통은 북한은 개성공단 식으로 나선 지역의 북한 노동자들을 북한 당국이 관리자를 파견해 직접 관리하겠다는 입장인 반면, 중국은 '글로벌 스탠더드(국제 기준)'를 따라 중국 민간 기업에서 관리하겠다는 입장인 것으로 알려져, 북·중 관계가 낙관적이지 않다는 견해가 제기되고 있다. 김정은이 궁극적으로는 체제위협 때문에 개혁개방을 외면할 것이라는 예측이 그것이다.

시리아의 바샤르 알 아사드 대통령의 경우 아버지로부터 세습된 대통령으로서 영국에 유학하여 서방 교육을 받았지만 강압 독재로 위기에 몰려 있는 것과 같이, 김정은이 비록 소년기에 서방 세계에서 유학해 자유경제 체제를 경험했다 하더라도, 민주화 운동이 일어나면 위기에 몰릴 수 있다. 하지만 전제군주 2세인 요르단의 압둘라 2세 국왕은 다르다. 요르단의 경우 선왕 후세인 국왕시대부터 대 서방 외교에 능하여 국민소득도 5000달러나 되고, 미국 등 서방 국가로부터 많은 원조를 받아와 첨단산업을 발전시켜 국왕의 인기가 높다. 요르단 국왕은 택시 운전수로 가장해 민정을 읽을 정도로 국민의 편에서 일해, 일반 세습 독재자의 2세들과 다르다. 그러나 김정은의 경우

선불리 개혁개방을 시도했다가는 자칫 처참한 종말을 맞을 수 있어 김정은 자신의 고민도 클 것이다.

생존의 길은 개혁개방이지만 실천이 문제

김정은 체제 출범 이후 북한이 개혁개방으로 선회하고 있다는 움직임과 징후들이 있지만 과감한 실천이 문제다. 김정은 체제가 내우외환을 겪고 있어 6.28조치를 내놓고 전면적인 변화, 즉 개혁개방 정책 시행 흉내를 내보지만, 주민들의 불만을 달래고 민심을 얻기 위한 단기적 조치에 그칠 것으로 보여 아직 불투명하다. 그러나 북한이 현재의 상태로는 더 이상 국가 체제 유지가 어려운 단계에 도달하여, 과거 사회주의 국가들이 했던 것처럼 개혁개방 도입은 불가피한 선택이 될 것이다. 김정은은 지난 4월 15일 연설을 통해 "인민이 다시는 허리띠를 조이지 않게 하겠다"고 공개 약속했고, 이후 현장 경제를 챙기는 행보를 보여왔다.

지난 8월 5일엔 북한의 명목상 국가수반인 전국최고인민회의 김영남 상임위원장이 베트남을 방문했다. 김영남은 베트남 총리와의 회담에서 "베트남의 개혁개방 정책인 '도이모이'(쇄신의 베트남어) 경험을 전수받고 싶다"고 밝혔다. 북한의 실질적 권력자인 장성택 국방위원회 부위원장 겸 노동당 행정부장도 중국을 방문해 경제협력과 지원을 요청했다. 장성택은 압록강 하류의 황금평과 나선 시 공동 개발을 논의하고 중국 남부와 동북 3성을 시찰하고 돌아왔다.

하지만 이러한 행보에도 불구하고 대북 지원에 있어 우호적이고 큰 손인 한국에 보여주는 최근 북한의 위협 공갈은 북한의 내우외환을 해결하는 데 있어 자충수를 두는 행위로, 멸망을 자초하는 것이다. 북한 체제는 개방을 해도 불안하고 지금과 같이 체제 단속 형 부분 개방도 위험하다. 그래도 개방을 하여 주민들을 기아로부터 해방시키는 것이 더 나을 것이다.

북한의 봄은 언제 올 것인가

(<한국일보> 2012.12.15)

진시황이 북방의 흉노의 침입을 막는다는 구실로 만리장성을 쌓은 것과 같이, 북한 김씨 일가는 '미제의 침략을 막는다'는 빌미로, 온갖 국력을 동원하여 핵무기와 미사일을 개발, 한반도는 물론 주변국을 위협에 몰아넣었다.

김정일 위원장이 사망한 지 1년이 지난 지금, 후계자인 김정은 제1위원장이 외국물을 먹고 성장하여 선대(先代)들보다는 좀 더 개방적이며 위민의 정치를 할 것을 기대했었다. 그러나 나아지기는커녕 더 표독스럽다는 말이 나오고 있다. 이제 군부까지 숙청 광풍을 일으켜 선대보다 더 독한 모습을 보여주고 있다. 지난여름 군의 실세였던 이영호 총참모장을 숙청하고, 민간인 출신 최룡해를 총정치국장으로 임명과 동시에 군 수뇌부 대거 교체와 계급 강등, 국가안전보위부를 중심으로 한 공안통치 강화 등 절대 권력자로서의 모습을 보여주고 있다. 이에 대해 북한 노동당 원로들은 김정은 제1위원장의 원칙 없는 인사와 즉흥적 지시에 모여 앉으면 "어린아이(김정은)가 현실을 모르고 설친다"고 불만을 토로한다는 것이다.

김정은 제1위원장이 야심차게 추진하던 6·28경제개선조치가 유야무야된 것도 기득권 박탈을 우려한 원로들과 정치국 위원들의 반발 때문인 것으로 알려졌다. 얼마 전 북한 고위층 탈북자 전언에 따르면, 북한 내부가 기아와 부패가 심화되고 지도부를 비판하는 일이 빈번해지고 있으며, 이를 단속하는 인민보안성이나 보위부 요원도 함께 부화뇌동하는 실정이라고 한다. 만약 이를 단속하려면 북한 인구 2400만 명 모두를 단속해야 할 것이라는 소식마저 들리고 있다. 최근 김정은 제1위원장이 신변 안전을 위해 "나의 경호를 보장하는 사업에 첫째가는 주의를 돌리라."면서 중무장한 경호 병력 증강과 함께 중화기 무장 지시를 내린 것도 이와 무관치 않다. 대남 관계에서도 우리나라의 언론기관을 공격하겠다고 좌표까지 적시한 최후 통첩장을 보내면서 총선과 대선 기간 중에는 집권당, 국가원수 모독 위협도 불사하는 상황이다.

김정은 제1위원장 역시 아버지처럼 핵과 미사일 개발로 국력을 탕진하고, 인공위성으로 위장한 장거리 미사일 실험을 계속 진행하면서 전 세계를 협박하는 양상으로 흐르는 것은 유감이다. 최근 국내외 전문 연구기관 자문을 통해 정부가 작성한 자료에 따르면, 북한이 핵과 미사일 개발에 투입한 추정 비용은 28~32억 달러(3조 268억~3조 4592억 원)이다. 이는 옥수수 933만~1066만 톤(톤당 300달러 기준)을 구매해 모든 북한 주민에게 31~36개월간 공급할 수 있는 분량이라는 분석을 내놓았다. 김정은 제1위원장의 유일한 유화책이라면 부인 리설주를 공개하고 팔짱을 끼는 모습을 보여준 것이 전부다. 그러나 이는 개혁개방과 거리가 멀다. 요행이라도 북한의 봄이 오길 기대한다.

2013년

구멍 뚫린 북 핵 정보수집

(<한국일보> 2013.02.13)

영어로 '진'(gene)이라고 부르는 유전자는 유전 형질을 규정하는 인자다. 이것이 있기 때문에 종자의 특성이 변하지 않고 그대로 자손에게 전해진다. 고양이가 강아지를 낳지 않고 고양이 새끼를 낳으며, 콩 심은 데 콩 나고 팥 심은 데 팥이 나는 이유는 바로 생명체가 모두 유전자를 갖고 있기 때문이다.

사람은 23쌍의 염색체를 갖고 있는데, 23쌍 염색체의 유전인자 DNA가 중요한 유전 정보를 담고 있다. 성격, 외모, 질환 등이 모두 부모와 유사한 것은 부모로부터 DNA 유전자를 물려받았기 때문이다. 북한의 김일성, 김정일, 김정은 3대는 여러 가지 면에서 유전적으로 대를 이어가고 있어, 동북아는 물론 전 세계가 골치를 앓는 듯하다. 이들 3대의 유전자적 특징을 살펴보면 첫째, 자신들이 결정한 것은 절대 번복하지 않는 옹고집 성격이다. 이러한 성격 탓에 북한의 핵 문제는 전혀 유연성이 없다. 둘째, 김씨 체제는 어느 누구도 신성

불가침이다. 체제에 반하는 일은 추호의 사소한 일도 절대 용서하지 않으며, 반대 세력은 가차 없이 숙청하거나 제거한다. 셋째, 거짓말 조작의 명수들이다. 대남 공작 기구를 통해 언론, 사이버 해킹 수단을 이용해 각종 허위 정보를 유포, 교란하는 일을 서슴지 않는다.

2월 16일은 김정일 전 북한 국방위원장의 71회 생일이고 북한의 4대 명절이다. 김정일은 핵무기를 개발하여 체제를 수호했을지 모르지만, 거짓과 기만으로 국제사회를 농락하다가 핵과 운명을 같이했다. 북한 김씨 3대의 유전적 특징은 핵 개발에서 그대로 드러나고 있다.

따지고 보면 북한의 핵보유 염원은 6·25 때부터이고, 본격적으로 개발을 시작한 지도 30년이 지나가고 있다. 북한의 핵 개발은 체제 보존용인 동시에 대미 대남 위협용이라 여겨진다. 6·25 직후 김일성은 "우리가 핵을 보유하고 있었으면 미국은 전쟁에 개입하지 못했고, 통일을 달성했을 것"이라고 탄식했다. 1992년 한·중 수교 시에도 "믿을 것은 핵폭탄밖에 없다"고 했다.

이런 상황에서 1993년 1월 3일자 〈노동신문〉은 거짓 주장을 늘어놓았다.

"북남 합의서와 비핵화 공동 선언이 채택, 발표됨으로써 조선반도 긴장완화와 평화 통일의 새로운 국면이 마련된 지금, 미국과 남조선 당국자들이 있지도 않는 그 무슨 핵 의혹설을 퍼뜨렸다. 여기에 침략적인 핵전쟁 연습을 재개하기로 한 것은 조선 인민뿐 아니라 세계 평화 애호 인민들에 대한 광폭한 도전이다"

북한은 이를 시작으로 핵 개발을 밀고나갔다. 이처럼 북한은 핵 개발을 남한과 미국에 뒤집어씌우고 슬그머니 핵확산금지조약(NPT)

탈퇴 및 복귀를 반복하면서 1, 2차 핵실험에 이어 3차 핵실험을 강행했고, 추가 핵실험에 도전하는 분위기다. 이들 3대는 핵만이 체제 생존의 수단이고 적화통일의 지름길이며 지상목표라는 유전자밖에 없는 듯하다. 북한은 연일 핵 위협 공갈을 펼치면서 풍계리 핵 실험장에서 3차 핵무기 실험을 준비했으며, 기어코 이를 실행했다.

하지만 이러한 중차대한 시기에 북 핵 문제에 대한 우리의 대응은 너무 허술하기만 하다. 분초를 다투어 북 핵 관련 첩보를 전담 수집해야 할 국가정보원이 대통령 선거가 끝난 지 두 달 가까이 되는데도 사이버 활동에 따른 선거 개입 논란에 휘말리면서 엉뚱한 곳에 역량을 소모하고 있다. 날로 도를 더해가는 북한의 핵 위협과 대남 심리전에 대한 대응은 실종되고, 각종 의혹 제기로 정보 당국의 대북 업무와 공작 기법이 노출되어 만신창이가 되어가고 있는 것은 유감이다. 이로운 것은 결국 북한뿐이다.

국정원이 선거에 개입하여 특정 정파에 유리하게 하는 시대는 지났다고 본다. 오히려 섣불리 관여할 경우 특정 정파는 득보다는 크게 손해를 보는 게 이치다. 위중한 시기에 국가안보의 허점이라도 드러난다면 돌아올 수 없는 루비콘 강이 되어버린다. 어려운 시기일수록 소탐대실보다는 대승적 국민 화합이 필요하다.

김씨 일가 핵 DNA 타고났다…
대북 총력 대응 필요

(<데일리 엔케이> 2013.02.15)

영어로 '진(gene)'이라고 부르는 유전자는 유전 형질을 규정하는 인자다. 이것이 있기 때문에 종자의 특성이 변하지 않고 그대로 자손에게 전해진다. 고양이가 강아지를 낳지 않고 고양이 새끼를 낳는 것이나, 콩 심은 데 콩이 나는 이유는 바로 생명체가 모두 이 유전자를 갖고 있기 때문이다.

사람은 23쌍의 염색체를 갖고 있다. 이 23쌍 염색체의 유전인자 DNA는 중요한 유전 정보를 담고 있다. 성격, 외모, 질환 등이 부모와 유사한 것은 부모로부터 DNA 유전자를 물려받았기 때문이다. 북한의 김일성, 김정일, 김정은 3대는 여러 가지 면에서 유전적으로 대를 이어가고 있지 않은가 싶을 정도로 닮아 있다. 오히려 이러한 기류가 더 강해지는 추세다.

이들 3대의 유전자적 특징을 살펴보면 첫째, 자신들이 결정한 것은 절대 번복하지 않는 성격이다. 이러한 성격 탓에 북한 핵 문제는

30년 넘게 국가의 가장 핵심적인 과제가 되었고, 일관되게 이 길을 걸어왔다. 핵 문제에 대해서는 일절 유연성이 없다.

다음으로, 김씨 체제는 어느 누구도 신성불가침이다. 체제에 반하는 일은 추호의 사소한 일도 절대 용서하지 않으며, 반대 세력은 가차 없이 숙청하거나 제거한다. 또한 거짓말 조작의 명수들이다. 대남공작 기구를 통해 언론, 사이버 해킹 수단을 이용해 각종 허위 정보를 유포·교란하는 일을 서슴지 않는다.

2월 16일은 김정일의 71회 생일이고 북한의 4대 명절이다. 김정일은 핵무기를 개발하여 체제를 수호했다고 생각할지 모르지만, 최소한의 국가 운영에 필요한 능력도 상실해가고 있는 그의 아들은 백척간두(百尺竿頭)의 운명에 설 날이 멀지 않았다.

따지고 보면 북한의 핵보유 염원은 6·25 때부터이고, 본격적으로 개발을 시작한 지도 30년이 지나가고 있다. 북한 지도부에게 핵 개발은 체제보존과 대미·대남에 가장 효과적인 수단으로 간주됐다. 6·25 직후 김일성은 "우리가 핵을 보유하고 있었으면 미국은 전쟁에 개입하지 못했고 통일은 달성했을 것"이라고 탄식했다. 1992년 한·중 수교 시에도 "믿을 것은 핵폭탄밖에 없다."고 했다.

이런 상황에서 1993년 1월 3일자 〈노동신문〉은 거짓 주장을 늘어놓았다. 북한은 "북남 합의서와 비핵화 공동 선언이 채택, 발표됨으로써 조선반도 긴장완화와 평화통일의 새로운 국면이 마련된 지금, 미국과 남조선 당국자들이 있지도 않는 그 무슨 핵 의혹설을 퍼뜨렸다. 여기에 침략적인 핵전쟁 연습을 재개하기로 한 것은 조선 인민뿐아니라 세계 평화 애호 인민들에 대한 광폭한 도전이다"라고 말했다.

북한은 이를 시작으로 핵 개발을 본격적으로 밀고 나갔다. 이 과정에서 북한은 핵 개발을 남한과 미국의 적대 정책의 책임으로 돌리고, 슬그머니 핵확산금지조약(NPT) 탈퇴 및 복귀를 반복하면서 1, 2차 핵실험에 이어 3차 핵실험을 강행했다. 이들 3대는 핵만이 체제 생존의 수단이고 적화통일의 지름길이며 지상목표라는 유전자만 힘을 발휘하는 듯하다.

박근혜 대통령 당선인의 말과 같이, 구소련이 핵을 안 가져서 망한 것이 아니다. 세계 최빈국이 자국 총생산의 절반을 핵과 장거리 개발에 투입하는 것은 누가 봐도 멸망의 길을 재촉하는 것이다. 6자회담이 실패하고 북한이 4차, 5차 핵실험을 해도 대중, 대미 외교를 착실히 해 국민적 통합을 이룬다면, 북한 김씨 정권의 멸망은 그리 멀지 않을 것이다.

하지만 이러한 중차대한 시기에 북핵 문제에 대한 우리의 대응은 너무 허술하기만 하다. 분초를 다투어 북 핵 관련 첩보를 전담 수집해야 할 국가정보원이 대통령 선거가 끝난 지 두 달 가까이 되는데도 사이버 활동에 따른 선거 개입 논란에 휘말리면서 엉뚱한 곳에 역량을 소모하고 있다. 날로 도를 더해가는 북한의 핵 위협과 대남 심리전에 대한 대응은 실종되고, 각종 의혹 제기로 정보 당국의 대북 업무와 공작기법이 노출이 돼 만신창이가 되어가고 있는 것은 유감이다.

이로운 것은 결국 북한뿐이다. 국정원이 선거에 개입하여 특정 정파에 유리하게 하는 시대는 지났다고 단언한다. 이번 사건에서도 조직적 개입 의혹이 아닌 해당 직원의 업무 범위를 넘어선 활동이냐 여부가 관건이다. 이것으로 정보기관 전체를 흔드는 것은 도가 지나치다. 위중한 시기에 국가안보의 허점이라도 드러난다면, 돌아올 수 없는 루비콘 강이 되어버린다. 어려운 시기일수록 소탐대실보다는 대승적 국민화합이 필요하다.

핵 개발이 북한 붕괴 앞당긴다

(<미래한국> 2013.02.18)

지난 2월 12일 북한의 핵실험 직후 지난 좌파 정부 때 요직을 지냈던 인사들이 북한의 도발을 "이명박 정부의 대북 압박정책과 남북대화 실종 탓"이라고 주장했다. 그러나 2006년 10월 9일 1차 핵실험은 노무현 정부 때 있었던 것을 분명히 알아야 한다. 우리의 대북 정책과 상관없이 북한은 핵 개발 야욕을 포기하지 않는다.

북한의 김일성, 김정일, 김정은 3대는 여러 면에서 악성 유전자가 대를 이어가고 있어, 동북아는 물론 전 세계가 골치를 앓고 있다. 이들 3대의 유전적 특징을 살펴보면 첫째, 자신들이 결정한 것을 절대 번복하지 않는 옹고집이다. 이러한 성격 탓에 북한의 핵 문제는 전혀 유연성이 없다.

둘째, 김씨 체제는 신성불가침이다. 체제에 반대하는 것을 추호도 용납하지 않고 가차 없이 숙청하거나 제거한다. 셋째, 거짓말 조작의 명수들이다. 대남 공작 기구를 통해 언론, 사이버 해킹 수단으로 각종 허위 정보를 유포, 교란하는 일을 서슴지 않는다.

넷째, 파렴치하다. 주민들은 모두 굶어 죽어가는데, 자신들만 호의호식해 비만이 흉물스러울 정도다. 이들 3대는 뚱뚱한 배를 내밀고 현장 지도한다며 주민들 앞에서 어정거리는 모습이다.

다섯째, 모두 혈관 질환으로 급사한다. 좋다는 약은 전 세계 북한 외교관까지 동원해 모두 가져다 먹지만, 백약이 무효였다.

김정일은 핵무기를 개발해 체제를 수호했을지 모르지만, 거짓과 기만으로 국제사회를 농락하다 죽었다. 북한 김씨 3대의 유전적 특징은 핵 개발에서 그대로 드러나고 있다. 따지고 보면 북한의 핵보유 염원은 6·25때부터이고, 본격적으로 개발을 시작한 지도 30년이 지나고 있다. 북한의 핵 개발은 체제 보존용인 동시에 대미, 대남 위협용이라 여겨진다. 6·25 직후 김일성은 "우리가 핵을 보유하고 있었으면 미국은 전쟁에 개입하지 못했고 통일을 달성했을 것"이라고 탄식했다. 1992년 한·중 수교 시에도 "믿을 것은 핵폭탄밖에 없다"고 했다. 이런 상황에서 1993년 1월 3일자 〈노동신문〉은 거짓 주장을 늘어놓았다.

"북남 합의서와 비핵화 공동 선언이 채택, 발표됨으로써 조선반도 긴장완화와 평화통일의 새로운 국면이 마련된 지금, 미국과 남조선 당국자들이 있지도 않는 그 무슨 핵 의혹설을 퍼뜨렸다. 여기에 침략적인 핵전쟁 연습을 재개하기로 한 것은 조선 인민뿐 아니라 세계 평화 애호 인민들에 대한 광폭한 도전이다."

핵 개발, 최종 종착역은 한반도 적화

북한은 이를 시작으로 핵 개발을 본격적으로 밀고나갔다. 북한은 핵 개발을 하는 것이 남한과 미국 때문이라고 뒤집어씌우고, 슬그머니 핵확산금지조약(NPT) 탈퇴 및 복귀를 반복하면서 1, 2차 핵실험에 이어 3차 핵실험을 강행했고, 추가 핵실험을 하려 한다. 이들 3대는 핵만이 체제 생존의 수단이고 적화통일의 지름길이며 지상목표라는 유전자밖에 없는 듯하다. 북한은 연일 핵 위협 공감을 펼치면서 풍계리 핵 실험장에서 3차 핵무기 실험을 준비했으며, 기어코 이를 실행했다. 그러나 북한 제일의 맹방인 중국 내부에서도 3차 핵실험에 항의하는 중국인들의 시위가 중국 동북 지역에서 시작돼 남방으로 확산되고 있다. 핵실험 직후 베이징의 북한 대사관과 지린 성 창춘, 안후이 성 허페이 등에서 북한 핵실험에 항의하는 시위가 있었으며 '북한을 우방으로 여기지도 않는다'는 말까지 나온다고 한다.

지난 2월 16일 중국 랴오닝 성 선양의 북한 영사관 앞에서는 선양과 푸순, 단둥 등지에서 온 네티즌들이 모여 북한 핵실험에 반대하는 시위를 벌였고, 광둥 성 광저우 시내에서도 '북한의 핵실험은 은혜를 원수로 갚는 것'이란 구호와 함께 북한을 비판하고 나서, 실제 제1의 피해 당사국인 한국과는 딴판이다.

박근혜 대통령 당선인의 말과 같이, 구소련이 핵이 없어 망한 것은 아니다. 세계 최빈국인 북한 주민 총생산의 절반을 핵과 장거리 개발에 투입하는 것은 스스로 멸망의 길을 자초하는 것이다. 6자회담이 실패하고 북한이 4차, 5차 핵실험을 해도 대중, 대미 외교를 착실히

해 국민적 통합을 이룬다면, 북한 김씨 정권의 멸망은 그리 멀지 않을 것이다.

시진핑 중국 공산당 총서기는 지난 1월 23일 중국을 방문한 대통령 당선인 김무성 특사단에게 "북 핵과 대량살상 무기를 절대 용납하지 않겠다는 입장을 강조했다"고 한 점은 대중(對中) 통일외교의 희망적인 면으로 보이고 있다.

국정원 선거 개입 논란 중단, 북 핵 정보수집 집중하게 해야

하지만 이러한 중차대한 시기에 북핵 문제에 대한 우리의 대응은 너무 허술하기만 하다. 분초를 다퉈 북 핵 관련 첩보를 전담 수집해야 할 국가정보원이 대통령 선거가 끝난 지 두 달 가까이 되는데도 사이버 활동에 따른 선거 개입 논란에 휘말리면서 엉뚱한 곳에 역량을 소모하고 있다. 날로 도를 더해가는 북한의 핵 위협과 대남 심리전에 대한 대응은 실종되고, 각종 의혹 제기로 정보 당국의 대북 업무와 공작기법이 노출돼 만신창이가 되고 있는 것은 유감이다. 이로운 것은 결국 북한뿐이다.

국정원의 내부를 들여다보면, 원세훈 현 원장은 이명박 대통령 사람이다. 이 대통령의 측근 중 가장 장수한 사람으로, 자신이 다음 정권에서 또다시 영달을 위해 군이 조직까지 동원해 선거에 개입할 이유가 없는 사람으로 본다. 만의 하나라도 관여했다면 응분의 책임을

지는 것은 당연하지만, 국정원이 선거에 개입해 특정 정파에 유리하게 하는 시대는 지났다고 본다. 오히려 섣불리 관여할 경우 특정 정파는 득보다는 크게 손해를 보는 게 이치다. 위중한 시기에 국가안보의 허점이라도 드러난다면 돌아올 수 없는 루비콘 강이 된다. 어려운 시기일수록 소탐대실하지 않고 대승적 국민화합이 필요하다.

국정원 국정조사에서 드러난 사건의 본질은 민주당과 국정원 전직 직원이 공모해 벌인 정치공작이다. 정치적 출세를 노린 국정원 전직 직원 김상욱 씨와 대선 국면 전환을 노린 민주당의 이해관계가 맞아떨어져 대북 및 종북 심리전 활동을 펼치던 정보기관 직원의 주거지를 급습한 것이 실체로 밝혀졌다.

경찰은 수사를 통해 민주당의 국정원 대선 개입 의혹 제기가 실체가 없는 것임을 밝혀냈지만, 대북 심리전에 대한 이해 부족과 일부 정치 편향적인 경찰의 돌출 행동이라는 심각한 문제를 표출하고, 국정원 직원 일부가 정치관여 행위를 했다는 결론을 내며 사건을 검찰에 송치했다. 사건을 이관받은 검찰은 야당의 정치 공세에 휘둘리면서 국정원이 선거에 개입했다는 이상한 결론을 내렸다. 검찰은 수사 과정에서 수사 책임자가 언론에 공소 사실을 흘리는 등 스스로 수사의 신뢰를 떨어뜨렸으며, 국정조사에서도 경찰 CCTV 녹취록 내용을 의도적으로 왜곡한 정황이 밝혀지는 등, 수사의 중립성과 신뢰성에 상당한 수준의 의혹이 제기됐다.

재판이 진행 중인 사안임에도 민주당은 장외투쟁으로 여당을 압박하며 결국 국정조사를 성사시킴으로써 국정원 사건 이슈화를 지속하는 데 성공하는 듯 보였다. 하지만 국정조사는 민주당의 의도와 달리 검찰의 왜곡된 수사 과정과 민주당의 정치공작 사실만 부각시키며 막을 내렸다. 대선 국면에서 민주당과 국정원 전직 직원 간에 민주당이 승리할 경우 보은을 한다는 매관매직 행태를 보여, 국민들에게 제2의 김대업 사건을 연상시켰다.

제2의 김대업 카드

이번 사건 역시 당시 사건과 마찬가지로 대선 국면 전환을 노린 민주당이 국정원 전·현직 직원을 끌어들이면서 시작됐다. 민주당 선거 캠프에 몸담고 있던 김상욱 씨는 현직 정기성 씨를 사주해, 심리전단 소속 여직원을 미행하는 CCTV 화면이 적나라하게 공개됐다. 김상욱은 국정원의 선거법 위반행위라고 판단하면 이를 중앙선관위에 고발하는 것이 순서임에도 민주당에, 제보해 오늘의 평지풍파를 일으킨 장본인 역할을 했다. 그는 출세욕이 많아 지난 1997년 국정원의 북풍 사건 때도 당시 안기부 수사국에 근무하면서 민주당에 국정원 내부 동향 첩보를 제보, 김대중 정권에서 동료보다 빠른 진급을 할 수 있었다.

또한 전직 직원 김씨의 국정원 재직 중 정치적 언동과 퇴직 후 민주당 입당 및 공천 탈락 사실 등도 속속 공개되면서, 대선 국면 전환을 노린 민주당과 당내 입지를 노린 김씨의 이해관계가 맞아떨어진 정황도 입증된 것이다.

경찰은 사건 직후 국정원 여직원의 노트북과 개인용 PC를 임의 제출

(2012.12.13.)받아 즉각 수사에 착수했으나, 문재인·박근혜 대선 후보에 대한 비방, 지지 게시 글이나 댓글을 게재한 사실은 발견되지 않았다. 압수수색 영장을 발부받아 포털사이트 등에서 댓글, 게시글은 물론 찬반 클릭의 내용까지 조사하며 수사를 확대했지만, 특정 대선 후보의 실명을 거론한 비방 댓글은 작성한 사실이 없는 것으로 확인됐다.

경찰은 정부 정책에 대한 언급이 포함된 국정원 직원 2명의 일부 댓글이 정치 관여에 해당된다고 보고, 국정원 직원 등 3명에 대해 선거법 위반이 아닌 정치 관여 혐의로 검찰에 송치했다. 그러나 정치 관여 혐의 역시 경찰의 대적 심리전에 대한 이해 부족에서 비롯된 잘못된 수사라는 점이 점점 부각되고 있다. 수사를 담당한 권은희 전 수서경찰서 수사과장의 정치적 편향성이 명확히 드러나면서 정치 관여 혐의 역시 권 전 과장의 편향된 수사에 기인한 결과임도 나타났다.

청문회에서 국정원 소속 직원들은 사이버 상 대한민국 국민과 정부를 이간질하는 북한의 심리전 활동에 대한 정당한 업무로, 일방적 정부 홍보와는 구별되는 점을 강조했고, 논란의 중심에 서 있던 여직원 역시 자신의 활동이 대적 심리전에 필요한 합당한 활동이었음을 설명해 설득력을 얻었다. 또한 참여정부 때도 국정홍보처가 전체 부처를 이용, 국정에 관련된 댓글 활동을 했던 것도 이번 국정조사를 통해 다시 한 번 확인됐다. 특히 참고인 조사에서 DC인사이드의 김유식 대표는 자신이 운영하는 사이트에 지금까지 10만여 건에 달하는 북한 발 의심 글이 게재되는 실태를 고발하고, 이에 대한 대응을 주문하기도 했다.

또한 검찰이 CCTV 영상을 악의적으로 편집하는 등 사건 왜곡 의도가 드러나는 공소 자료가 국정조사를 통해 밝혀지면서, 국정원의 선거법 위반 결론을 내린 검찰의 수사 결과는 신뢰성에 치명적인 타격을 입고 말았다. 검찰의 왜곡 논란은 수사 단계부터 끊임없이 불거져온 부분이다.

김상욱·정기성은 정치 모리배

이번 사건 수사의 책임자인 진재선 검사의 실체가 폭로됨으로써 검찰 내부의 문제도 드러났다. 여당은 진 검사가 극좌 운동권 출신에다, 검사 임용 이후에도 주한미군 철수와 국가보안법 철폐를 주장하는 사회진보연대를 후원하고 있는 사실이 알려져, 검찰의 정체성과 중립성에 흠집이 나기도 했다.

민주당과 함께 매관매직 형 정치공작을 주도한 국정원 전직 김상욱 씨는 2009년 퇴직 후 작년 4월 총선에서 민주당 예비 후보(경기 시흥 갑)로 등록했지만 공천에서 탈락하고, 대선 기간에는 선거 캠프에 몸담고 있으면서 본인의 정치적 입지 강화를 위해 국정원의 동향 후배이자 승진 누락으로 불만이 있는 국정원 현직 직원 정기성 씨에게 접근해 사건을 공모한 정황이 집중 제기됐다. 특히 김씨가'여직원 댓글 사건' 하루 전인 12월 10일 여직원의 오피스텔 주차장에 잠복한 모습(CCTV 확인)과 10~11일 이틀간 문재인 캠프 2명과 40여 차례 전화 통화한 사실이 알려지기도 했다. 심지어 국정원에 근무할 당시에도 '김상욱은 위험을 무릅쓰고 DJ 정권 창출에 기여한 사람'이라는 박지원 의원의 발언이 공개됐다.

사건 발단 주동자인 김상욱, 정기성 씨와 함께 수사 책임자였던 수서경찰서 권은희 전 수사과장이 드러낸 정치적인 편향성도 국정조사를 통해 드러났다. 권 전 과장은 수사 과정에서 경찰 수뇌부의 수사 축소와 외압이 있었다는 주장으로 파문을 일으켰으나, 정작 국정조사를 통해 드러난 진실은 권 전 과장이 가지고 있는 국가 공무원 신분으로 도저히 용납될 수 없는 정치적 편향성이었다.

정치적 편향성 드러낸 권은희

권 전 과장은 청문회장에서 심지어 "경찰의 심야 수사발표는 절대 있어서는 안 될 일이다", 또는 "중간 수사발표 행위가 대선에 영향을 미치기 위한 부정한 목적이었다", "서울청장이 수사의 간섭을 했다"는 등 수사 지휘를 했던 상관을 의도적으로 모욕하고, 정치적 판단이 개입된 발언을 반복하면서 스스로의 정치적 편향성을 적나라하게 드러내며 여당 의원들의 지적을 받았다.

특히 대표적 종북 단체인 민권연대는 국정원 감시단을 만들어 국정원 정문 앞에서 24시간 텐트 농성을 벌이는 등, 국정원의 수사 대상이 국정원 앞에서 '국정원 해체'를 주장하는 웃지 못할 상황이 벌어졌다. 하지만 이번 국정조사를 통해 민주당의 매관매직 공작 사건이라는 실체가 드러나고 여론의 흐름이 불리해지자, 이번 촛불집회를 반정부 투쟁의 장으로 확대시키겠다는 종북 세력의 불순한 의도다.

탈북 주민들의 운명

(<한국일보> 2013.03.15)

최근 중국 정부가 집단 체포한 탈북자들의 북송을 보류하다가, 이들 중 일부의 북송을 강행해 국내는 물론 국제사회로부터 강력한 비난을 받고 있다. 탈북자 문제가 크게 이슈화되고 있는 양상이다.

탈북자 문제는 1990년 후반이 출발점이다. 당시 계속되는 식량난 때문에 생존이 어렵게 된 북한 주민들이 더 이상 희망이 없는 탈출을 감행한 것이다. 중국 당국은 소수의 탈북자만이 중국에 체류했을 때는 이를 크게 문제 삼지 않았다. 하지만 대량의 북한 주민들이 중국으로 넘어오면서 사정이 돌변했다.

중국은 탈북자들을 난민으로 인정하지 않고 불법 체류자로 멍에를 씌워 체포된 탈북자를 북한으로 돌려보내고 있다. 북한에 보내진 탈북자들은 북한 보위부 당국자들로부터 인간 이하의 고문과 처형, 중노동에 처해지고 있다. 최근에는 지도자 김정은마저 "김정일 애도 기간에 탈북한 사람들은 삼족(三族)을 멸하라."는 지시를 내렸다. 북한이라는 집단의 잔학 행위가 전 세계는 물론 인류 역사에도 찾아볼 수 없는 범죄 행위로 일관하고 있는 것이다.

탈북자들이 죄가 있다면 북한에서 태어났다는 죄뿐이다. 모든 인간은 이 세상에 태어나 정의롭게 살 권리가 있는 것이 인류 보편의 가치다. 더욱 가관인 것은, 중국 당국이 이들 탈북자를 돌려보내는 데 항의해 단식 농성을 벌이는 박선영 자유선진당 의원에 대한 진보 성향 단체들의 비판이다. 표현이 지나친 부분이 한둘 아니다. 마치 우리 속담에 '나무라는 시어머니보다 말리는 시누이가 더 밉다'는 표현이 이들에게 적절하다. 강제로 보내는 중국은 시어머니 격이고, 북한을 두둔하는 일부 진보 단체들은 시누이 격이다. 이들은 박 의원을 향해 "공천을 받기 위해 쇼를 한다"라거나, "다이어트하면서 사기 치지 말라."고 비난하는가 하면, 수감 중인 인터넷 팟캐스트 방송 '나는 꼼수다'(나꼼수) 출연자 정봉주 전 의원 사이트에선 "안면 근육 배열을 보니 기절한 게 아니다", "오버 적당히 해라" 등의 야유를 보냈다. 정 전 의원은 국회의원 시절이던 2004년 "탈북자를 받아들이면 북한이 곤란할 수밖에 없고, 결국 남북관계에 악영향을 줄 수 있다. 미래적 남북관계를 위해 이 문제로 북한을 자극하지 않도록 해야 한다"고 말했던 장본인이다.

2000년 남북정상회담 이후 6·15 공동 선언실천 남측 위원회를 중심으로 한 〈우리민족끼리〉 세력은 지금까지 탈북자 문제에 대해 침묵으로 일관해왔다. 이들은 북한 인권법 통과에 반대를 해온 중심 세력이다. 6·15 남측 위원회에 참여했던 조국통일 범민족 연합(범민련) 남측 본부와 평화와 통일을 여는 사람들(평통사) 등은 탈북자 문제는 거들떠보지도 않고, 제주 해군기지 반대, 한미 자유무역협정(FTA) 폐기 촉구, 한미 정례 군사훈련 반대 등 정치 투쟁에 열을 올리고 있다. 이들은 2004년 베트남을 통해 468명의 탈북자가 대거 국내에 들어온 뒤 북한이 반발하자, "탈북을 부추기는 기획 탈북을 중단시키라."고 요구하기까지 했다. 만약 북한에서 중동의 민주화나 동구 소련에서와 같은 시민혁명이 일어나 3대 세습 독재자들이 제거되고 나면, 이들 세력은 무엇이라고 할 것인가. 대변도 하기 전에 북한 주민들로부터 돌팔매를 먼저 맞을 것이다.

북한은 최근 휴전협정 폐기와 한반도 전시 상황 선포, 그리고 영변 원자로 재가동 등 극한적인 위협을 더해가고 있다. 북한의 언어폭력 시원은 김일성 주석이 1966년 5월 훈민정음 창제를 '민족의 역사와 문화 발전에서 새로운 전환의 계기를 열어놓은 커다란 역사적 사변'이라고 주장하고 한글을 '문화어'로 선전한 직후부터 노골화되었다. 김 주석은 '조선어의 민족적 특성을 옳게 살려 나갈 것에 대하여'라는 교시를 통해 수도 평양 말을 중심으로 다듬어진 북한의 공통어를 '문화어'로 부를 것을 주장했다. '문화어' 사용 이유에 대해 "사회주의, 공산주의 건설 시기에 있어서 혁명과 건설의 힘 있는 무기로 언어의 복무적 역할을 높여야 하기 때문"이라고 밝히고 있다. 서울말은 부르조아적 생활이 지배하는 말로서 고유한 우리말은 없고, 영어, 일본말, 한자어가 반절이나 섞인 '잡탕말'이라고 했다. 이처럼 김 주석의 문화어 교시는 당초부터 남한 말을 비하하고 평양 말을 문화어로, 계급 혁명의 도구로 활용한 것이다.

북한은 정치사상 분야에서도 미국과 남한에 대한 언어폭력을 끊질

기게 해왔다. 이는 6·25 남침에서 미국 때문에 그들이 목적한 공산 통일이 무산되어 미국을 '철천지 원수'로 규정한 데서 비롯된다. 미국과 한국을 주종 관계로 취급하여 당 기관지나 선전 매체에서 입에 담지 못할 저속한 용어로 도배를 해왔다. 예를 들면 '미제놈', '미제의 주구', '비열한 제국주의 무리들', '파쇼적 탄압', '사대 매국', '식민지 파쇼 정권' 등의 용어가 〈노동신문〉이나 대남 선전 매체에 올려졌다. 김정일 시대의 정치 보도나 사회정치 논설체에서 자주 쓰는 용어로는 '틀어쥐다', '짜고 들다', '책동', '떠들어대다' 등의 용어들을 볼 수 있는데, 이는 모두 상대방을 낮잡아보는 속어다.

최근에 키리졸브 훈련을 계기로 북한 매체들이 급격히 강한 어조로 바뀌고 있다. 키리졸브 연습은 1994년부터 매년 실시해온 방어 위주의 지휘부 모의 군사 훈련으로서 새로운 훈련이 아니다. 그럼에도 불구하고 김정은 국방위원회 제1위원장이 전면에 나서 군부대를 순시하면서 북한 매체들과 함께 극언 발언을 쏟아내고 있다. 이를 예시해보면, '적들을 모조리 불도가니에 쓸어 넣으라', '적진을 아예 벌초해버려라', '미군과 남조선 기지를 불마당질하겠다', '미제와 그 추종 세력들을 짓뭉개버리겠다', '서울 초토화', '불벼락' 등 막말을 퍼붓고 있는 것을 알 수 있다. '불'자 접두사를 유난히 많이 사용하여 극한적인 협박을 하고 있는 것이다. 이러한 저급한 용어들은 북한의 당 기관지 〈노동신문〉이나 통전부 외곽 단체인 조평통, 인터넷 선전 매체인 〈우리 민족끼리〉 등 대남 공작 기관이 앞장서고 있다.

남한의 방송이나 신문 등 모든 매체들이 김씨 3대에게 직함을 붙여 표기를 한 데 비해, 북한은 우리의 국가원수에 대해 입에 담지 못할 말을 해왔다. 이명박 대통령 집권 시에는 '리명박 역도'라는 말을 마치 공식어처럼 사용해왔다. '역적 패당을 죽탕쳐버리겠다', '리명박 집권 5년간 가장 큰 죄악은 민족의 최고 존엄에 도전한 죄'라는 용어를 썼다. 박근혜 대통령에 대해서는 대선 후보 시절에 '이명박 역도와 한 짝이 돼 도발이니 제재니 하면서 소란을 피우다 못 해…, 악담까지 줴치고(떠들고) 있다'는 식의 공격을 했다. 박 대통령 취임 후에는 "청와대 안방을 다시 차지하고 일으키는 독기 어린 치맛바람과 무관치 않다"라고 비난하고 나섰다.

북한의 대남 언어폭력 저의는 지난해 11월 정찰총국 내 김정은 위해 사건 등 내부 불안정 극복을 위한 지도력 과시와 무관치 않다. 이와 함께 미사일 발사와 3차 핵실험 등으로 각종 제재가 지속되고 북한 내부의 경제 사정이 극도로 악화해, 이를 외부로 돌리려는 의도라 하겠다. 우리 정부는 확고한 한·미 공조를 바탕으로 북한의 협박에 강력히 대응해야 한다.

도를 넘은 북한의 대남 언어폭력

(<문화일보> 2013.04.11)

북한은 정치사상 분야에서도 미국과 남한에 대한 언어폭력을 끈질기게 해왔다. 이는 6·25 남침에서 미국 때문에 그들이 목적한 공산 통일이 무산되어 미국을 '철천지원수'로 규정한 데서 비롯된다. 미국과 한국을 주종 관계로 취급하여 당 기관지나 선전 매체에서 입에 담지 못할 저속한 용어로 도배를 해왔다. 예를 들면 '미제놈', '미제의 주구', '비열한 제국주의 무리들', '파쇼적 탄압', '사대 매국', '식민지 파쇼 정권' 등의 용어가 <노동신문>이나 대남 선전 매체에 올려졌다. 김정일 시대의 정치 보도나 사회정치 논설체에서 자주 쓰는 용어로는 '들어줘다', '짜고 들다', '책동', '떠들어대다' 등의 용어들을 볼 수 있는데, 이는 모두 상대방을 낮잡아보는 속어다.

최근에 키리졸브 훈련을 계기로 북한 매체들이 급격히 강한 어조로 바뀌고 있다. 키리졸브 연습은 1994년부터 매년 실시해온 방어 위주의 지휘부 모의 군사훈련으로서 새로운 훈련이 아니다. 그럼에도 불구하고 김정은 국방위원회 제1위원장이 전면에 나서 군부대를 순시하면서 북한 매체들과 함께 극언 발언을 쏟아내고 있다. 이를 예시해보면, '적들을 모조리 불도가니에 쓸어 넣으라', '적진을 아예 벌초해버려라', '미군과 남조선 기지를 불마당질하겠다', '미제와 그 추종 세력들을 짓뭉개버리겠다', '서울 초토화', '불벼락' 등 막말을 퍼붓고 있는 것을 알 수 있다. '불'자 접두사를 유난히 많이 사용하여 극한적인 협박을 하고 있는 것이다. 이러한 저급한 용어들은 북한의 당 기관지 〈노동신문〉이나 통전부 외곽 단체인 조평통, 인터넷 선전 매체인 〈우리민족끼리〉 등 대남 공작 기관이 앞장서고 있다.

남한의 방송이나 신문 등 모든 매체들이 김씨 3대에게 직함을 붙여 표기를 한 데 비해, 북한은 우리의 국가원수에 대해 입에 담지 못할 말을 해왔다. 이명박 대통령 집권 시에는 '리명박 역도'라는 말을 마치 공식어처럼 사용해왔다. '역적 패당을 죽탕쳐버리겠다', '리명박 집권 5년간 가장 큰 죄악은 민족의 최고 존엄에 도전한 죄'라는 용어를 썼다. 박근혜 대통령에 대해서는 대선 후보 시절에 '이명박 역도와 한 짝이 돼 도발이니 제재니 하면서 소란을 피우다 못 해…, 악담까지 줴치고(떠들고) 있다'는 식의 공격을 했다.

박 대통령 취임 후에는 "청와대 안방을 다시 차지하고 일으키는 독기 어린 치맛바람과 무관치 않다"라고 비난하고 나섰다. 북한의 대남 언어폭력 저의는 지난해 11월 정찰총국 내 김정은 위해 사건 등 내부 불안정 극복을 위한 지도력 과시와 무관치 않다.

이와 함께 미사일 발사와 3차 핵실험 등으로 각종 제재가 지속되고 북한 내부의 경제 사정이 극도로 악화해 이를 외부로 돌리려는

의도라 하겠다. 우리 정부는 확고한 한·미 공조를 바탕으로 북한의
협박에 강력히 대응해야 한다.

북·중 혈맹도 영원한 것이 아니다

(『북한』지 2013년 4월호)

3차 북 핵실험, 중국에 또다시 부담 줘

중국이 북한의 3차 핵실험 후 종전과 무엇인가 달라진 대북 제재를 보여줄 것을 기대했지만, 이번에도 종전과 별로 달라진 것이 거의 없다. 중국은 북한의 1·2차 핵실험 때와 같은 멘트로 주변국들의 냉정과 자제를 주문하고, 강력한 제재에는 반대하고 있다. 적어도 외부적으로 보이는 중국의 모습에는 변화가 없는 것처럼 보인다. 특히 우리 국민들은 이러한 중국의 태도에 대해 큰 기대도 하지 않았지만, 이제 타성화되어 중국은 원래 그런 나라로 인식하면서 무덤덤한 반응을 보인 것도 사실이다.

하지만 3차 핵실험 후 중국 내부에서는 북한에 대한 인식이 점차 부정적으로 변화하고 있어 과거와는 다른 모습이다. 물론 당장의 큰 변화는 기대할 수 없지만, 향후 한반도 통일에 있어선 긍정적인 일이 아닐 수 없다. 중국이 1949년 10월 1일 중화인민공화국을 건국한 후 6·25전쟁에서 미·중은 남북한을 앞세워 대리 전쟁을 했다. 미·중이 직접 전쟁을 했지만, 휴전 후 승자도 패자도 없이 사상 유례 없는 사상자만 크게 내고 양측 모두 실익이 없는 전쟁을 치렀다. 동유럽이 무너지고 냉전 체제가 종식되면서 한·중은 휴전 후 40년 만에 적대 관계에서 수교 관계까지 가게 되어 누구도 예상치 못한 결과를 이루었다.

한·중 수교 전에는 중국 민항기 조종사의 망명 사건이나 중국 해군 어뢰정 사건(1985년 중국군 어뢰정 위에서 일어난 선상 반란 사건) 등 큰 사건이 일어났어도, 중국은 우리 외교관을 공식적으로 접촉하지 않고 홍콩에 있는 신화사 통신 요원을 통해 비공식 접촉을 한 것이 고작이었다. 한·중 수교는 어뢰정 사건 당시 우리 측이 선상 반란자가 대만 망명을 요청한 것을 묵살하고 중국에 넘겨준 것이 계기가 되어, 양측 관계가 급속히 발전하여 수교에 이르렀다. 수교 후 중국 외교관들의 태도는 180도 달라졌다. 말을 걸면 답변도 잘하여 호의적인 모습도 보였다. 그러나 북·중 관계 이야기가 나오면 회피하거나 북한에 대해 우호적인 입장을 취하여 한·중 외교관계의 한계도 있었다.

하지만 한·중 수교 20년이 지난 지금 북·중 관계는 북한 노동당과 중국 공산당 간의 관계 및 한국의 정치권과 중국 공산당 간의 관계가 취약한 것을 제외하고는 비약적인 발전을 하여 정치, 경제, 인적 교류, 물적 교류는 물론 스포츠 문화 관계에서도 가까워졌다. 이제 우리는 북한 핵 문제 때문에 중국이 '못 넘을 산'이라고도 하지만, 분명히 그렇지 않다는 신호도 보이고 있어, 통일은 그리 멀지 않은 시기에 올 것으로도 예상된다. 이번 3차 북 핵실험은 한반도의 위기 상황이기도 하지만, 북한 제1의 우호 세력인 중국에 부담을 주어 오히려 북한 정권이 제 무덤을 파고 있다는 사실은 간과되고 있다.

김일성은 1945년부터 약 4년간 중국 공산당이 국민당과 어려운 싸움을 할 때, 자신도 어려운 처지에 저우바오중(周保中)의 중국 공산당군을 적극 지원, 일본이 남기고 간 탄약, 군수물자와 병력, 북한의 북부지역 이동로를 제공하여, 중국 공산당 정부의 최고의 보은자가 되었다. 김일성은 1950년 당시 자신이 일으킨 6·25전쟁이 한·미 연합군에 의해 북·중 국경까지 밀리자, 같은 해 10월 1일 중국에 군사 원조를 요청하여 멸망 위기에서 마오쩌둥으로부터 대규모 병력을 지원받아 회생하게 된다. 김일성이 보는 중국은 한 가족 국가와 다름없었다.

그러나 김일성이 무조건 중국의 말을 들은 것은 아니었다. 1960년대 중국 문화혁명 시 마오쩌둥은 김일성이 문화혁명을 지지하지 않는 것에 대해 수정주의자로 비판했다. 1966년 8월 12일 김일성은 자주성을 옹호하자는 제하의 〈노동신문〉 논설을 통해 중국에 대해 주체노선을 못 박았다. 사상에서 주체, 정치에서 자주, 경제에서 자립, 국방에서 자위를 주장하고, 중국의 교조주의는 물론 소련의 수정주의를 비판하면서 주체사상을 제시하여, 오히려 남한보다 더 민족 주체성을 찾았다.

1992년 한·중 수교 시 김일성 부자(父子)의 만류에도 중국이 한·중 수교를 단행함으로써 북한 전체를 쇼크 상태에 이르게 했다. 황장엽 전 노동당 비서는 "당시 마오쩌둥과 덩샤오핑의 오랜 전우였던 김일성이 이 소식을 듣고 큰 충격을 받아 며칠 동안 앓아누울 지경으로 충격이 컸었다"고 말했다. 이 사건으로 북한 내부에서는 중국이 김일성의 말을 듣지 않았다는 사실에 더 큰 충격을 받았다고 한다. 김일성은 믿었던 도끼에 발등을 찍힌 결과가 되었다. 이로 인해 북한은 중국을 혈맹(血盟)국으로 생각하면서도 항상 경계하는 입장으로, 중국의 반대에도 불구하고 독자적인 핵 개발을 단행해왔다. 그러나 북한은 생존을 위해서는 중국과의 우호를 강조할 수밖에 없는 딜레마에 빠져 있는 상황으로, 이제까지 북 핵과 관련된 멋대로의 행태로 인해 북·중 관계가 영원히 우호적일 수는 없다. 이는 오늘날 국제관계에는 영원한 친구도 없고 영원한 적도 없다는 말과 상통한다.

변하고 있는 중국 지도부

시진핑 중국 공산당 총서기는 혁명 1세대인 시중쉰(習仲勳) 전 부총리의 아들이다. 시중쉰은 펑더화이(彭德懷)가 1950년 항미원조군(抗美援朝軍) 사령관으로 6·25전쟁에 참전하기 전에 그의 핵심 참모로 활동했다. 시중쉰은 1913년생으로 김일성보다 한 살 아래이며 '북·중 동맹의식'을 항상 갖고 있었다. 시중쉰은 혁명 원로로 김일성과의 우정도 깊어 중국 특사로 북한을 여러 번 방문했으며, 김정일 시대에도 김정일이 방중하면 안내를 하는 등 우호관계를 증진한 인물이다. 이러한 관계로 중국의 새 지도자 시진핑(習近平)이 그의 아버지로부터 영향을 받은 것은 절대적이라고 할 수 있다. 시진핑의 아버지 시중쉰(習仲勳)은 중화인민공화국의 '건국 팔로(八老, 8대 원로)' 중 한 명이다. 그는 문화혁명 당시 고초를 겪었지만 1978년 복권돼 국무원 부총리까지 승진했으며, 2002년 사망할 때까지 아들의 든든한 후원자로 활동했다.

상당수 중국 문제 전문가들은 북한을 보는 시진핑의 시각이 아버지의 영향을 받았을 것이라고 추정한다. 아버지의 영향을 받아 시진핑은 친북 성향이 짙으며, 2008년 3월 국가 부주석에 취임한 후 처음 방문한 국가도 북한이었다. 2010년 10월 25일 "위대한 항미원조(抗美援朝) 전쟁(6·25전쟁)은 평화를 지키고 침략에 맞선 정의로운 전쟁"이라는 언급을 하여 '중·조(中朝) 혈맹'을 강조했다. 시진핑의 6·25전쟁과 관련한 발언은 우리 국민에게는 분명히 불쾌한 일이다. 시진핑은 2012년 12월 17일 김정일 사망 1주기 추모 때도 당 서열 5위인 류윈산(劉云山) 정치국 상무위원을 베이징 주재 북한 대사관에 보내 북·중 관계의 중요성을 강조했다. 류윈산이 "중국의 새 중앙영도 집단은 전통적인 중·조 친선을 매우 중시하고 있다. 노 세대 혁명가들이 마련하고 키워준 전통적인 중·조 친선은 확고부동하다"는 발언을 하며 북한과의 혈맹을 강조했다.

하지만 비록 원론적이기는 해도, 북한의 3차 핵실험 직전인 지난 1월 23일 시진핑 총서기는 당시 박근혜 당선인의 중국 특사단장으로 간 김무성 특사에게 "북 핵과 대량살상 무기를 절대 용납하지 않겠다"는 입장을 밝혀 의미를 부여하고 있다. 중국 외교부도 3차 핵실험 직전 중국 주재 북한 대사 지재룡을 불러, 북 핵실험을 만류하는 등 적극적인 모습도 보였다. 핵실험 임박 시 북한에서 통보받은 핵실험 예정 사실을 우리 측에 통보해주는 것도 과거와 다른 성의를 보이는 모습이라고 할 수 있다. 박근혜 대통령 취임식에도 여성으로서는 가장 높은 직위에 있는 류옌둥(劉延東) 공산당 정치국 위원 겸 교육·문화·과학 담당 국무위 인사를 시진핑 당 총서기의 특별 대표로 파견하여 관심을 보이는 것도 태도 변화라고 볼 수 있다.

지난 2013년 1월 장거리 로켓 발사에 대해 유엔의 대 북한 경제 제재, 무기 및 핵물질 반입 반출 금지 제재 결의 2087호에도 동의했다. 이에 대해 북한 국방위는 "세계의 공정한 질서에 앞장서야 할 큰 나라들이 제정신을 차리지 못한다"고 중국을 비난하여 6자회담 의장국인 중국의 체면을 깎기도 했다. 생존을 위해 중국에 의존할 수밖에 없는 상황임에도 북한의 멋대로인 행태는 중국이 태도 변화를 일으키지 않을 수 없게 하는 요인이 되고 있다.

"왜 조만간 멸망할 정권과 관계를 유지해야 하나"

시진핑(習近平) 공산당 총서기가 작년까지 교장을 지낸 중공중앙당교가 발행하는 〈쉐시(學習) 시보〉의 덩위원(鄧聿文) 부편심(副編審, 편집 및 심사 담당)은 지난 2월 28일 영국 〈파이낸셜타임스〉 기고문에서 북한의 핵실험은 북·중 관계를 재고할 좋은 기회라며 '북한 포기론'을 제시했다. 중국 공산당의 고급 간부를 양성하는 국립 교육기관에서, 더구나 공산당의 지도이념과 통치 철학을 제시하는 기관 간부가 북한의 3차 핵실험을 계기로 북한을 포기하고 한반도 통일을 지지해야 한다는 주장이 나온 것은 최초로 예사로운 일은 아니다. 덩 부편심은 중국과 북한을 이어주는 연결고리가 사라지고 있다고 지적했다.

그는 "이데올로기에 기초한 국가 관계는 위험하다"며 "중국과 북한의 차이는 중국과 서방의 차이보다 더 크다", "만일 개방의 문을 조금이라도 연다면 북한 정권이 붕괴될 것"이라고 주장하고, "왜 조만간 멸망할 정권과 관계를 유지해야 하나", "북한이 갖고 있는 지정학적 가치도 이제 낡은 개념"이라고 지적했다. 국내 일간지와의 인터뷰에서도 "당장은 아니더라도 중국은 북한을 포기할 준비를 해야 한다"고 말했다. 북한 개혁·개방에 대해서도 "세습이 이뤄지는 순간 개혁·개방은 이미 물 건너갔다. 김정은이 젊고 유럽에 유학을 했다 해도, 북한 집권층 내부가 동의하지 않는다"고 주장했다. 북한의 핵 포기에 대해서도 "북한은 실패한 국가이며, 무너지는 것은 필연이다. 한국과 협조하면서 급변 사태에 대비해야 한다. 미국·한국과 같이 통일 과정에 참여해야 중국의 전략적 이익을 지킬 수 있다"고 했다.

마지막으로 "변덕스러운 김정은 정권이 중국을 상대로 핵 위협을 할 가능성을 배제할 수 없다"며 "미·북 관계가 좋아지면 북한은 중국의 팔을 비틀려 할 것"이라고 전망했다. 진창이(金强一) 옌볜대 교수도 "국민은 중국이 사악한 체제(북한)의 유일한 친구가 되기를 원치 않으며, 북한을 우방으로 여기지도 않는다"고 주장했다. 이는 중국을 책임 있는 대국으로 여기는 신세대가 과거의 관계에 얽매인 구세대에 던져주는 메시지로, 중국이 집안의 호랑이 새끼(북한)를 길러 장차 자국의 위협이 될 것임을 경고한 것이다. 이들은 중국이 미래 지향적으로 나가야 한다고 주장하고 있어, 우리에게 한반도 통일의 기회가 결코 먼 곳에 있지 않음을 시사하는 것이다.

중국인들의 변화하는 대북관

북한의 연이은 핵실험으로 중국 내부의 국민 감정이 나빠지고 있는 모습이 점진적으로 확산되고 있다. 중국 〈환구시보〉 편집장은 "북한 정권이 잘못된 길을 가는 바람에 북한 인민이 대가를 치르게 생겼다"고 비판했다. 중국 상무부 산하 연구소의 연구원은 "북한 핵과 미사일은 뜻밖의 변고(變故) 상황에선 중국 쪽으로 향할 수 있다"는 주장도 폈다. 중국 지식인 중에는 북한을 '사악한 체제', '깡패 국가'로 표현하는 사람도 있다. 중국 네티즌들이 북·중 국경에서 100㎞ 밖에 떨어지지 않은 곳에서 핵실험이 벌어져 중국 영토 일부도 방사능에 오염됐을 가능성이 있다고 문제를 제기하자, 중국 환경보호부는 북한 3차 핵실험 후 12개 모니터링 팀을 국경지대에 보내 대기와 지하수, 토양의 방사능 오염 조사에 나서는 등, 북한에 대한 경계를 하고 있다. 인터넷에는 "북한 핵실험에 미온적 태도를 보인 중국의 '굴욕외교'에 항의하는 시위를 하겠다"는 글도 올라오는 등, 간과할 일이 아니다.

북한의 3차 핵실험에 항의하는 중국인들의 시위가 시위 규모 자체는 크지 않지만 중국 동북(東北) 지역에서 시작해 남방에까지 확산되었다. 중국 내 반북(反北) 여론이 시위 형태로 공개 표출되는 것은 전례가 드문 일이다. 지난 2월 16일 중국 랴오닝 성 선양(瀋陽)의 북한 영사관 앞에 선양과 푸순(撫順), 단둥(丹東) 등지에서 온 네티즌들이 모여 북한 핵실험에 반대하는 시위를 벌이고, 국제사회가 더 강경한 경제·군사 제재를 해야 하며, 중국도 북한에 대한 원조를 중단해야 한다고 주장했다. 베이징(北京)의 북한 대사관과 지린 성 창춘(長春), 안후이 성 허페이(合肥) 등에서도 북한 핵실험에 대한 항의 시위가 있었다. 광둥성 광저우(廣州) 시내 인민공원에서도 '북한 핵실험은 은혜를 원수로 갚는 것', '핵은 재앙' 등을 주장하는 시위로 상황이 전과 같지 않다.

신뢰 프로세스는 오히려 중국에 집중해야

북한의 3대 세습정권은 이제 중국으로부터도 멀어져가고 있다. 혹자는 과거의 김대중·노무현 정부에서 정상회담을 하고 퍼주기를 해도 대북 정책은 별효과가 없었고, 이명박 정부에서 대북 압박정책을 했어도 북한은 변화가 없었기 때문에 균형적인 대북 정책을 해야 한다고 주장을 한다. 그러나 이 말도 맞지 않는 것이, 통계에 의하면 이명박 정부 5년간 대북 교역은 김대중 정부보다 5배가 늘었다. 북한의 재정(財政)은 2008~2011년 연평균 40억 5000만 달러(각각 34.7, 35.9, 52.1, 57.3억 달러)이며, 2008~2012년 남북 교역액 연평균은 18억192만 달러로, 이는 북한 재정의 40.4% 정도다. 오히려 김대중·노무현 정부 시절보다 더 많았다. 또 이명박 정부 시절에 천안함·연평도 도발 사건이나 금강산 박왕자 사건에서 일말의 사과만 있으면 지원을 한다는 당근 정책도 내걸었지만, 모두 허사였고 남북정상회담도 현물 5000억 요구로 무산되었다.

향후 균형 정책이라고 하여 당근과 채찍을 들어 때로는 대화를 하고 때로는 강압 정책을 한다고 하지만, 북한과 같은 불량 정권에 대해서는 지난 20여 년간 이미 모두 써보았다. 이제 뾰족한 대북 정책도 없다. 멋대로인 깡패 식 정권에 대화를 해봤자 지루한 말장난이나 하면서 터무니없는 경제 지원을 요구받는 것 외에는 기대할 것이 없다. 그렇다고 도발을 상습화하는 정권에 대해 보복이나 전쟁을 할 수도 없다. 비핵화도 6자회담에서 보는 바와 같이 현재로선 방법이 모두 소진되어 비확산 정책으로 갈 것으로 보인다.

새 정부가 주창한 신뢰 프로세스 대북 정책은 북한 정권에 과연 얼마나 효과가 있는지? 효과가 있다면 지원과 병행한 왕래·교류 정도 외에 크게 기대할 것이 없다. 김씨 정권에겐 어떠한 대북 정책도 기대 난망으로, 김씨 유일 지도 체제가 붕괴되어야 한다. 북·중 간의 균열이 이제 중국 공산당까지 침습되어가고 있어, 향후 통일 정책에 대중 외교가 더 중요해지고 있으며, 새로운 젊은 중국정치국 상무위원들과의 관계를 증진시켜야 한다. 중국이 가장 경계하는 통일 후 주한미군 문제를 중국에 설득시켜야 한다. 이명박 전 대통령이 이임하면서 중국이 한반도 통일 후에 우려하는 주한미군 문제에 대해, 통일 후에 결코 북한 지역에는 주둔하지 않을 것임을 미국 측과 협력, 중국을 설득시켜야 한다. 한·미동맹을 바탕으로 중국 측에 주한미군 문제는 통일 후 한반도 이남에 상징적으로 남든지, 최소한의 전쟁 억제력 주둔군만을 남겨 통일에 협조토록 설득하는 데 외교역량을 집중함으로써, 키를 쥔 중국과 신뢰 프로세스 강화를 통해 김씨 불량 정권을 붕괴시키고 통일의 길로 나아가야 한다.

대북 심리전 활동 강화해야 한다

(<조선일보> 2013.05.23)

정보기관의 심리전 업무는 휴민트 정보수집 활동과 함께 가장 효과적이고 중요한 비밀공작 활동이다. 심리전은 전시는 물론 평시에도 예산을 적게 들이면서 목표 대상을 다각적으로 공격할 수 있다. 이를 통해 적국 내부 혼란, 갈등 조장, 사기 저하, 폭동 유발, 패배의식 조장 등을 기대할 수 있다. 정보기관이 심리전 공작을 주도하는 것은 휴민트 공작과 마찬가지로 철저한 비밀이 유지되어야 함은 물론, 공작 목적을 달성하기 위해 대상 목표의 가치관·사상·사기·불만 내용·대내외 선전 내용 등 다양하고 상세한 정보가 필요하기 때문이다.

국정원이 지난 18대 대선 개입 의혹 제기로 검찰 수사가 진행되어 대북 심리전 활동이 크게 위축됐다. 국정원 스스로 자체 정비를 하여 조직이 축소되었고, 심리전 업무에 종사하던 요원들도 사기가 위축되어 이 업무에 종사하는 것을 달가워하지 않는다고 한다.

과거 집권 세력들은 선거 때만 되면 국정원을 정치적으로 이용하려 했고, 일부 몰지각한 직원들은 특정 정파에 줄 대기를 하여, 선거가 끝나면 보직이나 진급을 노렸다. 소위 '국정원녀(女) 사건'도 예외가 아니다. 비록 검찰의 수사가 진행되고 있지만 특정 정치권에 첩보를 제보한 문제의 국정원 전(前) 직원들은 조직 와해의 책임을 져야 한다. 제보자들은 국정원의 확증적 선거 개입이 있어 공분(公憤)을 느낄 일이 있었다면, 차라리 중앙선관위에 직접 고발하는 것이 순서가 아니었을까? 왜 수사권이나 조사권도 없는 특정 정치권에 미확인 첩보를 제공해 동료 직원을 미행, 감시하고 불법 가택 침입을 당하도록 한 것일까?

국정원직원법 제17조는 직원은 재직 및 퇴직한 후에도 직무상 알게 된 비밀을 누설해서는 안 된다고 규정하고 있다. 국정원 업무가 종북 세력과 연관된 정치권에 편중되어 각종 사이트에서 이에 적극 대응해야 하나, 관점에 따라서는 정치 활동에 개입했다는 오해를 일으킬 소지가 많다. 최근 〈어나니머스〉가 공개한 내용에서는 통합진보당 간부들이 〈우리민족끼리〉에 가입한 뒤 북한의 주장을 인터넷 매체, 블로그 등을 통해 옮기고 있음이 밝혀졌다. 좌파 색채의 인터넷 매체들도 '한미(韓美) 연합훈련·제주 해군기지 반대, 북한 핵과 미사일은 자위용이자 평화용' 등 북한의 주장을 그대로 전파하고 있다. 여기에 북한은 각종 대남 심리전 활동을 통해 남남 갈등을 고조시키고 있다.

국정원의 대북 심리전 활동은 김대중 정부 당시 남북정상회담을 앞두고 북한의 전단(삐라) 살포 금지 요구를 수용하고, 노무현 정부에서 2004년 6월 북한과 군사분계선 및 서해상에서 선전 활동 중지에 합의한 이후 계속 위축되어왔다. 군의 심리전 부서도 합참의 민군 작전부 심리전 1개 과 정도로 취약하다. 민간의 대북 심리전 활동은 몇몇 탈북자가 중심이 되어 공개적 모금 활동을 통해 전단 살포를 하는 실정이고, 대북 심리전 방송도 4개 민간단체가 미국 해외 홍보처에서 약간의 지원을 받아 출력이 낮은 대북 단파 방송을 내보내는 실정이다. 김정은 불량 정권과 종북 좌파 활동이 날로 광포화되어가고 있는 상황을 관망만 할 것이 아니라, 국정원과 군·민의 대북 심리전 활동을 강화해 북한의 민주화를 실현해야 한다.

국회의원 면책 특권의 한계

(<한국일보> 2013.06.12)

　북한의 최고인민회의는 우리의 국회에 해당한다. 북한의 헌법은 최고인민회의를 '조선민주주의 인민공화국의 최고 주권기관이며 입법권을 행사한다'고 규정하고 있다. 우리의 국회의원 격인 대의원은 임기가 5년이고, 2009년에 687명을 선출했다. 애당초 최고인민회의 대의원들은 개인 마음대로 되는 것이 아니라, 노동당이 지명한 단일후보만이 선거에 입후보한다. 그러다 보니 입후보자는 100% 당선되어 대의원은 사실상 노동당이 임명하는 것이나 다름없으며, 최고인민회의는 노동당의 추인기관에 불과하다. 최고인민회의 의제는 당에 의하여 결정되고, 대의원은 거수기로 당과 감시기관의 통제 하에 있다. 대의원이 당의 노선에 어긋나는 발언을 했다면, 당이나 보위부에서 당장 제재를 받아 정치범이 된다.

　여기에 비해 남한의 국회는 어떠한가. 국회의원 입후보나 정당 가입 등 모든 것이 자유다. 국회 내에서 거의 무소불위의 특권을 누려 회기 중에 총리나 장관을 불러다 호통을 치는 일은 상례적인 일이고, 용공 이적 발언까지도 면책 특권을 받으면서 거의 무제한 자유를 향유한다. 이러한 면책 특권은 국회의원이 국회에서 직무상 행한 발언과 표결에 관해 국회 외에서 책임을 지지 아니한다는 헌법 제45조에 근거하고 있다. 통진당 의원들은 한미 연합훈련은 북한을 공격하기 위한 훈련으로 매도하며, 우리 정부를 남쪽 정부라고 지칭하고, 애국가와 태극기를 인정하지 않는 모습을 보임으로 인해 많은 국민들에게 지탄을 받아왔다. 이들은 북한의 3차 핵실험 규탄 국회 결의안 표결에 모두 불참했다. 통진당은 북한의 세 차례에 걸친 핵실험을 한국과 미국의 책임이라는 식으로 북한노동당 대변인 노릇을 해왔다. 국회 비례대표 후보 결정 선거 부정 투표로 논란이 되었던 경기 동부연합 핵심 인물들이 국회의원 배지를 달고 국회에 입성한 지도 1년이 지났다. 한반도가 북 핵의 소용돌이 속으로 빨려 들어가는 상황에서도 통진당은 북한 노동당의 핵보유 정책과 논리를 그대로 답습하여, 대한민국의 공당이 아니라 안보 위해 세력으로 활동하고 있다.

국회법 128조는 국회의원은 국가 기밀정보를 열람할 수 있고, 모든 정부 부처에 원하는 정보를 요구할 수 있으며, 4년 동안 27억 원의 세비를 사용할 수 있다. 이미 소위 '친북' 국회의원들이 군사기밀이나 외교전략, 국정원의 대외비까지 손에 쥘 수 있게 되어, 대한민국의 국가 보안이 취약하기만 하다. 최근에는 친북 세력을 옹호했던 민주당 의원들조차도 이들에 대해 "자격심사와 의원직 제명이 필요하다", "이제는 종북 세력과 결별하자"는 주장이 나오는 분위기가 일고 있다. 법률을 제정하는 국민의 대표인 국회의원이 법을 잘 지켜야 하는 것은 상식임에도 불구하고, 이적 용공 발언이나 하고 최루탄 투척 테러를 하여 법을 어긴다면 국회의 존재 가치가 필요한 것일까. 국회의원 면책 특권이 자유민주주의를 수호하는 것이 아니라, 오히려 자유민주주의를 파괴하여 헌법적 가치를 상실시키는 측면도 있다. 국민의 세금으로 국회 내 친북 세력을 키울 수는 없다. 이제 이적, 용공적 발언 국회의원은 국회에서 추방해야 한다. 2011년 대법원은 '직무와 관련이 없음이 분명하거나 명백히 허위임을 알면서도 허위 사실을 적시한 경우는 면책 특권의 대상이 된다고 할 수 없다'는 판시를 했다. 대한민국이 어쩌다 이 지경까지 왔는지, 호국의 달을 맞은 이 시점에 우리들의 마음을 아프게 하고 있다. 국회 내 친북 세력 척결과 면책 특권 제한 입법화야말로 헌법 정신의 최고 가치로, 자유민주주의 수호와 직결된다.

국정원 국조(國調), 정략 배제해야

<문화일보> 2013.06.26)

국가정보원 여직원의 댓글 사건이 점입가경(漸入佳境)이다. 경찰과 검찰이 정보기관을 6개월여에 걸쳐 압수 수색하고 수사한 뒤 원세훈 전 원장을 비롯한 주요 관계자들을 기소했지만, 야당은 국정조사까지 집요하게 요구하고 있다. 야당은 이번 사건을 계기로 국정원의 수사권 박탈, 정치 정보수집 차단 등 입법화를 추진하고 있다.

그러나 국정원은 최고 통치자인 사용자에게 대북 및 종북(從北) 정보를 수집해 국가의 정책 방향을 제시하는 기관으로, 선거 개입의 명쾌한 판단이 나오지 않은 상황에서 야당이 정쟁의 도구로 몰아가는 것은 옳지 않다. 종북 세력이 국회에까지 침투한 만큼 국정원의 국내 보안정보나 방첩 활동은 무엇보다 중요하며, 국가 정보 목표 우선순위(PNIO)에서 정치권이 예외가 될 수 없다.

1970년대 미국 중앙정보국(CIA)과 연방수사국(FBI)은 워터게이트 사건으로 문제가 된 적이 있으며, 독일의 국가 정보기관 베엔데(BND)도

극우 정당인 민족민주당(NPO)에 대한 불법 정치 정보를 수집했다고 해서 논란이 된 적이 있다. 이번 사건은 현재 검찰이 국정원의 선거 개입 사건 관련자들을 기소 중으로, 야당은 정치 공세를 접고 사법부의 판단을 기다리는 것이 순서다.

2008년 '한·미 쇠고기 협상 국정조사', 2011년 '저축은행 사태 국정조사' 등 과거 사례를 보면, 무의미한 정치 공세만 벌이다 끝내는 별다른 결과를 내놓지 못했다. 6월 25일 여야는 국정조사에 합의했다. 국정조사를 하려면 이번 사건의 핵심 부분은 모두 조사 대상에 포함시켜 확실히 해야 한다. 원세훈 전 원장의 종북 대응 지시와 국정원 활동이 '국가 안보를 위한 순수한 것이었나, 종북 대응을 명분으로 한 선거 개입이었나' 하는 것은 재판부가 판단할 일이다. 하지만 국정조사가 이뤄진다면 이 사건의 발단이 된 민주당의 전직 국정원 직원을 상대로 한 매관매직(賣官賣職) 의혹에 대해서도 반드시 짚어야 한다.

사건을 최초 정치권에 제보했던 전직 국정원 직원 김 모 씨는 민주당 공동선대위원장의 보좌관과 사건 직전 40여 차례 통화를 했다고 한다. 일개 보좌관이 혼자서 야당 당직자와 의원들을 조직적으로 움직여 여직원의 오피스텔을 덮치고, 국정원 활동을 선거 개입으로 이슈화시킨 것은 윗선의 기획과 지시가 있어야만 가능한 일이다. 대선에서 국정원을 활용코자 계획했던, 매관 공작의 그 윗선이 누구인지 밝혀야 한다. 민주당이 당시 여직원을 미행하고 일부러 차 사고를 낸 다음 주소를 알아내 야간에 개인 소유 주거지를 기습적으로 무단 침입하고, 가족이나 지인들의 출입을 차단한 채 장시간 감금한 사건에 대해서도 조사해야 한다.

검찰은 감금을 주도했던 주요 야당 당직자가 소환에 응하지 않는다는 이유로 수사를 진행하지 않고 있다. 이는 검찰의 전형적인 정치권 눈치 보기다. 또 부당한 방법으로 알아낸 국정원 여직원의 이름과 주민번호를 이용해 각종 인터넷 사이트에 120여 차례에 걸쳐 무단 접속, 글을 검색한 사람들에 대한 고소 사건도 수사가 미진하다. 여직원 개인 인터넷 ID를 불법으로 기자에게 제공한 사람과 이 ID를 이용해 불법으로 인터넷 기록을 열람한 기자 등에 대한 고소 사건도 사람들의 관심에서 멀어져 있다. 가능하면 노무현 정부 시절 청와대의 일심회 간첩단 축소 압력 사건과 김현희 가짜몰이 논란도 함께 조사해야 한다.

국정원의 국내 보안정보나 방첩 활동이 무엇보다 중요한 시기에 정치 논리에 의한 정보기관 흔들기가 도를 넘고 있다. 이번 사건의 명백한 불법 행위가 묻힌 채 편향적으로 흐르고 있다. 국조(國調)는 일체의 정략을 배제하고 균형 잡힌 기준으로 모든 의혹을 조사해야 한다.

친북·좌파의 정보기관 무력화 엄정 대응해야

<데일리 엔케이> 2013.07.22

중국 춘추전국 시대에 위나라가 조나라에 패하여, 위나라 대신 방충이 태자와 함께 인질로 조나라로 끌려가게 되었다. 방충은 떠나기 전에 위나라 혜왕에게 "지금 장마당에 호랑이가 나타났다고 하면 믿으시겠습니까?" 하자 "믿을 수 없지"라고 답변했다. "두 번째로 다른 사람이 와서 똑같은 말을 하면 믿으시겠습니까?" 하자 "반신반의 하게 되겠지"라고 했다. "세 번째로 또 다른 사람이 똑같이 말을 하면 어떻게 하시겠습니까?"라고 하자 "그때는 믿게 되겠지"라고 했다.

이 말을 남기고 방충이 조나라로 떠나면서 "저희가 떠나면 수도 없이 많은 사람이 우리를 모함할 것이니 굽어 살피소서"라고 했다는 고사가 있다. 나치의 선전상이었던 괴벨스는 '모든 악의 근원은 유태인'이라는 말을 퍼뜨리면서, 대중은 한 번 말하면 믿지 않지만 계속 반복해서 말하면 그 말을 사실로 간주하는 경향이 있다고 말한 적이 있다. 이와 마찬가지로 어느 사건을 한 쪽 시야로 지속적으로 보게 되면 편향된 시각을 갖게 되고, 자신도 모른 채 대중을 기만하게 된다.

최근 국정원 사건을 둘러싼 정치권을 보자. 야당 간사인 민주당 정청래 의원은 김현, 진선미 의원의 지난해 12월 국정원 김 모 직원의 오피스텔 감금에 대해 "5분 정도 머물렀거나 합법적으로 활동했다"고 주장한 데 이어, 같은 당 박영선 의원 역시 "강도 신고가 들어와서 민주당이 국민을 대표해 그곳으로 뛰어간 것인데, 새누리당은 강도를 신고한 시민을 처벌해 달란다"며 적반하장 격이라고 비판했다.

대선이라는 민감한 정국 속에 국회의원이 특정인의 숙소에 침입, 또는 다중의 위력을 과시해 위협을 가하는 데 동조했다면, 이는 합법적 영역을 벗어날 수 있다. 국회의원 신분이라도 마음대로 공무원이나 민간인 숙소를 침입하고 조사할 권리는 없다. 수사권이 없는 국회의원은 이러한 불법 선거운동 제보가 들어오면 당연히 선관위나 검찰 경찰에 조사 의뢰를 해야 하는 것이 법치국가의 순리다.

2010년 이명박 정부 시절 민주당 의원들은 총리실 민간인 사찰을 문제 삼아 인권 문제를 집중적으로 제기한 바 있다. 상대방이 사찰할 때는 이를 문제시하고, 자신들이 할 때는 정당하다는 논리다. 이야말로 내가 하면 로맨스고, 다른 사람이 하면 불륜이라는 말과 무엇이 다른가?

국정원 대선 개입 사건이 정치권을 뒤덮는 데는 정치적 고려가 있어 보인다. 작년 두 번의 선거에서 패배한 야당은 최근에 "선거 원천무효 투쟁이 제기될 수 있다", "국정원장, 이런 미친놈이 어디 있나?" 하고 막말을 하는가 하면, 박근혜 대통령을 향해 "연산군과 뭐가 다른가?"라고 말하는 등 위험 수위를 넘나들다가, 급기야 박 전 대통령을 향해 '귀태'라는 막말까지 했다.

야당은 지난 대선이 사상 유례가 없는 경천 진동할 국정원의 부정 선거 개입이라고 주장, 당국에 고발했고 국정조사가 진행 중이다. 대부분의 언론들과 정치 평론가들은 국정원의 여직원 댓글 사건이 마치 대선에 깊숙이 관여하여 대선의 절대적 영향을 미친 것으로 보도하고 있다. 국정조사까지 이어진 국정원 댓글 사건이 과연 선거 결과를 바꾸어놓을 만치 위력적이었을까? 검찰 조사 결과는 국정원 직원들이 2012년 9월 19일부터 12월 14일까지 1760개의 댓글을 달았으며, 96.2%가 종북 세력 비판과 기존 글에 대한 찬반 의견 등이고, 이중 공직선거법 위반 댓글 수는 67개로 댓글을 쓴 직원은 9명이었다. 댓글 가운데 민주당의 대북 정책을 비판한 글이 28개, 문재인 후보를 비판한 글이 3개, 통진당 이정희 후보를 비판한 글이 26개다.

거의 모든 언론기관이나 정치 평론가들은 그 내용을 들여다보지 않고, 외연만으로 국정원의 선거개입을 주장한다. 특히 친노(親盧) 진영은 대선 때 국정원이 개입하지 않았다면 "지금 대통령은 박근혜가 아니라 문재인이었을 것"이라고 일방적 주장을 했다. 지난해 말 포털 사이트 별 점유율에서 국정원 직원의 댓글 사건으로 문제가 된 '오늘의 유모' 포털사이트는 전체 사이트 순위 315위로, 하루 평균 6만 명이 방문한다고 한다. 이에 반해 국내 최대 포털 사이트 네이버는 3000만 명이 방문한다. 야당은 국정원이 대선 기간 중 문재인 후보를 겨냥해 작성한 댓글 30여 건만 아니었다면 108만 표 차로 대선 승패가 뒤바뀌었을 것이라는 데 초점을 두고, 결과를 승복하지 않겠다는 심산인 것 같다. 사법부 판단을 기다려야겠지만, 통계 자료상으로 보면 국정원의 선거 관여가 침소봉대된 느낌이다.

이러한 국정원 비판에는 민주당과 함께 북한이 앞장서고 있다. 북한 조선중앙통신도 NLL(서해 북방 한계선) 관련 국정원의 남북정상회담 대화록 공개를 언급하며, 국정원을 남북관계 개선을 저해하는 '암적 존재'라고 비난했다. 남재준 국정원장의 실명을 거론하면서 "동족 대결에 이골이 난 자이며, 현 남조선 집권자가 남재준을 정보기관의 수장으로 앉힌 것은 동족 대결의 수위를 높이려는 것이고, 이번 대화록 공개도 그 연장선에서 연출됐다"고 하는 등 국정원을 당장 해체해야 한다고 나섰다.

국정원의 선거 개입에 대한 조사는 필요한 부분이다. 그러나 공정한 시각에 선다면 이와 함께 민주당의 '국정원녀 사건' 불법 감금 행위와 이 사건을 민주당에 제보한 인물의 매관매직 약속도 조사해야 한다. 그러나 무엇보다 우리 정보기관을 무력화하려는 친북 좌파의 어떠한 시도도 단호히 배격해야 한다.

순탄치 않은 북·중 관계

(『북한』지 2013년 7월호)

시진핑의 최룡해에 대한 비핵화 훈계

북한은 최룡해 총정치국장 특사 파견 후 중국의 비핵화 반발이 크고 오바마·시진핑 정상회담과 한·중 정상회담이 이어지면서, 동북아 정세의 불리한 상황을 막아보려고 남북회담을 들고 나오는 등 변화를 보이고 있다. 이는 시진핑(習近平)의 압력과 일관된 대북 제재 효과로 봐야 한다. 김정은의 특사 자격으로 5월 22~24일간 최룡해 방중 내용을 분석해본다.

최룡해의 이번 방중을 리영길 상장(우리의 중장), 김성남 노동당 중앙위원회 부부장, 김형준 외무성 부상, 김수길 군 중장이 수행했다. 최룡해는 방중 마지막 날에 어렵게 김정은의 친서를 시진핑 국가 주석에게 전달했다. 김정은 3대 세습 후 2012년 8월 장성택 국방위 부위원장이 방중한 적이 있었다. 하지만 이번 최룡해 방중은 2011년 12월 김정일

급사(急死)로 집권한 김정은이 보낸 첫 특사로서 성격이 다르다.

방중단 면면을 보면, 지난해까지 5군단장을 지낸 리영길 상장은 올해부터 총참모부 작전국장을 맡고 있다. 김수길 중장은 지난 2월 김정은이 주재한 당 중앙군사위원회 확대회의에 참석했던 인물이다. 특사단에 이례적으로 군 인사가 많이 포함된 것은 최근의 북한이 한반도의 군사적 긴장 상황 조성으로 인한 북·중 간의 불편한 관계를 해소하려는 의도지만, 이번 방중에서 양측의 의견차이만 확인, 별 성과는 없었다. 최룡해는 방중 마지막 날인 5월 24일 지방 출장 후 돌아온 시진핑 주석을 겨우 만나 김정은의 친서를 전달했다. 최룡해를 만난 시진핑 주석은 "한반도 비핵화와 평화·안정은 많은 사람들이 바라는 일이자 대세"라며 중국의 입장을 매우 명확히 했다. 또한 "6자회담을 재개해 한반도 비핵화와 동북아의 장기적 평화를 위해 꾸준한 노력을 기울여야 한다"고 말해 북한 핵 도발을 비판했다. 시 주석은 이어 "정세가 어떻게 변하더라도"라는 표현까지 쓰며 한 시간쯤 만나면서 '비핵화'를 세 번이나 강조해, 과거 어느 때보다 김정은에게 강한 메시지를 전달했다.

최룡해는 시 주석에게 "조선(북한)은 6자회담 등 각종 형식의 대화와 협상을 통해 관련 문제를 적절하게 해결하기를 희망한다"며, "조선도 한반도 평화와 안정을 위해 적극적으로 행동할 것"이라고 하여 비핵화에 대한 언급은 비켜가는 모습을 보였다. 최룡해는 김정은의 9월 중 방중 의사도 타진했지만, 중국은 그다지 달가워하지 않았다는 뒷이야기도 나오고 있다. 최룡해가 시 주석을 만나기에 앞서 당 서열 5위인 류윈산(劉雲山) 정치국 상무위원과 판창룽(范長龍) 당 중앙군사위원회 부주석도 모두 최룡해에게 '비핵화'를 강조했다. 그러나 최룡해는 "현재 한반도 정세가 복잡하고 특수해 (북한에 대한) 평화 보장이 되지 않고 있다. 조선 인민은 국가 건설을 위한 평화롭고 안정적인 환경이 필요하다"고 본말이 전도된 말을 했다. 최룡해는 방중 기간 '관계개선'에 초점을 맞추고 '경제발전'과 '민생안정'을 거론하면서, 북한의 안전 보장을 위해 평화 보장을 강조, 핵 개발이 불가피하다는 기존 논리를 우회적으로 반복했다. 한반도 안정을 위해 '대화'는 하겠지만, 비핵화 는 곤란하다는 취지다.

북한은 그동안 장거리 로켓 발사, 3차 핵실험, 정전협정 파기 선언, 개성공단 폐쇄 등 연이은 도발로 동북아 지역 내 긴장 수위를 높여왔 다. 이 과정에서 제1의 우방인 중국 관계가 어느 때보다 소원해졌다. 최룡해 방중은 이러한 고립 국면을 자초하여 빚어진 각종 대북 제재 를 중국 측에 읍소하여 다소라도 타개하려는 데 목적이 있다고 할 수 있다. 또 다른 목적은 6월 7일 미·중 정상회담과 6월말 한·중 정상회 담을 의식하여 북·중 관계를 다지고, 중국의 대북 제재를 완화시켜보 려는 의도였지만, 실질적 성과는 없었다. 방중 기간 중 최룡해는 북 한 전담 인물인 왕자루이(王家瑞) 당 대외연락부장과도 면담, 북 핵과 개성공단 문제 등 한반도 위기 해소 관련 문제를 포괄적으로 논의했 으나, 특별한 이슈도 없다. 왕자루이는 최근 방중한 우리 국회의원단 에게 북한이 혈맹이 아닌 일반 관계라고 하여, 종전과 변화된 모습을 보여주었다. 주목할 일은, 이번 북한 특사단의 방중 시 중국은 사전 에 우리 정부에 파견 사실을 알려주는 등 한·중 관계에 관심을 보이 고 있어, 과거 어느 때보다 우호 분위기로 가고 있다는 사실이다.

중국 내 깊어가는 반북 정서

　최근의 중국 내 각계에서는 3차 핵실험, 핵 위협 긴장 조성, 그리고 중국 어선 나포 등으로 반북(反北) 정서가 넓게 퍼져 있다. 특히 핵 문제에선 북한을 동정하는 중국 내 여론이 거의 없다. 최근에 중국 학계도 북한에 등을 돌리고 있다. 베이징대, 칭화대 등 주요 명문대 교수는 물론, 국책연구소 연구원, 당 기관지 인사까지 북한 비판이 이어지고 있다. 북한의 지정학적 가치를 중시하고 중국의 대북 정책 전환에 반대하는 전문가 중에서도 '북한 핵 개발에는 단호하게 대처 해야 한다'고 주장하는 학자들도 있다. 스인훙(時殷弘) 인민대 국제관계학원 교수 등 학계에서는 "북한이 비핵화를 위한 6자회담에 나올지는 두고 봐야 한다"며, "말보다는 행동이 중요하다"고 말해 종전과 다른 모습이다. 중국 〈인민일보〉도 북한의 긴장을 고조시킨 지난 5월 초 "북한은 형세를 오판 말라"고 비판하고, "2012년 이후 한반도 긴장이 고조된 것에 대해 북한은 피할 수 없는 책임을 지고 있다"고 질타했다.

　공산당 기관지 〈인민일보〉가 북한에 대해 '책임'까지 거론하며 성토한 것은 전례 없는 일이다. 물론 중국 내 친북 인사 중 박건일(朴鍵一越) 중국사회과학원 아·태연구소 연구원 등의 "한국 매체와 정부 인사들이 북한을 자극해 개성공단 통행 중단 조치가 나왔다"는 어불성설의 주장도 있긴 하다. 그러나 중국 외교 소식통은 "과거 북한은 비핵화를 위한 6자회담이 아니라, 군축을 위한 6자회담을 하자고 주장한 적이 있다. 이번에도 북한이 이번 특사를 빌미로 도발 뒤 대화, 그리고 보상 등 종전 수법을 반복하려는 건 아닌지, 북한의 대화 모드 전환에도 큰 기대를 하지 않는다"는 모습을 보였다. 특히 북한이 갈수록 악화하는 경제난 해소를 위해 북·중 관계 개선을 통한 중국의 지원을 받고자 중국이 원하는 6자회담에 마지 못한 답변을 했다는 분석이 지배적이다. 여기에 최근 정승조 합참의장과 팡펑후이(房峰輝) 중국군 총참모장이 6월 4일 베이징에서 한·중 군사회담을 갖고, 양국 군 당국 간 전략 협의체를 만들어 군사 분야 교류·협력을 강화해 나가기로 했다. 두 나라는 비상 직통전화(핫라인) 설치 문제와 상호 군사 훈련 참관 방안 등을 논의하여 우호적 분위기다. 이러한 한·중 관계 군사교류 협력은 북한에 더욱 소외감을 느끼게 할 것이다. 북한은 최룡해 방중에서도 속내는 핵보유 입장에 불변이다. 그러나 미국과 중국은 6월 초 정상회담에서도 북한 비핵화에 확고한 입장이다. 2007년 9월 6자회담이 중단된 이래, 중국은 6자회담을 비롯한 비핵화의 노력을 집중하는 자세로 변화를 보이고 있다. 이러한 상황은 긍정적 신호이긴 하지만, 북한의 태도 변화가 요지부동인 상황에서 중국이 얼마나 대북 정책을 변화시킬지는 아직도 불투명하다. 비록 중국은 6자회담 재개를 통해 문제를 해결하자고 계속 강조하지만, 김정은 정권이 "경제 건설과 핵 무력 건설을 병진(竝進)한다"고 선포하고 헌법에도 명기해, 6자회담으로 회귀한다 해도 미래는 어둡기만 하다. 중국은 그동안 북한에 대해 비핵화를 주장하면서도 확고한 의지를 보이지 않아 비핵화의 기회를 잃어버렸다.

향후 북·중 동맹 관계에서 계속 북한이 종전과 같이 비핵화를 거부하여 중국이 태도 변화를 일으킬 경우, 중국은 종전 대북 정책을 전환하여 크게 두 가지 가정을 택할 수 있을 것이다. 가정 1은 미국과의 공조로 북한에 보다 강력한 제재를 가하는 것이다. 북한에 대해 사용할 수 있는 제재는 유엔제재 2094 외에 할 수 있는 방법으로 첫째는, 핵과 연계해 대북 식량지원을 끊는 방법이다. 북한이 당장 화급한 것은 전쟁 비축미까지 풀어먹는 실정에서 식량난 해결은 절대 절명한 일이라 효과를 거둘 가능성이 크다. 둘째는, 석유 공급 중단이다 현대전은 기동력과 전자전 능력이다. 북한은 중국에 석유 사용량의 90%를 의존하고 있다. 석유 공급을 중단한다면 북한은 에너지 난 해소를 위해 적극적으로 중국에 매달릴 것이다. 셋째는, 북·중 국경선을 한시적으로 폐쇄하는 방법이다. 북한의 교역은 90% 이상이 중국과 이루어진다. 결국 북한은 모든 생필품의 공급처가 끊어지면 중국의 말을 듣지 않을 수 없을 것이다. 넷째는, 2008년 북한 내 5메가 원자로 냉각탑을 폭파하면서 비핵화 쇼를 벌였지만, 이제 중국은 6자회담 당사국들과 공동으로 북한의 핵 실험장 풍계리 파괴를 요구해 핵실험을 할 수 없게 하는 것이다. 다섯째는, 평산 등 북한의 주요 우라늄 광산을 중국과 공동 개발하여 우라늄탄 핵 개발을 원천적으로 저지 차단하는 것이다.

이러한 방법들은 북한이 계속 핵을 고집할 경우 전혀 가능성이 없는 것은 아니다. 가정 2는 북한을 비확산 트랙으로 전환시켜 중국과 IAEA 당사국들이 중심이 되어 북한 내 핵시설 감시 체제를 강화하는 것이다. 그러나 이 방법은 미국이나 중국, 일본, 그리고 핵 위협 직접 당사국인 한국이 북한을 핵보유국으로 인정하지 않아 거리가 멀다. 향후 북한은 파키스탄 인도 등과 같이 핵을 보유하면서 한반도에서 비대칭 전략을 통해 체제 유지를 강력히 바랄 것이며, 한·미·중은 이를 저지해야 할 상황이다. 김정일 사망 이후 김정은의 북한 지배는 겉으로 전통적 3대 세습 유일지도 잔재가 먹혀 들어가 권력 장악은 된 것으로 보이지만, 최근의 빈번한 군 지도부 교체 등 불안한 군부 장악력, 심각한 경제난 등은 그 어느 때보다 흔들리는 모습을 보이고 있어, 생명줄인 중국의 지속적 지원과 의존이 필요할 것이다.

박 대통령 방중은 통일기반 조성의 호기회(好機會)

6월 말 박근혜 대통령 방중 시에는 한반도 비핵화 문제가 가장 중요한 의제가 될 것이다. 그리고 시진핑이 크게 역할을 했던 북한의 이번 남북회담 제의에 대해서도 심도 있는 한·중 정상의 대화가 있을 것이고, 향후에도 협력할 것이 전망된다. 한·중 관계를 전략적 동반자 협력관계에서 신뢰 프로세스를 더하여 한 단계 업그레이드하는 계기가 될 것이 예측된다. 특히 중국의 탈북민 문제 처리는 당면한 한·중 관계의 해결해야 할 주요 문제다. 최근 불거진 라오스 탈북민 북송 조치는 당면한 중요한 이슈로, 이번에도 탈북민 문제 해결 기회를 놓치면 앞으로 반복될 것임은 불문가지로서 반드시 해결할 문제다. 인권은 인류 보편의 가치로 중국 측에 강력히 문제해결을 촉구할 것이 예상된다. 주한미군 문제 등 중국이 우려하는 문제에 대해 통일 이후에는 북한에 주둔하여 중국을 위협하는 요소가 아닌 평화유지 역할을 할 것임을 설득해야 한다.

이번 박 대통령과 시진핑 주석 간의 정상회담을 통한 우호 신뢰관계 조성은 통일기반 확립에 모멘텀이 될 것이다. 중국의 대북 정책에 대한 주류 견해는 혈맹이라는 관점에서 무조건적 지원을 제공한 것과는 달리, 국가 이익을 우선시하는 정상적인 국가 관계로의 변화도 감지된다. 국내 중국 전문가들 중에는 "북한이 베이징에서 가장 가까운 지정학적 위치 때문에 중국의 적대 세력으로 편입되는 것을 원치 않는다", "북한은 대미·대한 관계를 추진하는 데 있어 중국의 중요한 전략 카드다", "중국의 대북 정책에서 보이는 일련의 새로운 행태를 전략적 변화로 판단하기는 어렵다", "아·태 지역의 전략적 양극화 현상이 더욱 뚜렷해지고 있는 상황에서 북한 체제의 장래와는 무관하게 비핵화 우선으로 정책을 선회하기는 어려울 것이다" 등 여러 견해로 북·중 혈맹 고리가 쉽게 끊기지 않을 것이라는 전망을 내놓기도 한다. 물론 북·중 관계 60여 년을 하루아침에 바꾸어놓을 수는 없다. 하지만 김정은 불량 정권의 핵 위협을 대책 없이 관망할 수는 없다. 북한이 미국과의 직접 대화를 통해 평화 체제를 구축한다는 명분으로 주한미군 철수 등을 기도하려는 것에 맞서, 중국과의 신뢰 관계를 심화시켜 김정은 불량 정권의 레짐 체인지나 또는 핵 포기를 실현하여 한반도 안정과 통일 기반을 조성해야 한다. 향후 한국은 정상외교(頂上外交)는 물론 정치·외교·안보·경제·문화 등 모든 분야에서 중국과의 협력을 공고히 하여 북한의 핵보유 기도를 분쇄, 통일기반을 조성해야 한다.

여야는 상생의 정치로 가야 한다

(<한국일보> 2013.07.27)

중국 춘추전국 시대에 공자의 제자 증자는 선과 효행으로 당대에 이름이 난 사람이었다. 그런데 당시 호를 증자로 쓰는 증삼이란 사람이 사람을 죽였다. 이 소문을 들은 마을 사람들이 증자의 어머니를 찾아가, 증자가 사람을 죽였다고 소식을 전했다. 베를 짜고 있던 증자의 어머니는 "내 자식이 사람을 죽일 리 없다"면서 베만 계속 짰다. 조금 뒤 다른 사람이 찾아와 같은 말을 했으나, 증자 모는 여전히 베만 짜고 있었다. 세 번째 사람이 달려와 똑같은 말을 하자, 그제야 증자 모는 베틀에서 일어나 숨었다는 고사가 있다. 이처럼 어느 사건을 그대로 인정하고 한 쪽 방향으로 몰고 가면, 그 방향이 진실인 것처럼 보인다.

국가정보원의 대통령 선거 개입 의혹 사건과 서해 북방한계선(NLL) 문제가 정치권을 뒤덮고 있다. 지난해 두 번의 선거에서 패배했던 야당은 최근 "선거 원천 무효 투쟁이 제기될 수 있다", "국정원장, 이런 미친놈이 어디 있나"라고 막말을 쏟아냈다. 나아가 박근혜 대통령을 향해 "연산군과 뭐가 다른가?"라고 비판의 수위를 높이더니 급기야는 '귀태'(태어나서는 안 될)라는 기상천외한 용어까지 나왔다. 야당은 지난 대선이 사상 유례없는 경천 진동할 국정원의 부정 선거 개입이라고 주장하면서 당국에 고발했고, 국정조사가 진행 중이다. 여기에 국회 내 고성 퇴장 등 난타전이 전개되고 있다.

대부분의 언론들과 정치 평론가들은 국정원의 여직원 댓글 사건이 국정원 측이 대선에 깊숙이 관여하여 대선에 절대적 영향을 미친 것으로 보도하고 있다. 북한 조선중앙통신도 NLL관련 국정원의 남북 정상회담 대화록 공개를 언급하며, 국정원을 '남북관계 개선을 저해하는 암적 존재'라고 비난했다. 남재준 국정원장의 실명을 거론하면서 "동족 대결에 이골이 난 자이며, 현 남조선 집권자가 남재준을 정보기관의 수장으로 앉힌 것은 동족 대결의 수위를 높이려는 것이고, 이번 대화록 공개도 그 연장선에서 연출됐다"고 주장했다. 국정원을 당장 해체해야 한다고 나선 형국이다.

국정조사까지 이어진 국정원 댓글 사건이 과연 선거 결과를 바꾸어놓을 만치 위력적이었을까. 검찰 수사 결과를 보면, 국정원 직원들이 지난해 9월 19일부터 12월 14일까지 1760개의 댓글을 달았고, 96.2%가 종북 세력 비판과 기존 글에 대한 찬반의견 등이며, 이 중 공직선거법 위반 댓글 수는 67개로, 댓글을 쓴 직원은 9명이었다. 댓글 가운데 민주당의 대북 정책을 비판한 글이 28개, 문재인 후보를 비판한 글이 3개, 통진당 이정희 후보를 비판한 글이 26개다. 거의 모든 언론기관이나 정치 평론가들은 그 내용을 들여다보지 않고, 외연만으로 국정원의 선거 개입을 주장한다. 특히 친노 진영은 "대선 때 국정원이 개입하지 않았다면 지금 대통령은 박근혜가 아니라 문재인이었을 것"이라는 주장까지 했다. 지난해 말 포털 사이트 별 점유율을 보면, 1위 네이버(76.89%), 2위 다음(13.04%), 3위 구글(6.08%), 4위 네이트(2.15%)로, 국정원 직원의 댓글 사건으로 문제가 된 '오늘의 유모' 포털 사이트는 전체 사이트 순위 315위로, 하루 평균 6만 명이 방문한다고 한다. 이에 반해 국내 최대 포털 사이트 네이버는 3000만 명이 방문한다.

야당은 국정원이 대선 기간 중 문 후보를 겨냥해 작성한 댓글 3건만 아니었다면 108만 표 차로 대선 승패가 뒤바뀌었을 것이라는 데 초점을 두고 결과를 승복하지 않겠다는 심산인 것 같다. 사법부 판단을 기다려야겠지만, 통계 자료상으로 보면 국정원의 선거개입이 침소봉대된 느낌마저 준다. 아무튼 의도적인 국정원 죽이기는 지양해야 옳다고 본다. 국정원의 선거개입 사건 국정조사가 정쟁으로 변질되어서도 안 된다. 여야가 한 쪽씩 양보하여 상생의 정치로 나가야 한다.

국정원 정쟁 언제까지

〈파이낸셜 뉴스〉 2013.09.13

국가정보원은 창설 이래 현 남재준 국정원장까지 50여 년간 31명의 수장이 바뀌었으며, 원장 재임 기간은 평균 2년이 못 된다. 그만큼 국정원은 정치권력 변동에 따라 많은 시련을 겪었으며, 지금도 진행형이다. 국정원의 원훈은 종전에는 '음지에서 일하고 양지를 지향한다', '정보는 국력이다'였으나, 이명박 정부가 집권하면서 원훈이 '자유와 진리를 향한 무명의 헌신'으로 바뀌었다. 여기서 진리란 말은 국정원이 수많은 첩보를 수집하지만 '정보'라는 진리를 찾아야 한다는 의미일 것이다. 진리가 둘이 될 수는 없다. 국정원이 지난 19대 대선에서 댓글을 달아 선거에 관여했다고 도마에 오른 것이 올 12월이면 1년이 된다. 비밀 정보기관은 어느 기관보다 조용히 본연의 업무에 충실해야 하나, 국정원이 선거댓글 사건에 휘말려 기능 마비 상태다. 이제 법정에서 선거 개입 진실 여부가 가려지면 그것이 진실이고 진리로 승복하면 된다.

민주당이 이석기 내란음모 정국으로 가려졌던 선거댓글 사건 반전을 위해 '국정원 개혁' 카드를 다시 꺼내들었다. 개혁안의 골자는 국정원의 대공 수사권·국내 정보수집 기능 폐지나 축소인 반면, 이석기 의원 제명안, 통진당 해산론에는 신중론을 펴고 있다. 민주당은 올해 초 '국정원 댓글 의혹' 수사가 진행 중인데도 '조직적 선거 개입 사건'으로 단정하고 국정조사까지 성사시켰다. 더욱이 국정조사에서 검찰의 동영상 짜깁기, 민주당의 매관매직 논란 등이 불거지고, 현재 국정원의 대북 심리전 성격을 놓고 여야 간 치열한 법리 공방이 벌어지고 있다. 민주당은 최근 이석기 의원 내란음모로 인해 조성된 정국을 '종북 몰이'로 규정했다. 또 '국정원의 죄가 이석기의 죄보다 더 크고 메르켈과 같이 나치 사과를 본받아야 한다'는 막말로 밀어붙였다. 국가 전복을 모의했던 이적 세력에 대한 국정원의 수사를 '종북 몰이', '공안 공작'이라고 한 말은 북한이나 통진당의 주장이지, 건전 야당의 입장으로 보기에는 의구심을 자아낸다.

　민주당이 개정하겠다는 국정원법은 김한길 대표가 청와대 정책기획수석으로 있던 김대중 정부에서 1999년 국정원 정치 관여를 막겠다며 만든 것이다. 이 법에 따라 국정원 활동은 대공수사와 국내 보안정보 등으로 제한됐고, 정치 관여 처벌조항도 생겼다. 김대중·노무현 정부에서 자신들이 인정하고 수행했던 대공 수사권과 국내 정보를 폐지하자고 하고 자신들이 만든 정치관여 금지조항을 무시하는 것은 심각한 '자가당착'이다. 이번 내란음모 사건에서도 드러났듯이, 국내에 자유민주주의 체제 전복을 기도하는 세력이 엄존하고 있는 상황에서 섣불리 정보기관의 주요 기능을 폐지하는 것은 안보 공백을 초래할 위험이 크다. 대공수사, 외사방첩, 국내 정보, 대북 정보 업무는 서로 맞물려 협조 체제가 구축돼야 성과가 있으며, 이번 이석기 사건도 이의 결과물이라 할 수 있다. 따라서 대공 수사권이나 외사방첩 임무는 국정원이 북한으로부터 자유민주 체제를 지키는 역할을 계속하도록 존속시켜야 한다. 국정원의 대공 수사권·국내 정보 폐지는 자칫 북한의 통일전선전술에 화답하는 것으로 대공 역량을 약화시키고 국내에 체제 전복 세력을 키우는 잘못된 결과를 초래할 것이다.

미국도 '도덕정치'를 부르짖었던 카터 정부가 중앙정보국(CIA) 기구와 기능을 축소했다가, 정보 및 분석 능력 약화로 인해 9·11사태가 오는 등 국가적 손실을 본 전력이 있다. 레이건 정부에 와서 다시 CIA를 강화, '스트롱 아메리카'의 위신을 되찾기는 했지만, 한번 무너진 정보 조직을 재건하는 데는 엄청난 대가를 치렀다. 정치권은 국정원 손보기나 정쟁보다는, 머리를 맞대고 제대로 일할 수 있는 방향으로 개혁을 선도해야 한다.

국정원 댓글 사건의 본질은

(<미래한국> 2013.09.25)

국정원 국정조사에서 드러난 사건의 본질은 민주당과 국정원 전직 직원이 공모해 벌인 정치공작이다. 정치적 출세를 노린 국정원 전직 직원 김상욱 씨와 대선 국면 전환을 노린 민주당의 이해관계가 맞아떨어져, 대북 및 종북 심리전 활동을 펼치던 정보기관 직원의 주거지를 급습한 것이 실체로 밝혀졌다.

경찰은 수사를 통해 민주당의 국정원 대선 개입 의혹 제기가 실체가 없는 것임을 밝혀냈지만, 대북 심리전에 대한 이해 부족과 일부 정치 편향적인 경찰의 돌출 행동이라는 심각한 문제를 표출하고, 국정원 직원 일부가 정치관여 행위를 했다는 결론을 내며 사건을 검찰에 송치했다.

사건을 이관받은 검찰은 야당의 정치 공세에 휘둘리면서 국정원이 선거에 개입했다는 이상한 결론을 내렸다. 검찰은 수사 과정에서 수사 책임자가 언론에 공소 사실을 흘리는 등 스스로 수사의 신뢰를 떨어뜨렸으며, 국정조사에서도 경찰 CCTV 녹취록 내용을 의도적으로 왜곡한 정황이 밝혀지는 등, 수사의 중립성과 신뢰성에 상당한 수준의 의혹이 제기됐다. 재판이 진행 중인 사안임에도 민주당은 장외투쟁으로 여당을 압박하며 결국 국정조사를 성사시킴으로써 국정원 사건 이슈화를 지속하는 데 성공하는 듯 보였다.

하지만 국정조사는 민주당의 의도와 달리 검찰의 왜곡된 수사 과정과 민주당의 정치공작 사실만 부각시키며 막을 내렸다. 대선 국면에서 민주당과 국정원 전직 직원 간에 민주당이 승리할 경우 보은을 한다는 매관매직 행태를 보여, 국민들에게 제2의 김대업 사건을 연상시켰다.

제2의 김대업 카드

이번 사건 역시 당시 사건과 마찬가지로 대선 국면 전환을 노린 민주당이 국정원 전·현직 직원을 끌어들이면서 시작됐다. 민주당 선거 캠프에 몸담고 있던 김상욱 씨는 현직 정기성 씨를 사주해, 심리전단 소속 여직원을 미행하는 CCTV 화면이 적나라하게 공개됐다. 김상욱은 국정원의 선거법 위반 행위라고 판단하면 이를 중앙선관위에 고발하는 것이 순서임에도 민주당에 제보해 오늘의 평지풍파를 일으킨 장본인 역할을 했다. 그는 출세욕이 많아 지난 1997년 국정원의 북풍사건 때도 당시 안기부 수사국에 근무하면서 민주당에 국정원 내부 동향 첩보를 제보, 김대중 정권에서 동료보다 빠른 진급을 할 수 있었다. 또한 전직 직원 김씨의 국정원 재직 중 정치적 언동과 퇴직 후 민주당 입당 및 공천 탈락 사실 등도 속속 공개되면서, 대선 국면 전환을 노린 민주당과 당내 입지를 노린 김씨의 이해관계가 맞아떨어진 정황도 입증된 것이다.

경찰은 사건 직후 국정원 여직원의 노트북과 개인용 PC를 임의 제출(2012. 12. 13)받아 즉각 수사에 착수했으나, 문재인·박근혜 대선 후보에 대한 비방, 지지 게시 글이나 댓글을 게재한 사실은 발견되지 않았다. 압수수색 영장을 발부받아 포털 사이트 등에서 댓글·게시글은 물론 찬반 클릭의 내용까지 조사하며 수사를 확대했지만, 특정 대선 후보의 실명을 거론한 비방 댓글은 작성한 사실이 없는 것으로 확인됐다.

경찰은 정부 정책에 대한 언급이 포함된 국정원 직원 2명의 일부 댓글이 정치 관여에 해당된다고 보고, 국정원 직원 등 3명에 대해 선거법 위반이 아닌 정치 관여 혐의로 검찰에 송치했다. 그러나 정치 관여 혐의 역시 경찰의 대적 심리전에 대한 이해 부족에서 비롯된 잘못된 수사라는 점이 점점 부각되고 있다. 수사를 담당한 권은희 전 수서경찰서 수사과장의 정치적 편향성이 명확히 드러나면서, 정치 관여 혐의 역시 권 전 과장의 편향된 수사에 기인한 결과임도 나타났다.

청문회에서 국정원 소속 직원들은 사이버 상 대한민국 국민과 정부를 이간질하는 북한의 심리전 활동에 대한 정당한 업무로 일방적 정부 홍보와는 구별되는 점을 강조했고, 논란의 중심에 서 있던 여직원 역시 자신의 활동이 대적 심리전에 필요한 합당한 활동이었음을 설명해 설득력을 얻었다.

또한 참여정부 때도 국정홍보처가 전체 부처를 이용, 국정에 관련된 댓글 활동을 했던 것도 이번 국정조사를 통해 다시 한 번 확인됐다. 특히 참고인 조사에서 DC인사이드의 김유식 대표는 자신이 운영하는 사이트에 지금까지 10만여 건에 달하는 북한 발 의심 글이 게재되는 실태를 고발하고, 이에 대한 대응을 주문하기도 했다. 또한 검찰이 CCTV 영상을 악의적으로 편집하는 등 사건 왜곡 의도가 드러나는 공소자료가 국정조사를 통해 밝혀지면서, 국정원의 선거법 위반 결론을 내린 검찰의 수사 결과는 신뢰성에 치명적인 타격을 입고 말았다. 검찰의 왜곡 논란은 수사 단계부터 끊임없이 불거져온 부분이다.

김상욱·정기성은 정치 모리배

이번 사건 수사의 책임자인 진재선 검사의 실체가 폭로됨으로써 검찰 내부의 문제도 드러났다. 여당은 진 검사가 극좌 운동권 출신에다, 검사 임용 이후에도 주한미군 철수와 국가보안법 철폐를 주장하는 사회진보연대를 후원하고 있는 사실이 알려져, 검찰의 정체성과 중립성에 흠집이 나기도 했다.

민주당과 함께 매관매직 형 정치 공작을 주도한 국정원 전직 김상욱 씨는 2009년 퇴직 후 작년 4월 총선에서 민주당 예비 후보(경기 시흥 갑)로 등록했지만 공천에서 탈락하고, 대선 기간에는 선거 캠프에 몸담고 있으면서 본인의 정치적 입지 강화를 위해 국정원의 동향 후

배이자 승진 누락으로 불만이 있는 국정원 현직 직원 정기성 씨에게 접근해 사건을 공모한 정황이 집중 제기됐다.

특히 김씨가 '여직원 댓글사건' 하루 전인 12월 10일 여직원의 오피스텔 주차장에 잠복한 모습(CCTV 확인)과 10~11일 이틀간 문재인 캠프 2명과 40여 차례 전화 통화한 사실이 알려지기도 했다. 심지어 국정원에 근무할 당시에도 '김상욱은 위험을 무릅쓰고 DJ 정권 창출에 기여한 사람'이라는 박지원 의원의 발언이 공개됐다.

사건 발단 주동자인 김상욱, 정기성 씨와 함께 수사 책임자였던 수서경찰서 권은희 전 수사과장이 드러낸 정치적인 편향성도 국정조사를 통해 드러났다. 권 전 과장은 수사 과정에서 경찰 수뇌부의 수사 축소와 외압이 있었다는 주장으로 파문을 일으켰으나, 정작 국정조사를 통해 드러난 진실은 권 전 과장이 가지고 있는 국가 공무원 신분으로 도저히 용납될 수 없는 정치적 편향성이었다.

정치적 편향성 드러낸 권은희

권 전 과장은 청문회장에서 심지어 "경찰의 심야 수사발표는 절대 있어서는 안 될 일이다", 또는 "중간 수사발표 행위가 대선에 영향을 미치기 위한 부정한 목적이었다", "서울청장이 수사의 간섭을 했다"는 등, 수사 지휘를 했던 상관을 의도적으로 모욕하고 정치적 판단이 개입된 발언을 반복하면서, 스스로의 정치적 편향성을 적나라하게 드러내며 여당 의원들의 지적을 받았다.

특히 대표적 종북 단체인 민권연대는 국정원 감시단을 만들어 국정원 정문 앞에서 24시간 텐트 농성을 벌이는 등, 국정원의 수사 대상이 국정원 앞에서 '국정원 해체'를 주장하는 웃지 못할 상황이 벌어졌다. 하지만 이번 국정조사를 통해 민주당의 매관매직 공작 사건이라는 실체가 드러나고 여론의 흐름이 불리해지자, 이번 촛불집회를 반정부 투쟁의 장으로 확대시키겠다는 종북 세력의 불순한 의도다.

국정원 대공 수사권 존폐

(<한국일보> 2013.09.25)

국가정보원의 대공 수사권 폐지를 둘러싼 찬반 논란이 가열되고 있다. 야권과 진보진영은 "국정원의 수사권이 악용돼 끊임없는 정치 개입과 정권 안보의 뿌리가 되고 있는 만큼 차제에 폐지해야 한다"고 주장하고 있다. 민주당은 24일 국정원의 모든 수사권을 폐지하는 국정원 개혁안을 내놨다. 반면 여권과 보수 진영에선 "남북 대치 상황에서 국정원 수사권 폐지는 '제2의 이석기'를 양산할 것"이라며 반대하고 있다. 박근혜 대통령은 지난 16일 여야 대표 3자회담에서 "우리가 처한 현실 등을 볼 때 대공 수사권 역시 국정원의 활동을 유효하게 하기 위해 절대적으로 필요하다"는 입장을 확인했다. 국정원 대공 수사권 폐지 논란이 진영 싸움으로 비화하고 있는 것이다.

민주당은 18대 대선에서의 국정원의 댓글사건 선거 개입 책임을 물어 국정원의 대공 수사권 등 주요 기능을 몰수할 태세다.

민주당은 이미 '국정원 개혁 법안'을 7개나 발의했는데, 진성준 의원

법안이 사실상 당론이고 나머지 법안들도 내용이 대동소이하다. 대공 수사권 다른 기관에 이관, 보안업무 기획·조정 권한 폐지, 국내 정보 활동 금지, 국정원장에 대한 탄핵 소추제 도입, 대통령의 정보기관에 대한 지시·정보 활동 요구 문서화, 예산 관련 세부자료 국회 정보위와 예결산특위에 동시 제출 등이 주요 골자다. 거의 해체 수준이다.

하지만 현대 국가 정보학에서 정보기관의 정치 및 보안 정보수집은 첫 번째 핵심 기능이다. 세계 각국 정보기관 요원들은 정치권을 최우선 대상으로 활발한 정보활동을 벌이고 있다. 북한의 대남 공작 부서도 우리 정치권이 최우선 목표 대상이다. 현재 진행 중인 이석기 사건도 국내 정치 정보 및 보안 정보 활동을 하지 않고서는 밝혀낼 수 없었다.

북한이 '국내 정치권'을 대상으로 간첩 남파·사이버 해킹·원전 테러 위협 등 다양한 형태의 도발을 수시로 하는 상황에서, 보안정보 및 대공 수사 활동은 국가의 안위와 국민 보호를 위한 필수 사안이다. 중앙정보부, 국가안전기획부를 거쳐 현재의 국정원에 이르기까지 일부 '정권안보' 활동을 하여 국민들의 지탄도 있었던 것이 사실이다. 그러나 이러한 시대착오적인 정권안보 활동은 김대중 정부와 노무현 정부 때 국정원법 개정을 통해 개선됐다.

정보기관 무력화를 주도하는 세력들은 '시대가 변했다'는 주장으로 국민을 현혹하고 있다. 그렇다면 그들이 개혁 대상으로 삼고 있는 국정원과 대공 수사권, 국가보안법 등의 존재 이유라고 할 수 있는 북한과 종북 세력은 얼마나 변했는지 되묻지 않을 수 없다. 북한은 지금도 간첩을 남파하며 남한을 적화시키겠다는 야욕을 버리지 않고 있다. 국회의원 비서관이 포함된 왕재산 간첩단 사건, 북한 국가안전보위부 소속 여간첩의 국내 지하철 정보 유출 사건, 탈북자 북한 납치 공작 등 지금도 간첩사건은 끊이지 않고 있다.

특히 북한은 2000년대 들어 '남한 전산망을 손금 보듯이 파악하라'는 김정일의 교시에 따라 비대칭 전력의 하나인 사이버 공간을 활용한 테러와 심리전에 역량을 집중하고 있다. 당·군·내각을 합쳐 약 1만 2000명의 사이버 전문 인력이 남한 인터넷에 대한 사이버 테러는 물론, 체제 선전·대남 심리전·정보수집·간첩 교신을 수행 중이며, 우리는 이미 금융, 언론 등 국가 기간망이 북한의 사이버 테러에 속수무책으로 당한바 있다. 유수의 포털 사이트에서 노골적인 북한 찬양 글을 찾는 게 어렵지 않을 정도로, 인터넷을 이용한 대남 선전선동 활동도 기승을 부리고 있다.

이러한 북한의 대남 공세에 호응하는 국내 종북 세력도 여전하다. 종북 세력들은 각종 인터넷 카페 등을 통해 '위대한 영도자 김정일 동지' 등의 게시물을 올려 국민들을 오도하려 하고 있다. 최근에는 북한 선전매체 〈우리 민족끼리〉에 가입하여 이적 행위를 자행한 사람 중에, 이적 단체 가입자는 물론 정당 당직자가 상당수 차지하고 있는 것이 밝혀져 우리 사회에 큰 충격을 안겨줬다.

이러한 상황에서 국가정보원 개혁이라는 미명 아래 정보기관의 국내 정보 및 대공 수사 역량을 약화시키겠다는 것은 북한의 위협과 이에 호응하는 우리 내부의 적을 용인하는 것이나 다름없는 것이다. 국정원이 보유한 50년 노하우와 전문 인력, 대북 정보망 및 외국 정보·수사기관 협조 네트워크를 없애고 다른 기관으로 이관한다는 것은 비효율적이다. 지난 2000년 1월~2012년 4월 동안 검거된 51명의 간첩 중에서 국정원의 정보·수사 활동으로 적발된 간첩이 46명이고, 경찰이 단독으로 적발한 경우는 5명에 불과하다. 실제로 분단을 경험한 국가들의 정보기관인 베트남 MPS(공안부)나 예멘의 PSO(정치보안부), 그리고 중국국가안전부(MSS)들도 체제 전복에 대한 수사 기능을 가지고 있다. 국정원 손보기 식의 대공 수사권 폐지는 국가 안위를 위태롭게 하는 일로, 결코 논란의 대상될 수 없다.

● **위 주장에 대한 반론 국회의원 <한국일보> 동일자 문병호(반론)**

이해관계 따라 수사권 오용돼
정보수집권·수사권 분리하면 견제·균형 이루고
경쟁력 향상

같은 기간, 국회에서는 국가정보원과 관련한 두 가지 풍경이 연출됐다. 하나는 국정원의 대선 개입에 대한 국정조사에서 국정원 직원이라는 이유로 칸막이 청문회가 진행된 것이고, 또 다른 하나는 이석기 의원에 대한 영장 집행 과정에서 국정원 직원들의 얼굴이 TV 뉴스에 고스란히 노출된 것이다. 전자는 밀행성을 기본으로 하는 정보기관의 특수성 때문에 이뤄진 것이고, 후자는 공개적인 활동이 불가피한 수사기관의 보편성 때문에 발생한 일이다.

하지만 국정원이 불리할 때는 특수성을 핑계로 삼고, 유리할 때는 아무 거리낌 없이 신분을 노출하는 일을 반복한다면, 밀행성을 생명으로 하는 정보기관의 정체성이 훼손될 수밖에 없다. 정보기관이 수사권까지 보유함으로써 발생하는 또 다른 문제는 수사권의 악용이다. 수집한 정보를 조작해 수사를 벌일 경우, 외부에서 이를 적발해 중단시키기란 사실상 불가능하다. 실제로 광우병 촛불시위로 정권에 대한 불만이 고조됐을 당시, 국정원이 합동 수사본부까지 꾸리며 대대적으로 수사에 나섰던 '부녀 간첩단' 사건의 경우 아버지에게 무죄가 선고됐고, 재판부가 전화 감청을 직접 청취한 결과 합수부가 제출한 녹취록이 조작되었다는 사실까지 밝혀지기도 했다.

그동안 국정원이 보여온 수사의 특징은 광범위한 압수 수색을 동반한 대대적인 수사의 전개, 그리고 떠들썩한 언론보도로 종북 논란을 확대시키는 것이었다. 하지만 많은 경우가 재판 과정에서 기소 대상자가 축소되거나 주요 혐의에 대해 무죄가 선고됐다. 최근에는 국정원이 간첩 혐의로 수사한 탈북자 출신의 서울시 공무원이 법원에서 무죄판결을 받았고, 2011년에는 국정원의 수사를 받던 탈북자가 억울함을 호소하며 목을 매 자살하기도 했다.

현재 논란이 되고 있는 대공 수사권의 경우, 그 핵심인 국가보안법 7조(이적행위: 고무찬양 등)와 10조(불고지죄)에 대한 안기부의 수사권을 김영삼 대통령 시절에 여야 합의로 폐지한 전례가 있다. 일부에서는 국정원의 대공 수사권을 기존 수사기관으로 이관할 경우 50년 전통의 수사 노하우가 사라지게 된다고 우려하기도 하지만, 그 50년 노하우의 대부분은 고문과 폭력으로 점철된 원시적인 수사 기법에 불과하다.

오히려 그동안 국정원이 대공 수사권을 사실상 독점해오면서 대공 수사에 대한 경쟁력이 상실되고, 수사 능력도 제대로 향상되지 못했다. 명색이 대공 수사 정예요원이라는 국정원 직원이 진보단체 회원을 미행하다 들킨 것도 모자라, 아예 회원에게 붙잡힌 후 신고를 받고 출동한 경찰에게 연행되기까지 한 것이 바로 대공 수사권을 50년간 독점하다가 아마추어 조직으로 전락한 국정원의 현실이다.

더욱 심각한 것은, 국정원이 정권의 이해관계에 따른 수사에 매몰되면서 정작 정보기관 본연의 임무인 대북 및 해외 정보에 대한 수집 능력과 전문성이 약화되었다는 것이다. 국민과 대통령이 같은 시간에 TV 뉴스를 보고서 김정일 사망을 알게 된 것도 대북 정보수집력의 붕괴로 인한 것이었다. 또 인도네시아 특사단 숙소에 잠입해 노트북을 뒤지다 절도 혐의로 경찰에 신고당하고, '김정은 대장 명령 1호'를 입수했다며 감청 정보를 언론에 흘리는 어이없는 일을 저질러 북한군이 교신 주파수와 암호 체계를 모두 바꾸게 했고, 이로 인해 몇 년이 걸릴지도 모르는 암호 체계 해독을 처음부터 다시 시작하게 만든 것도 바로 아마추어 조직으로 전락한 국정원이었다.

선진국의 경우 정보기관이 수사권까지 보유한 사례가 없다. 보안방첩 수사의 경우도 기존 수사기관만으로도 충분하다. 필요한 정보에 대해서는 정보기관이 수사기관에 제공하면 되기 때문이다. 오히려 정보수집 기능과 수사권을 분리하는 것이 정보기관과 수사기관 간의 견제와 균형을 이루고 상호 경쟁력을 향상시키는 것으로 평가되고 있다. 그런 만큼 우리나라도 선진국의 정보기관과 같이 대공 수사권을 포함한 국정원의 수사권을 기존 수사기관으로 이관하고, 국정원은 정보기관 본연의 임무인 정보수집 능력을 향상시켜야 할 것이다.

"대북 제재 효과 없다" 野 주장, 사실과 달라

(<조선일보> 2013.10.22)

금년 국감에서 야당은 대북 제재 실효성이 없다며 제재 조치 재검토를 요구하고 있다. 그러나 야당의 주장에는 사실과 다른 부분들이 있다.

야당은 첫째, "남·북 교역과 북·중 교역 추이에서 지난 참여정부 마지막 연도인 2007년 남·북 교역이 17억 9700만 달러, 북·중 교역 19억 7400만 달러였지만, 지난해 남·북 교역은 19억 7000만 달러로 정체 상태인 데 비해, 북·중 교역은 5년 동안 3배나 증가한 59억 3000만 달러를 기록, 국제사회의 거듭된 대북 제재 조치에도 불구하고 중국의 비협조로 별다른 효과가 없다"는 점을 부각하고 있다. 그러나 한국개발연구원(KDI)이 발간한 『KDI 북한경제리뷰』 7월호에 따르면, 북한의 금년 1~5월 대중 무역 규모는 24억 5300만 달러로, 전년 동기보다 2.2% 줄었다. 북·중 무역 증가율도 2010년 29.3%, 2011년 62.4%로 급증했다가 2012년 5.4%로 급감했다. 이는 북한의 '2·12 제3차 핵실험' 이후 유엔 안보리 대북 제재 효과가 가시화됐기 때문이다.

둘째, "북한 환율의 경우 평양, 신의주, 혜산 등 북한 내 주요 도시를 기준으로 2013년 초 1달러당 9000원 선에 달했던 북한 시장 환율이 9월 약 8000원 선으로 안정화되었다"는 주장이다. 그러나 지난해 말 평양 기준 1달러당 6000원에 비하면 여전히 높은 수준이다.

셋째, 장마당 쌀 가격이 킬로당 지난 9월 7000원 선에서 5000원대로 하락하여, 쌀값이 안정화되었다는 점도 들고 있다. 북한의 노동자 월급이 2000원 정도임을 감안할 때 비싼 가격이고, 쌀은 계절에 따라 기복이 심해 의미가 없다. 제재로 중국의 대북 투자도 거의 이루어지지 않고 있다. 지난해 단둥 박람회에서 중국과 북한은 총 72건, 13억 달러 상당의 무역 합작 의향서가 체결되었지만, '의향서(MOU)'만 썼을 뿐 3차 핵실험으로 인한 북한 제재와 신뢰 부족 때문에 실제 투자한 돈은 거의 없다.

북한 내부는 제재로 인한 외화 고갈로 기밀자료가 돈벌이로 광범위하게 유출되고 마약(빙두) 거래가 성행하여 체제 이완 현상이 뚜렷해지고 있다. 최근에는 '김정은 말씀자료', 절대 비밀 문건인 '최고 사령관 명령' 문건을 비롯해서 '전시사업 세칙', '법무일꾼 참고자료', '평양시민 120만 신상자료' 등 비밀자료들이 수천만 원에서 수억 원까지 거래되고 있다고 한다. 모처럼 한·중 정상이 비핵화의 한목소리를 내고 북한의 고농축 우라늄탄(HEU) 4차 핵실험 등 각종 도발이 예상되는 상황 하에서, 섣불리 대북 제재를 해제하는 것은 현명한 선택이 아니다.

김정은의 기행적 북한통치

(『북한』지 2013년 11월호)

김정은은 전 우간다 대통령 이디 아민과 닮은 꼴

최근 김정은의 북한 통치 스타일을 보면, 전 우간다 대통령 이디 아민과 비슷한 기행을 보여주고 있다. 이디 아민은 1971년부터 1979년까지의 대통령 재임기간 중, 잔학한 고문과 처형 방법으로 모두 75만 명의 우간다인의 목숨을 앗아간 엽기적 인물이었다. 아민은 1971년 1월 25일 우간다의 총리 겸 대통령인 밀톤 오보테가 영국 연방 수뇌회의 참석차 외유 중에 쿠데타를 일으켜 대통령 자리에 앉았다. 1971년에 대통령과 군사령관, 1975년에는 육군 원수, 1976년에는 종신 대통령이 되었다. 기행의 상징인 아민에게는 4명의 아내가 있었지만, 그 중의 3명은 곧바로 싫증이 나서 버렸다. 이혼하고 혼자가 된 케이 부인은 이혼할 당시 아민의 아이를 임신하고 있었는데, 이혼한 후에 중절해버렸다. 그것을 알게 된 아민은 불같이 화를 내고, 케이 부인은 물론 중절수술을 한 의사까지 처형해버렸다. 그리고 케이 부인의 시체 양 손 양 다리를 절단해 좌우 거꾸로 바꾸어서 봉합하여 헤어진 아내들에게 보였다고 한다.

김정은도 지난 8월 말 연인으로 알려진 가수 현송월을 포함해 북한 유명 예술인 10여 명이 김정은의 지시를 어기고 음란물을 제작·판매한 혐의로 공개 총살한 것으로 밝혀졌다. 공개 처형은 은하수·왕재산·모란봉 등 주요 예술단원과 사형수 가족이 지켜보는 데서 기관총으로 진행됐으며, 사형수 가족은 모두 정치범 수용소로 끌려갔다고 한다. 최근 중국 내 대북 소식통은 가수 현송월과 은하수 관현악단장 문경진이 유럽 여행 후, 지난 6월 김정은의 '성(性) 녹화물을 보지 말 것에 대하여'란 지시를 어긴 혐의로 9월 17일 체포됐으며, 3일 만에 전격 처형됐다 한다. 이들은 은하수 악단과 왕재산 경음악단 소속의 가수·연주가·무용수로, 자신들의 성관계 장면을 촬영해 판매하고 음란물을 시청한 혐의를 받았다.

이들 중 일부는 성경책을 소지한 사실이 적발됐으며, 사형된 예술가는 모두 정치범으로 규정됐다고 알려졌다. 특히 은하수 악단은 김정은의 처 리설주가 활동했던 곳이다. 은하수·왕재산 악단은 이번 사건으로 해체됐다고 한다. 현송월은 보천보 전자악단 소속 가수로, 김정은이 리설주와 결혼하기 전에 그녀와 사귀었다는 소문이 있다. 문경진은 2005년 헝가리 '카네티 국제 바이올린 콩쿠르'에서 우승한 북한의 유명한 연주가로 '공훈 배우' 칭호까지 받았다. 은하수 악단 차석 바이올리니스트 정선영도 이번에 함께 처형시켜, 김정은의 잔인성이 이디 아민과 닮은꼴이다.

김정은 정권은 핵 개발로 유엔으로부터 각종 제재를 받고 있고, 경제 정책 실패로 경제 파멸의 상태다. 아민도 1972년 집권 후 우간다의 경제를 파탄에 이르게 했고, 공개적으로 영국과 미국을 모독하고 대립해 북한의 반미 행각과 같다. 이슬람교도인 그는 이스라엘과 우간다의 우호적인 관계를 뒤엎고 리비아와 팔레스타인과 우호관계를 맺었으며, 1976년 프랑스 여객기를 엔테베로 납치, 승객을 인질로 억류하다가 이스라엘 특공대에 의해 일격을 당했다. 아민은 우간다 전 대통령의 참모장이었던 무하마드를 소총 개머리판으로 하복부와 성기를 난타한 뒤에 목을 절단했다. 당시 아민의 학살에 치가 떨린 우간다 성공회의 대주교는 군대의 무기를 시민들의 생명을 지키는 곳에 사용해 달라는 편지를 보냈다가, 다른 2명의 원로목사들과 함께 행방불명이 되었다. 각료회의 중에 마음에 안 드는 장관이 있으면 즉석에서 뺨을 때리는가 하면, 자신이 두 다리를 벌리고 서서 다리 밑으로 기어가도록 명령하기도 했다. 아민은 많은 국민들을 이유도 없이, 재판도 없이 죽이고 그 인육을 먹이게 하는 등, 우간다 국민을 공포의 도가니로 몰아넣었다. 또 우간다에 있는 맥킨디애 형무소에서는, 아민 스스로가 고안한 고문 방법에 의해 많은 죄수들이 목숨을 잃었다. 김정은도 교화소 공개 처형장에서 정치범을 쇠사슬로 목에 걸어 끌고 다니면서 죽이게 하는 등 잔인무도함이 결코 아민 못지않다.

김정은·히틀러·이디 아민은 같은 독재자 부류

　나치 독일의 히틀러는 2차 대전 중 수많은 유태인을 학살하여 역사상 가장 잔학한 독재자로 묘사되고 있다. 희대의 독재자 아민은 1979년에 탄자니아와의 국경분쟁 처리와 내분의 진압에 실패하면서 1979년 4월 11일 리비아로 피신했다가, 마지막에 사우디아라비아로 망명하여 매독 등 각종 질병에 시달리다 사망했다. 이슬람권의 독재자인 전 이라크 대통령 사담 후세인, 시리아 아사드 대통령도 많은 사람들을 죽여 악명을 떨쳤지만, 이디 아민은 그보다 한 수 더 뜬 잔인한 독재자였다. 아랍 신문들은 그를 일제히 검은 히틀러라고 불렀다.

　북한의 노동당 제1비서 김정은 그 자신과 선대들은 반김(反金) 세력을 철저히 숙청한 아민과 같은 부류로, 오늘날도 진행형이다. 김정은이 올해 초 자신의 생일 때 고위 간부들에게 아돌프 히틀러의 자서전 『나의 투쟁』(Mein Kampf)을 선물했다고 북한 전문 인터넷 매체 〈뉴포커스〉가 금년 초 보도했다. 이 매체는 북한 출장자로 해외에서 근무 중인 통신원을 인용해 "김정은이 지난 1월 8일 자신의 생일을 맞아 당중앙위원회 부장급 간부들에게 제공했다"고 보도했다. 김정일도 히틀러를 존경해 『나의투쟁』 책자를 침대 머리에 베고 자는 등 부전자전의 모습을 보인 바 있다. 김정은은 고위급 간부 앞에서 '핵·경제 병진정책의 필요성'을 역설하며 "1차 세계대전에서 패배한 독일을 짧은 기간에 재건한 히틀러의 '제3제국'을 잘 연구하고 적용하는 방안을 모색해보라고 지시했다"고 한다.

　최근 평양의 간부들 사이에서는 김정은이 스위스 유학 시절 히틀러를 연구하고 공부했다는 소문과, 심지어 김정은이 어린 시절 군사와 관련한 외국 TV 프로그램을 녹화해놓지 않았다는 이유로 주변 사람들을 욕하고 기물을 마구 던졌다는 소문이 나돈다고 한다. 김정은은 '어린 나이'라는 열등감을 극복하기 위해 히틀러를 모방, 간부들에게 공격적인 언사로 "나와 발걸음을 못 맞추는 인간은 살 자격도 없다"고 한 발언이 당 내부 강연 자료에서도 공개적으로 언급됐다는 말도 나오고 있다. 김정은은 자신이 결코 어린 지도자가 아니라는 인식을 심어주기 위해 나이 많은 간부들일수록 더 심하게 굴욕을 준다고 한다.

김정은의 비정상적 성격과 심리

김정은이 북한 김씨 3대 세습 후계자로 등장한 지도 2년이 지났다. 김정은 그 자신과 부유층, 간부들이 즐길 수 있는 놀이공원, 물놀이장, 스키장 등 대규모 유흥시설 건설 사업에 주력하고 있어, 기아에 허덕여 피골이 상접한 북한 주민들의 생활은 관심 밖으로 동떨어진 사고를 하고 있다. 북한 관영 매체들은 이러한 유흥시설 건설을 통해 주민들의 여가 및 생활이 향상될 것이라고 선전하고 있지만, 생활고에 허덕이는 일반 주민들에겐 '그림의 떡'이라는 것이 탈북민들의 일관된 지적이다.

김정은은 올 들어 현지 지도를 하다 놀이시설에서 크게 성질을 부리기도 했다. 미림 승마 구락부 건설현장에서는 다른 나라 승마학교

자료를 많이 보내줬는데 전혀 참조하지 않았다고 질책했고, 만경대 유희장에서는 놀이시설 페인트칠이 벗겨졌다, 도로가 파손됐다, 분수대 청소 상태가 마음에 안 든다고 관리 소홀을 나무랐다. 이 때문에 간부들 사이에서는 김정은이 버릇없다는 뜻에서 '어린 놈'으로 불린다고 한다. 김정은이 제 딴에는 주민들에게 체제에 대한 충성심을 유도한다고 하지만, 김정은 식 치적 사업은 일부 특권층에게만 해당되며, 일반 주민들이나 지방 주민들에게 스키장 건설과 대규모 물놀이장(워터파크) 건설은 아무 상관이 없다. 김정은은 집권 후 최고사령관인 자신의 명령을 받아 작전을 직접 수행할 군 총참모장을 4번씩이나 바꾸고 우리의 국방부 장관 격인 인민무력부장도 3번이나 바꾸어, 김정은이 젊은 세대로 군 지도부를 교체, 군을 장악하려는 의도가 보이지만, 오히려 자신의 정권에 대한 반역·불만의 빌미를 제공할 수 있다.

　김정일은 살아생전 '희천 속도'라는 격문(檄文)을 통해 주민들을 강제 동원하여 희천발전소를 급조 건설하는 바람에 댐 공사 부실로 물이 새고 말았고, 주민들에게 보수공사까지 부담시켜 사망 후에도 2중 3중의 고통을 안겨주었다. 설상가상으로 애송이 아들 후계자 김정은이 마식령 스키장 건설에서 '마식령 속도'라는 격문으로 주민들을 다그쳐 피를 말리고 있다. 이와 관련 탈북민들은 "아무리 치적 사업이라고 해도 당면한 전력난 해결이나 경제개혁 관련 사업이 아닌, 호화스러운 유흥지 건설 사업을 치적 사업으로 내세우고 있는 것은 제 정신이 박힌 사람의 사고가 아니다"라고 지적했다. 북한 노동당 기관지 외 북한 매체들은 '마식령 속도 창조를 위한 오늘의 대 진군에 영예로운 승리자가 되자'는 제하의 글과 '지금 문수 지구에 우리 인민의 문화정서 생활에 적극 이바지할 수 있는 세계적 수준의 문수 물놀이장이 새로 건설되고 있다'는 등 현실과 동떨어진 소리를 하고 있다.

북한스키협회 대변인은 24일 스위스·이탈리아 정부가 스키장 리프트 설비의 대북(對北) 수출을 금지하기로 결정한 데 대해 '유엔 헌장에 대한 난폭한 유린'이라고 비난하기도 했다. 김정은의 사치스러운 어린 시절 망령적 취미 때문에 원산 마식령에선 스키장, 압록 강변에는 대형 수영장, 원산 시 해변엔 우주 비행선, 회전그네 등 현대식 놀이시설이 도입됐고, 평양 문수 물놀이장도 전면 개축공사가 진행되고 있다. 김정은은 성장 시 스위스나 관저에서의 생활이 전부로, 10대 시절 일본인 요리사 후지모토 겐지와 어린 시절 매일 롤러블레이드를 타고 농구도 하고, 여름이면 제트스키 타는 것만 상상했던 것이다.

지난 8월 말 미국의 유명 농구선수 출신 데니스 로드먼이 또 북한에 들어가서 김정은을 만났다. 로드먼은 농구를 통해 한때는 백만장자가 되었지만, 2000년에 은퇴하여 재산을 마구 탕진해서 파산 직전까지 갔고, 온몸에는 문신과 귀걸이를 한 기행적 인물이다. 김정은이 어린 시절부터 농구광이라 로드먼의 팬이 되어 두 번씩이나 방북 초청을 했지만, 국가 지도자가 이런 모습을 보이는 것은 상식 밖의 행위다. 북한 주민의 절대다수는 하루하루 먹고 입고 자는 문제를 해결하느라 허덕이는데, 불필요하고 돈만 많이 드는 놀이공원만을 만들어 이를 선전하고 있는 것이다. 당시 김정은은 부인 리설주와 함께 릉라 인민 유원지의 준공식에 참석하기도 해, 놀이공원들이 리설주가 출산한 자신들의 자녀용이라는 비아냥도 떠돌았다.

대남 도발 우려된다

김정은이 후계자로 등장한 뒤 북한은 천안함 사건 도발을 하여, 비록 우리 측에서 인내심을 가지고 북한의 도발에 대응하지 않았지만, 만약에 보복이라도 했다면 국지전을 넘어설 수 있는 위험도 상정할 수 있었다. 북한이 총참모장 김격식 재임 시 "우리는 하면 한다", "핵 찜질을 하겠다"는 식으로 막가파식의 언동을 한 것은 김정은의 불안하고 변덕스러운 성격을 잘 대변하는 것으로, 언제라도 도발을 감행할 수 있는 모습이다.

김정은이 자신의 친정체제 구축과 권력기반 확충을 위해 단행하고 있는 권력층의 무리한 세대교체와 숙청, 널뛰기식 인사 등, 심리적 불안정과 기행은 한반도의 불안을 가중시키고 있다. 특히 지난 연말부터 금년 6월까지 연일 대남 위협을 하는 모습은 아버지 김정일보다도 더 과격한 모습으로서, 북한의 도발 가능성이 여전함을 알 수 있다. 최근 미국이 북한에게 6자회담과 관련해 먼저 행동으로 보일 것을 요구하고 있지만, 핵·경제 병진정책의 심리가 뒤틀려 도발 충동을 일으킬 수 있다. 개성공단 재개 합의문의 잉크가 마르기도 전에 북한은 또다시 남한 매체의 김정은 추문 사건과 관련해 지엄한 존엄을 모욕했다고 하면서, 관련자를 징벌하겠다는 협박을 한 것도 도발 가능성 징후다. 비대칭 전력의 하나인 사이버 공간을 활용한 테러와 심리전에 당·군·내각을 합쳐 약 1만 2000명의 사이버 전문 인력이 남한 인터넷에 대한 사이버 테러는 물론, 체제 선전·대남 심리전·주요 시설 폭파 등 무차별 공격을 할 수 있다. 김정은의 기행적 성격에 대비한 전 방위적 대응 능력을 키우는 것이 필요하다.

정보기관 통합·강화가 세계적 추세

(<문화일보> 2013.12.06)

　　여야가 국가정보원 개혁을 개악 수준으로 몰아가고 있다. 여야는 국정원개혁특위 구성 결의안을 5일 국회 본회의에서 통과시켰다. 지난해 대선 이후 국정원의 댓글을 문제 삼아 거의 1년간 이슈화된 쟁점을 예산안 처리에 쫓긴 새누리당이 지난 3일 여야 4자회담에서 민주당에 대폭 양보, 합의를 해준 것이다. 정보기관이 제 역할을 할 수 있을지 우려스럽다.

　　여야(與野) 합의 사항 중 주요 내용을 보면, 우선 여야 동수로 구성되는 국정원개혁특위에서 국정원을 담당하는 국회 정보위를 상설 상임위화하는 문제를 논의키로 했다. 지난 대선 과정에서 국정원의 정치 개입 의혹을 차단하기 위한 개선 방안을 연내에 입법화하되, 특위 위원장은 민주당이 맡기로 했다.

　　그동안 국회 특위는 정치개혁 특위를 제외하면 다른 특위는 의결권이 없었다. 이제 국정원개혁특위가 입법권을 가지게 되면 정치개혁

특위는 의결권까지 갖게 돼, 국정원을 무력화하는 데 날개를 달아준 셈이다. 새누리당과 민주당의 당대표 및 원내대표 4인은 특위를 여야 동수로 구성하고 위원장은 민주당이 맡도록 하여, 새누리당 스스로가 국회에 종북 세력 부식의 원인을 제공한 민주당에 특위의 주도권을 일임한 것이나 다름없다. 국회 선진 화법을 만들어 족쇄를 찬 새누리당이 또다시 다수결 결정권을 스스로 포기해 의회민주주의를 실종시켰다.

또한 민주당 국정원법 개혁추진위원회가 발표한 7개 과제는 대공수사권을 포함한 수사 기능을 경찰·검찰 등 기존 수사기관으로 전면 이관, '통일해외정보원'으로의 변경, 민간도 참여하는 정보감독위원회 신설, 국정원의 자료 제출 거부권 폐지 등이 요체다. 하지만 선진 정보기관인 이스라엘 신베스(GSS)도 헤즈볼라, 알카에다 등 반(反) 국가단체에 대한 수사권을 가지고 있으며, 프랑스 정보부 DCRI는 2008년 국내 정보기관(DST)과 경찰정보국(RC)을 통합해 방첩 테러에 대한 수사권을 가지고 있다. 러시아 정보부 FSB는 테러 방첩 등의 수사권이 있으며, 중국 안전부(MSS)도 체제전복 세력에 대한 수사권이 있다. 과거 분단국인 예멘과 베트남도 수사권이 있는 점을 감안, 북한의 위협이 존재하는 우리 처지에서 국정원 수사권 폐지는 이석기 류(類)에 대해 스스로 무장 해제시키자는 것과 마찬가지다.

북한은 2004년에 개정된 형법을 1999년의 형법보다 조문 수를 2배 가까이 확대(총 9장 303조), 구체화했다. 개정 형법은 우리의 국가보안법에 상응하는 반국가 및 반민족 범죄의 관련 조항들을 더욱 강화해, 우리의 대북 공작 방첩 활동을 무력화하고 있다. 최근의 정보기관 추세는 정보의 수집·분석뿐만 아니라, 정부 기관 곳곳에 산재된 정보 기능을 통합하는 추세다. 미국의 경우도 국가정보부(DNI)가 16개 정보 기관을 조정 통제해 중복 투자, 정보 실패를 차단하고 있다. 만약 국정원의 정보 및 보안 업무 기획·조정권이나 수사권을 폐지하거나 국내외 정보 기능을 분리할 경우, 검찰·국방·경찰·외교부 등 각 기관이 경쟁적으로 업무 영역, 기능 확장 다툼으로 국가적 역량과 예산 낭비는 물론, 정보 보고 혼선만 초래할 것이 분명하다. 국정원에 대한 예산 통제권 강화, 부당한 정보활동 통제·금지, 사이버 심리전 엄격 규제 등을 올해 안에 입법·처리키로 했지만, 정보활동을 위축·중단시킬 것이 불 보듯 뻔하다.

국가정보학에서 정치정보수집은 요소별 정보수집 대상 최우선이다. 정보기관이 고도의 비밀 정보활동과 대북 공작업무, 방첩활동 비용을 국회에 일일이 보고하고 지시 감독을 받는다는 것은 북한에 우리의 활동을 스스로 노출시켜 우리의 정보기관을 무력화(無力化)하자는 것이나 다름없다. 여야는 국정원 개혁이 개악이 되지 않도록 최선을 다해야 한다.

장성택 처형과 국정원 개혁

<서울신문> 2012.12.26)

 최근 언론보도를 보면 북한에서 피의 숙청이 진행 중으로, '김정일 2주기'를 지나면서 정중동의 시간이 지나고 있다. 어디까지가 팩트이고 어느 것이 소설인지 혼란스럽다. 김정은이 고모부인 장성택과 그의 측근 몇 명을 총살시켰는데, 다른 측근들도 다수 희생되는 것은 시간문제로 보인다. 북한에서 피의 숙청은 권력이 바뀔 때마다 있어 왔다는 점에서 놀랄 일도 아니다.

 정치적 숙청과는 별도로 지금 북한 전역에서 '사회주의 미풍양속'을 해치는 음란물, 남한 영상물을 보았다는 이유로 공개총살이 진행돼, 주민들이 공포에 질려 있다고 한다. 김정은은 지금 피가 끓는 나이다. 그 나이에는 무슨 일이든 할 수 있을 것 같은 자신감이 넘친다. 취직 걱정에 주눅 들어 있는 이 땅의 젊은이와는 영 다르다. 할아버지 김일성과 아버지 김정일이 역사상 그 어느 독재자보다 강력하게 만들어놓은 완벽한 독재 시스템을 제멋대로 활용하고 있다. 김정

지난 2013년 12월 12일 양손을 묶인 채 법정에 선 장성택.

은은 김정일이 죽고 자신에게 주어진 독재의 칼을 지난 2년간 맘껏 휘둘러보았고, 휘두르는 대로 상황은 전개됐다. 아마도 지금 그는 뭐든지 할 수 있을 것 같은 생각을 할 것이다. 북한 발 공포통치를 보면서 김정은의 터무니없는 자신감이 대남 도발로 쏠릴 경우를 생각하니 등골이 오싹해진다. 김정은은 측근들에게 "3년 내에 남한을 무력으로 통일하겠다"고 수시로 장담하고 있다고 한다. 대남 도발이 여의치 않으면 핵무기 사용도 주저하지 않을지도 모른다. 김정은이 정말 사고를 쳐서 무력으로 남북을 통일했다고 상상해보자. 상상하기도 끔찍하지만, 지금 북한 땅에서 진행되고 있는 숙청과는 비교도 할 수 없을 정도의 엄청난 숙청의 피바람이 불 것이다.

60년간 물든 자유와 자본주의 물을 빼려면 도대체 얼마나 많은 사람이 본보기로 죽어야 할까. 군인, 경찰, 공무원, 보수언론, 재벌과 기업가들이 일차적으로 그 대상이 될 것이고, 아마 국회의원들도 처단 대상에 포함될 것이다.

그런데 1차 처단 대상보다 더 우선해서 처리해야 할 존재가 있으니, 그것은 바로 국정원이다. 김정은에게 있어 국정원이야말로 악질 중의 최악질, 눈엣가시일 것이기에… 그런데 지금 국회에서는 국정원 무력화 작업이 진행 중인 것 같다. 국정원 개혁이라는 명분하에 국내 정보활동과 심리전 활동을 법으로 금지시키겠다는 것이다. 김정은 입장에서는 남조선을 힘 안 들이고 무장 해제시키는 반가운 일이 아니겠는가.

2인자 소리를 듣던 장성택이 체포된 지 3일 만에 변호사도 없는 법정에서 사형을 언도받고 그 즉시 형장의 이슬로 사라지는 현실을 목도하면서, 법을 만든다는 의원들은 무슨 생각을 하고 있는지 모르겠다. 얼마 전 어느 의원은 장성택 실각설이 나오자 국정원이 개혁 특위를 앞두고 또 물 타기를 한다고 했는데, 지금은 무슨 생각을 할는지. 김정은이 피의 내부 숙청을 끝내면 대남 도발로 참혹한 북한 주민을 또다시 호도할지도 모른다. 의원들이 국정원 흔들기를 그만두고 우리의 어느 부분이 안보에 누수가 되고 있는지 따져보는 전향적 사고를 할 의향이 없는지 묻고 싶다.

2014년

정보기관이 제대로 일할 수 있도록 해줘야

<세계일보> 2014.01.28)

지난해 마지막 날 국회에서 국가정보원 개혁과 관련해 때 아닌 '먹튀' 논란이 일었다. 사건의 내용은 이렇다. 당시 여야는 국정원의 국내 정보활동 축소와 국회 통제 강화를 법규화하는 개혁안을 놓고 공방전을 벌이고 있었다.

여야의 대립에 민주당 국정원개혁특별위원회 간사인 문병호 의원은 "여야 합의를 통해 지난해 12월 말까지는 정치개입 차단에 비중을 두고, 2014년 2월 말까지는 정보기관 기능 강화에 방점을 뒀다"며, "내년에는 정보기관 활동 강화에 비중을 둔 논의가 될 것이니 걱정하지 않아도 될 것"이라고 약속했다. 새누리당 이철우 의원 등이 사이버테러방지법, 통신비밀보호법 등도 함께 처리해야 한다며 이 문제들을 미루면 민주당이 '먹튀'할 가능성이 크다고 반발했지만, 민주당은 "후반기 특위에서 논의하자"는 말만 되풀이했다.

결국 국정원 관련 7개 규제 법안은 새해 예산안과 함께 1월 1일 새

벽 그대로 통과됐다. 이를 통해 논의가 시작된 지 채 한 달도 안 된 국회의 국정원 통제 강화, 정부기관·정당·언론사 상시 출입금지 같은 조항이 명문화됐다. 그런데 그것으로 끝이었다. 이후 애초 약속했던 국정원의 대 테러 대응 능력과 대북·해외 정보 능력 제고 논의는 흐지부지됐다. 국가안보를 위해 국정원 기능 강화를 약속했던 민주당은 오히려 여야 합의안에도 없던 대공 수사권의 검찰 및 경찰 이관이나 국내정보 기능 폐지를 요구하며 시간만 끌었다. 새누리당도 국정원이 제대로 일을 하기 위해 필요한 통신비밀보호법 개정이나 사이버테러방지법 제정을 적극적으로 요구하지 않는 모양새다.

이제 설 연휴가 지나면 특위 활동기간은 한 달이 채 남지 않는다. 이대로 가다간 대북 정보·안보수사 활동을 위한 필수 법안이 또다시 국회의 문턱을 넘지 못하고 좌절될 우려가 크다. 이번 기회를 놓치면 간첩·테러 첩보에 따라 법원의 감청 영장을 받아도 구닥다리 유선전화 외에 휴대전화는 감청을 못 해 범인들의 모의 내용을 알지 못하는 기막힌 현실이 당분간 계속될 것이다. 조직적으로 우리 민간 금융사와 언론사를 대상으로 해킹을 하고 있는 북한이 또다시 사이버 테러를 감행해도 국가 차원의 효율적 협업 대응은 요원할 것이다.

국민의 대표기관인 국회는 국가 안보를 지키는 최후의 보루로서 국정원이 해야 할 일을 할 수 있게 법적·제도적으로 뒷받침해야 한다. 정기국회가 끝나기 무섭게 갖가지 이유를 붙여 국민의 혈세로 외유를 하는 것보다 국가 안보를 위해 고민하고 일을 처리하는 것이 우선이다. 무엇이 시급한지, 무엇이 법적으로 부족한지 알면서 정치적 논리로 외면하는 것은 국회의 도리가 아니다.

연초 박근혜 대통령이 "통일은 대박"이라고 언급한 후 각계에서 통일담론이 쏟아지고 있다. 벌써 분단 69년이 지났다. 북한 지도부의 리더십이 취약하고 내부가 불안정해지고 있어 통일의 전기가 다가오고 있는 느낌이다. 그런데 통일을 위해 중추적 역할을 해야 할 국정원이 여야의 정쟁 속에서 헤어나지 못하고 있는 것은 안타까운 일이다. 정치적 이익이 아니라 국가 안전과 국민의 생명이 달린 문제다. 국회가 우리 정보기관의 손발을 잘라 반신불수를 만들어놓고 '먹튀' 했다는 오명을 역사에 남겨서는 안 될 것이다.

김정은의 통치자금이 말라가고 있다

(<조선일보> 2014.02.06)

　북한 3대 세습 통치자금을 관리·담당해왔던 기관은 노동당 산하 38·39호실로, 군부의 외화벌이 기관들이다. 이 기관들은 매년 2~3억 달러를 벌어 김씨네 비밀계좌에 분산 예치해왔다. 그러나 최근 김정은의 외화낭비와 외화벌이 기관들에 대한 각종 제재로 통치자금이 말라가고 있는 실정이다. 일설에 따르면 38·39호실이 폐쇄돼 다른 명칭으로 운영되고 있고, 자금도 김정은 여동생 김여정이 관여한다고 하나 정확하지는 않다. 하지만 다른 명칭으로 운영돼도 기능은 거의 그대로일 것이다. 그런데 최근 김정은 통치 비자금이 거덜 나 문제가 생기고 있다는 것이다.

　그것은 첫째, 김정은이 내부 충성심을 유도하기 위해 수입 사치품을 사들여 측근들에게 뿌리기 때문이다. 김정일 집권 당시는 지출이 연간 3억 달러 정도였으나 현재는 6억 달러가 넘어, 김정일 생존 당시 40~45억 달러였던 해외 비자금이 현재는 절반 이하 수준으로 줄어가고 있다는 것이다.

둘째, 북한이 김정은 일가 우상화를 위해 막대한 자금을 허비했기 때문이다. 전국에 설치한 영생탑 3200개와 우상화 벽화 400여 개, 평양 만수대에 세운 23m 높이의 김일성·김정일 부자 대형 동상 제작에 쓴 비용이 2억 달러로 추산된다. 또 이른바 '주민 생활 향상 업적'으로 선전하기 위해 동시 다발로 건설해온 스키장·승마장·목장 등 40여 대형 시설물에는 3억 달러 이상을 탕진했다.

셋째는 김씨네 통치자금 주 공급원인 39호실에 속해 있는 17개 금광의 장성택 관련자 조사 및 국제 금 시세 하락으로, 지난해 하반기부터 금 생산이 거의 중단돼 갱도에 물만 찬 상태여서 충성금·정성품 등을 상납하지 못하고 있는 실정이기 때문이다. 여기에 미국 정부가 북핵 문제로 스위스 은행 등 해외에 예치된 비자금에 대한 제재를 강화하자 북한은 이를 중국으로 옮겼다. 그런데 중국 측은 장성택과 측근인 리용하·장수길이 공개 처형된 이후 김정은 비자금이 포함된 자국 계좌를 모두 동결해, 상하이 등 각 금융기관에 보관된 김정은의 비자금 수억 달러를 묶어놓았다.

김정은 통치자금은, 지출할 곳은 많지만 유일하게 들어오는 주 수입은 해외 파견 북한 인력 5만 명이 보내는 돈과 개성공단 임금 등 1~2억 달러 정도다. 북한이 연초 김정은의 신년사를 필두로 9번에 걸쳐 대남 유화책을 펼치는 것도 통치자금 고갈과 무관치 않다. 이럴 때일수록 한반도 평화를 위한 북한의 비핵화에 대한 노력을 게을리 해서는 안 된다.

김정은의 비자금이 고갈되고 있다

(『북한』지 2014년 2월호)

김정은 비자금 운영 실태

북한 김씨 정권의 사금고 담당 기관은 노동당 산하 38, 39호실과 225국, 보위사령부 산하 외화벌이 기관들이며, 주로 이들을 통해 최고 권력자의 비자금이 조성되어왔다. 이들은 매년 2~3억 달러 정도를 벌어 김씨네 비밀계좌들에 분산 예치한다. 노동당 산하라고는 하지만 38·39호실 이 두 기관은 사실상 김씨 일가의 사금고를 관리하는 기관으로 군림해왔다. 북한에서 운영되는 경제는 크게 3가지로 분류된다. 첫 번째는 내각에서 운영하는 인민경제이며, 두 번째 군수경제는 군수공업위원회에서 운영하는 군수·무기 관련 경제를 말한다. 세 번째는 김씨네 사금고로 운영되는 38호실과 39호실로, 이를 일명 '궁정경제'라고 한다. 경제 규모를 보면 북한 경제의 1순위가 궁정경제, 2순위가 군수경제, 3순위가 인민경제다.

인민경제는 북한 주민을 위해 가장 중요한 부문임에도 불구하고, 사실상 궁정경제와 군수경제의 생존을 위해 필요한 부차 적인 도구에 불과하다. 최고권력자의 돈줄인 39호실은 대성은행이 주축이고, 38호실은 금강은행, 고려은행 등이 담당했다. 일설에 의하면 38호실은 북한 내에 있는 김씨네 수령, 가족, 관저, 특각 운영을 관리하는 것으로 알려졌다. 반면에 39호실은 대외적으로 각종 이권을 관장하여 벌어들인 외화를 관리하면서 김씨 일가의 통치자금, 시설 운영비, 생활비, 선물비, 뒷돈을 담당한다. 필요에 따라 38호실, 39호실 이 두 기관이 합쳐지기도 하고 분리되기도 한다.

일설에 의하면 현재는 38호실과 39호실이 폐쇄되어 다른 명칭으로 운영되고 있다고도 하는데 정확치 않다. 하지만 다른 명칭으로 운영이 되어도 기능면에서는 거의 그대로 운영될 것이다. 북한은 2008년 초 김정일 가계의 비자금 및 물자관리를 전담하는 38호실을 노동당 자금 운용을 담당하는 39호실로 통합했다가 2010년 5월 재차 분리, 38호실을 부활시켰다. 통일부의 2013년판 북한 주요 기관 기구도에서는 38호실과 39호실을 명시하고 있다. 38호실의 동향을 보면 김동운이 38호 실장으로 임명되었는데, 그는 청진광산금속대학 출신으로 1980년대 채취공업위원회 국장을 지냈으며 1990년대부터 대외적으로 대성종합상사 부사장, 대성경제연합체 총사장 등의 직함을 쓰고 다녔다. 김동운은 38호실이 39호실에 통합되었을 때 전일춘이 당 제1부 부장급에서 39호 실장을 맡자, 바로 아래 부부장으로 활동해 온 것으로 알려졌다. 전일춘은 최근 마식령 스키장 개장에서 모습을 보였으며, 장성택이 투자유치를 위해 만든 대풍그룹을 맡기도 했다.

특히 김동운은 2010년 1월 유럽연합(EU)이 대북 제재 차원에서 여행금지 대상으로 정한 북한 고위 인사 13명에 포함돼, 현재 유럽 여행은 발이 묶여 있는 상황이다. 한편 전일춘이 실장을 맡았던 39호실은 대성은행 등 주요 금융기관을 소유하고 있을 뿐 아니라, 문천금강제련소, 대성타이어공장 같은 '노른자위' 공장 및 기업소 100여 곳을 직영하고 있다. 지난 2010년 김정일이 함경남도 금야군 원평대흥수산사업소, 평안북도 구장양어장 등을 현지 지도할 때, 그를 곁에서 수행하던 전일춘의 모습이 포착되기도 했다.

김씨 일가 사금고 관리기관 38, 39호실

38호실은 노동당 김정일 서기실 소속으로, 김씨네 비자금 조달과 관리를 전담하는 비밀부서였다. 김씨네가 사용하는 관저, 특각과 초대소를 운영하고 외화벌이 전문기관을 운영하는 것으로 알려져 있다. 38호실의 설립 연도는 정확히 알려지지 않고 있으나, 1950년대 말부터 운영해왔던 노동당 김일성 서기실 자금관리 부문을 1970년대 중엽 김정일이 비자금 조달과 관리 부문을 독립시켜 38호실로 명명한 부서다. 38호실의 기능과 역할은 당 39호실에서 취급하는 금을 비롯한 귀금속류 등으로 모아진 돈으로 김씨네 해외 비자금 조달 업무, 유입 외화의 비밀유지 및 안전 관리를 수행하는 데 있다. 금강은행이 직할 은행으로 알려져 있으며, 김씨네 해외 비자금 조달·관리라는 특수 업무로 막강한 권력을 행사했다. 여기에는 국제적 경험과 전문지식을 가진 딜러들이 배치되어, 김씨네 해외 비자금을 전담 관리하고 있는 것으로 알려져 있다. 이들 딜러들의 이름은 자유자재로 변경시킬 수 있어, 이들의 행동과 사업 내용은 알 수가 없다.

38호실은 당중앙위원회 1호 청사 내 김정은 서기실과 별관으로 분리되어 운영되고 있으며, 2호 청사의 조직 지도부 청사 내에도 38호실 일부 과들이 사용하는 사무실이 있다고 한다. 38호실의 책임 지도는 최고 지도자 담당 서기실장이 한다. 38호실은 통치자금을 관리하고 외화벌이 사업을 총괄해온 임상종이 담당했었으나, 2008년 10월 중국 상하이 방문 도중 81세로 돌연사했다. 현대아산이 1998년 이후 올 상반기까지 북측 상대방인 조선아시아태평양위원회(아태)를 통해 모두 4억 8602만 달러의 금강산 관광 대가를 지급한 바, 이 돈도 38호실로 유입되었다는 설이 있다. 이 돈이 김정일 비자금으로 보내졌는지, 대남 공작비로 활용되었는지 등에 대한 정보는 방코델타아시아 은행 조사 과정에서 미국 측이 많이 확보했을 가능성이 높다.

39호실은 형식적으로 노동당 중앙위원회 재정경리부 산하로 되어있으나, 실제로는 김정은이 직접 조직을 장악하고 운영한다. 북한 어느 기관에서도 손을 못 대는 성역 기관으로서, 내부 관련사항은 측근 및 몇 명만이 알고 있다. 39호실 산하에는 대성총국이 있고, 직할 은행은 대성은행이며, 대성은행 비밀계좌를 가지고 있다. 스위스 은행과 오스트리아 마카오, 홍콩, 독일, 일본, 영국 등 세계 유력은행에 자금을 분산 보유하고 있다. 1997년 당시 김정일은 스위스 은행에 약 40~50억 달러를 가지고 있었다. 그러나 그동안 어려운 고비를 많이 거쳐 현재는 대폭 감소했고, 그마저 각종 제재로 중국 은행으로 자금을 옮겨놓았다고 한다. 이 비자금에는 각 기관의 헌납금, 김정일 생일 충성자금, 재정경리부 산하 조선우표사에서 벌어들이는 50~60만 달러, 인민부력부에서 헌납하는 금 100~200kg, 각 기관의 창립절 충성자금 등 연간 6000~7000만 달러 등이 모아진다고 한다. 마약, 위폐로도 돈을 벌고 김정은 선물 등도 사들인다.

2006년 전 북한 대외보험총국 직원이었던 김광진 국가안보전략연구소 선임연구원이 밝힌 내용에 의하면, 중국 은행 마카오 지점에서 쓴 북한 대성은행 계좌를 포함해 홍콩 및 싱가포르에도 김씨네 비자금 계좌가 있다고 했다. 북한 당국은 내각을 중심으로 하여 외화관리 시스템을 정상화하려고 하지만, 38호실, 39호실이 틀어쥐고 운영하는 궁정경제가 이를 망치고 있어 방법이 없다. 북한의 궁정경제는 노동당을 중심으로 하여 외화벌이와 독자적인 외환 금융기관을 창설하는 방법으로 진행돼, 내각의 통제와 관리를 벗어나 계획, 생산, 분배, 무역, 금융에 이르는 모든 경제활동에 이르기까지 독자적으로 발전해왔다.

39호실 산하 대성총국은 120여 개 무역회사를 통하여 돈을 벌어들인다. 대성총국의 위세에 내각 산하 무역성은 제대로 기능을 못 한다. 북한 내 17개 금광이 39호실에 속해 있고, 연간 약 400~500kg의 순도 높은 금을 생산하여 해외에 밀수한다. 금은 주로 마카오에 있는 조광무역상사가 홍콩과 싱가포르 등지에서 국제 밀수꾼 등을 통해 판매했다. 북한의 모든 재외 공관과 국내 기관이 위대한 장군님에 대한 충성금, 정성품, 외화벌이 등의 명목으로 김씨 왕조에게 바치는 뇌물이 39호실에 들어가며, 이를 위해서 외교관들은 본연의 임무를 소흘히 하면서까지 밀수를 한다. 국내에서도 생활고에 시달리는 인민들이 추가 노동으로 위험한 산을 오르내리며 송이버섯, 산나물 채취 등으로 위대한 장군님께 바치는 충성자금을 마련한다. 재외 공관에 나가 있는 대사나 외교관들의 근무 성적은 39호실에 바치는 외화벌이 액수로 판정하는 경우가 많다.

39호실이 마약 밀수로 버는 돈은 연간 1~2억 달러

비밀유지 때문에 인민군 보위사령부 소속 및 연대 병력이 양강도, 자강도 산간 오지에서 생산되는 아편과 코카인(백도라지), 필로폰 등으로 버는 돈도 39호실로 들어간다. 자강도에는 1만 7000에이커에 달하는 농경지를 1990년대 이후 양귀비 재배지로 전환했고, 김일성 생존 시 국가계획위원회와 경제관계 부처에서 "나라살림이 이렇게 힘든데 국내자금이 39호실에 너무 쏠리고 있다"고 어려움을 표시했으나, 김일성은 남조선 해방과 조국통일을 위해선 인민이 이 정도의 희생은 각오해야 한다면서, 개인 금고 운영에 대한 집착이 대단했다고 한다.

북한에서 가장 큰 지출비용은 첫째, 전쟁 준비와 군사력 유지를 위한 국방비 지출이고, 다음은 제2경제위원회가 대량살상 무기를 개발하기 위해 쓰는 돈이며, 세 번째로 남한을 교란하기 위한 대남 공작비, 네 번째가 인민경제를 위한 국가 운영비라고 한다. 이 중 39호실이 제2경제위원회와 대남 공작활동을 중점적으로 지원하고 있다. 2008년 미의회조사국(CRS)의 보고에 의하면, 지난 30여 년간 북한의 외교관들은 면책 특권이 부여된 외교 행낭을 이용해 헤로인, 코카인, 필로폰, 아편 등을 밀수했고, 15개국에서 최소한 35회 이상 마약 밀매에 연루되었다. 1996년부터 드러난 북한의 필로폰 수출국은 주로 일본, 태국, 필리핀 등 아시아 지역이다.

북한은 지금도 연간 10~15톤의 고품질 필로폰을 생산할 수 있다고 한다. 미 의회조사국에 의하면, 39호실이 마약 밀수로 버는 돈은 연간 1~2억 달러에 달할 것으로 추정한다. 북한은 가장 정교한 위폐 기술을 가지고 있어서, 미국의 조폐공사가 사용하고 있는 인쇄기와 비슷한 1000만 달러짜리 요판 인쇄기로 평성 조폐창에서 가짜 달러도 찍어낸다. 북한의 위조 달러 유포는 1974년 최초로 적발된 칠레를 필두로 몽골, 독일, 러시아, 마카오, 홍콩 등 9개국에서 적발되었다. 한국 정부가 발표한 북한의 연간 위폐 유포 액수는 약 1500만 달러에 이를 것이라고 한다. 북한은 1995년 대량의 스위스제 시계를 수입했다고 스위스 시계공업협회가 밝힌 바 있는데, 그 돈으로 식량을 사야 할 시기에 김정일은 노동당 간부와 군대 지휘관들에 대한 선물용으로 고급 시계를 수입했던 것으로 추정된다. 프랑스 보르도의 코냑 지방에서는 한 병에 2000달러 하는 코냑인 타임레스를 가장 많이 수입해 가는 곳이 북한이라고 한다.

스위스은행에 있는 39호실 비자금의 관리는 베른 주재 북한 대사가 책임져왔다. 스위스 정부가 스위스 내에 체류하고 있는 김씨네 가족들과 측근들을 보호한다는 설도 있다. 북한 물자 조달반은 다엑심(Daxim)이란 회사를 운영하여 아미산 상사, 2월은빛달상사 등 여러 개의 방계 회사를 두고 있었다. 이 회사는 로마, 파리, 코펜하겐, 프라하, 부다페스트, 브라티슬로바, 마카오 등 해외에 10여 개의 지사와 상주 요원들을 두고, 김씨 왕조 가족들이 필요로 하는 물자를 해외에서 조달하는 역할을 한다. 이들은 북한의 외교관 여권 외에 브라질 포르투갈과 남미 국가들의 여권을 갖고 있다. 일본과 미국은 물론 세계 각지를 누비고 다니며, 소위 '1호 물자', 즉 김씨네 필요 물품을 조달한다. 39호실의 비자금은 최우선 순위로 김 부자 기념물 유지와 김씨네 가족의 호화생활 유지에 쓰이며, 김씨네 여인들에 대한 생활비도 39호실 비자금에서 나간다고 한다. 김씨네 체제 유지비는 39호실 비자금이 주축이 되고 있다. 주체사상과 김씨네 우상 놀음 작업에 관련된 모든 사업과 중요한 국책사업, 선심용 사업, 그리고 측근 관리에 쓰이는 돈이 모두 여기서 나온다. 노동당의 주요 간부와 국방위원회 위원 등 기타 측근들에게는 최고의 대우를 하며 호화주택과 고급 차가 배정된다.

대량살상 무기 개발과 대남 공작활동 자금도 39호실에서 지원된다. 금강산 사업이나 개성공단 사업에서 버는 돈도 39호실에 유입된다. 해외 동포들이 북에 있는 가족을 방문하고 생활 보조비로 주고 온 돈, 그리고 남한의 기독교나 기타 종교단체들이 선교 목적으로 제공하는 돈도 철저하게 39호실에 흡수된다. 북한은 국가 외화관리 차원에서 재정의 통제와 역할의 강화도 시도하고 있지만, 궁정경제의 존재는 이러한 노력에 발목을 잡고 있다. 북한의 궁정경제는 최고 권력자와 연결되어 많은 은행들이 계속 비대해지면서, 인민경제는 피폐시키고 있다. 북한은 2004년 오스트리아 금별은행의 폐쇄에 이어 방코델타아시아 은행에 대한 미국의 제재로 북한의 외환거래 중단이 초래되는 등 어려움을 겪어, 이러한 조치들이 북한의 핵무기, 미사일 개발을 중지시키는 유효한 제재 수단임이 확인되었다.

김정은의 비자금이 고갈되고 있다

중국은 최근 북한이 각종 제재로 어려운 상황에 직면하자, 김정은의 비자금을 대북 압박 카드로 쓰는 데 관심을 두기 시작했다. 중국 측은 장성택의 측근인 리룡하와 장수길의 공개처형 당시 김정은의 비자금이 포함된 자국 계좌 일체를 동결했다. 상하이 등지의 은행에 보관된 김정은의 비자금 규모는 수억 달러에 이른다고 한다. 북한은 미국 정부가 스위스나 리히텐슈타인 은행의 비밀주의에 대한 압박을 강화하자, 해당 은행권에 예치된 비자금을 중국으로 옮겼다. 김씨네 비자금은 노동당 38호실과 39호실이 관리하는 당자금과 김정은이 쓰는 개인자금으로 구분되지만, 사실상 모두 김정은 마음대로 집행한다. 장성택이 이번에 처형된 것도 김씨 일가의 해당 자금줄 일부에 끼어들어 장악한 것이 문제되었던 것으로 알려졌다.

장성택을 처형에까지 이르게 한 54국은 광업·수산업 분야 무역, 해외식당 운영, 외화벌이를 하는 기관으로 '54부'로도 불린다. 원래는 인민군 총참모부 산하였던 것을 2010년 김정은의 지시로 장성택이 지휘하는 노동당 행정부 소속으로 편입시켰다. 이후 김정은이 이를 자신의 전용 비자금 체계로 돌리도록 명령했으나, 오히려 장성택, 리룡하 라인 등이 반발하자 김정은이 장성택 라인을 처단한 것이 확실해 보인다. 김정은이 이번 사건을 계기로 54국을 자신의 전용 비자금 줄로 돌리고 여동생인 김여정에게 통치자금 관리를 맡긴 것으로 알려졌다. 사단법인 NK지식인연대는 최근 북한 내부 소식통을 인용해 "장성택이 관할하던 외화벌이 조직들이 김정은의 지시에 따라 재편되고 있다"며 "행정부 54부를 비롯한 노동당 외화벌이 기관을 김여정이 총괄하게 됐다"고 했다. 장성택 처형 사건의 발단이 된 54부는 석탄과 광물자원을 중국에 팔아 막대한 외화를 벌어들이는 것으로 전해지고 있다.

군부 산하에 있었던 54부는 2012년 7월 리영호 총참모장이 해임되면서 장성택이 당 행정부 소속으로 뺏어갔고, 장성택 제거 이후엔 다시 김여정에게로 넘어갔다는 것이다. NK지식인연대 측은 "김여정이 54부뿐 아니라 노동당 39호실 산하 대성은행과 통일발전은행 등 국제 금융거래 기관들과 38호실 산하 대흥관리국·금강관리국을 관할하고 있고, 고모 김경희가 관리하던 경흥지도국과 낙원지도국 등까지 맡아 통치자금 전반을 관리하게 됐다"고 밝혔다. 한편 통치자금 재편 과정에서 최룡해 군 총정치국장이 김정은에게 중국 최신예 전투기 구매 명목으로 54부를 군에 돌려줄 것을 요구했지만 거절당한 것으로 알려졌다. 대신 최룡해는 내각 산하 30여 개의 무역 회사를 넘겨받은 것으로 알려졌다. 김씨네 개인 비자금은 북한 붕괴에 대비한 해외도피 자금으로 세계 각국에 분산되었으며, 현재는 각종 제재로 대부분이 중국으로 옮겨졌다고 한다. 장성택이 별도로 운영한 비자금도 중국의 동결 대상에 포함되어, 중국의 동결 조치는 김정은이 향후 북한을 이끌어가는 데 고통을 줄 수도 있다.

국정 경험이 없는 김정은은 내부의 충성심을 유도하기 위해 수입 사치품을 많이 사들여 측근들에게 뿌리는데, 아버지 김정일보다 더 많은 돈을 쓰고 있다고 한다. 김정일 체제 당시는 연간 3억 달러 정도였으나, 현재는 6억 달러가 넘는다고 한다. 이러한 씀씀이로 김정일 생존 당시에는 해외 비자금이 40~45억 달러에 이르렀으나, 현재는 거의 바닥 수준으로 가고 있다. 따라서 북한에 대한 각종 제재 조치가 이번 장성택 사건을 촉발한 원인 중 하나라고 볼 수 있다. 여기에 김정은은 통치 경험이 없어 불필요한 마식령 스키장이나 놀이터 개발 등으로 경제가 피폐, 내부 고통으로 이어져, 고위층 간의 갈등이나 군부 폭발 등으로 이어지면서 김정은 정권이 위태로워질 수 있다. 금년 김정은 신년사에서 "북남 관계 개선 분위기 마련", "비방 중상을 끝낼 때가 됐다", "화해와 단합을 저해하는 일을 더 이상 하지 말자"고 '관계 개선'을 3차례 언급한 것은 어려운 내부 상황에 대한 국면 전환용이라 할 수 있다. 우리의 대북 정책은 이를 잘 간파하여 핵 문제 진전 없이 섣부른 5·24조치 해제 등을 해서는 안 된다. 북한은 자신들의 요구가 관철되지 않거나 연례 한·미 합동 군사훈련을 계기로 내부 불안을 호도하기 위해 핵실험, 사이버 및 국지전 도발 가능성을 벌일 가능성이 높다.

한국의 '빌 게이츠'는 어디에 있나

(<파이낸셜 뉴스> 2014.03.26)

정보기관은 정보활동 중 협조자를 매우 중요한 휴민트(정보원이나 내부 협조자 등 인적 네트워크를 활용해 얻은 정보 또는 그 같은 정보수집 방법) 정보수단으로 활용한다. 하지만 경우에 따라서는 핸들러인 정보관에게 허위 정보나 역정보를 제공해 문제를 일으키는 경우도 많다. 조선시대에 여진족에 대한 정보를 수집하기 위해 여진인에게 벼슬을 줘 정보를 수집하는 제도를 활용했다. 명나라도 이 제도로 여진의 정보를 수집했다. 그러나 여진은 조선이나 명나라에 이 제도를 역용해 조선과 명나라 정보를 더 많이 수집, 조선을 유린하고 명나라를 정복해 청나라를 세웠다.

마이크로소프트 창업자이자 세계 최고 부호 빌 게이츠가 며칠 전 미국 정보기관의 도·감청 실태를 폭로한 에드워드 스노든에 대해 "그는 영웅이 아니다"라며 일침을 놓았다. 게이츠는 "정부의 감시가 어떤 상황에서 허용돼야 하는지 논의가 필요하긴 하나, 법을 어긴 스노든은 영웅이라 할 수 없다"고 주장하면서 "정부에 의한 감시 내용의 일부는 비밀로 남아 있어야 한다"고 덧붙였다.

미 중앙정보국(CIA) 보안요원이던 스노든은 지난해 6월 미 국가안보국(NSA) 등 미 정보기관이 전 세계 주요 인사들의 통화기록과 인터넷 사용정보 등 개인정보를 무차별적으로 수집하고 있다고 폭로했다. 스노든에 대해 미국 내에서도 한때 '국가의 배신자'라는 비난과 '영웅'이라는 평가가 엇갈렸다. 그러나 미 정치권과 국민은 즉흥적이고 감정적인 대응보다는, 대체로 차분한 분위기 속에 국익 차원에서 바라보았다. '진보적 가치'를 중시하는 민주당 내에서도 "반역죄에 해당하므로 내부 고발자로 평가받을 수 없다"(파인스타인 상원 정보위원장)는 주장이 주를 이뤘고, 야당인 공화당도 여당에 대한 정치적 공세를 삼간 채 오직 '국익 차원'의 대응을 강조했을 뿐이다. 국민도 이 사건을 냉정하게 판단하고 있었다. 〈워싱턴포스트〉 여론조사 결과 60%가 '스노든의 폭로가 국가에 부정적인 결과를 초래했다'고 생각했으며, 52%는 '스노든의 행위는 명백한 범죄이며 기소해야 한다'고 답했다. 스노든에 대한 미국 내 여론이 이 같은 방향으로 수렴되고 있는 것은 미국이라는 나라에 '국가 안보가 보편적 인권 등을 빙자한 개인적 공명심보다 우선한다'는 인식과 국가 기밀이 무차별로 새나가는 데 대한 문제의식이 뿌리내리고 있기 때문이다.

최근 화교 간첩 증거조작 논란으로 수상한 중국인들이 우리 정보기관과 정부를 농락하고 있는데도, '국익 차원의 냉정한 대응'을 호소하는 목소리는 찾아볼 수 없다. '당파적 이익에 부합하면 국익이야 어찌되건 상관없다'는 무리들의 비난과 고성만 요란하다. 심지어 일각에서는 정보기관 요원들이 조속한 진실 규명을 위해 검찰의 조사에 성실히 임하며 최소한의 국익이나마 지키려는 협조 행위를 하는 데 대해서마저도, RO 조직원과 같은 국가 전복 세력이 자신들의 혐의를 은폐하고자 묵비권을 행사하거나 신문투쟁을 벌인 것과 비교해, 'RO만도 못하게 술술 불고 있다'고 힐난하며 정보요원의 자질까지 폄훼하는 어처구니없는 일까지 벌어지고 있다.

국정원의 정보 실패는 국익과 직결된다. 국정원의 정보 실패 원인은 어찌 보면 지나친 자만과 안일에서 비롯된 것으로 뼈를 깎는 자성과 쇄신이 필요하다. 댓글 사건, 유우성 사건으로 추락된 위상을 회복하기 위해 정보수집관, 공작관, 협조망에 대한 철저한 재정비로 국가 위기에 대응해 나가야 한다. 빌 게이츠가 지적한 것과 같이 북한에 탈북자 명단을 제공한 탈법자인 중국인 유우성을 영웅으로 만들어서는 안 된다.

북 인권 더 적극 대응해야

<문화일보> 2014.05.09)

북한이 지나가는 소도 웃을 인권을 들고 나왔다. 얼마 전 북한 적십자는 우리 적십자에 대고 대구 지하철 참사나 태풍 매미 때와 같이 세월호 참사에 애도 표시를 하여, 그래도 동족의 어려운 처지에 최소한의 양심은 보일 때도 있구나 생각했다.

이 일이 있은 후 북한은 드디어 그들의 본색을 드러냈다. 4월 29일 북한 통전부 산하 대남 공작기구인 조평통은 조국통일연구원과 '남조선인권대책협회' 이름으로 이 날 발표된 '남조선 인권백서'에서 "얼마 전에는 전라남도 진도 앞바다에서 대형 여객선 세월호가 침몰돼 많은 학생을 비롯한 수백 명이 목숨을 잃는 참사가 일어났다"며, "이번 대형 사고는 전적으로 괴뢰 정권의 반인민적 정책이 빚어낸 것"이라고 밝혔다. 남한에서 빈발하는 자살 사건뿐 아니라 실업, 빈곤, 폭력 문제를 보여주는 각종 통계 수치를 제시하며, "제반 사실들은 괴뢰 패당이야말로 인권유린 왕초, 특대 형 인권범죄 집단이라는 것을 보여주고 있다"고 주장하고, 북한 인권 문제를 비판할 자격이 없다고 주장했다. 세월호 참사로 우리 국민 모두가 슬픔 속에서 비명에 간 어린 영령과 가족들에게 애도를 보내는 분위기에, 금수만도 못한 대남 책동을 하고 있다.

이 지구상의 오직 유일하게 남은 인권탄압 집단 북한의 적반하장 격이다. 존 로크는 일찍이 '천부 인권론'을 주창하여, 인간은 누구나 태어나면서부터 하늘이 준 권리를 누려야 할 권리가 있으며, 평등·자유·독립 등을 누릴 권리가 있다고 주장했지만, 북한은 유일한 예외다. 세계의 유일한 인권 사각 집단인 북한은 어린 지도자의 마음에 들지 않거나 유일 체제에 조금이라도 어긋나면 정치범 수용소나 교화소에 보내고 인민을 굶겨 죽이면서 인권을 운운한다는 자체가 실소를 금치 못할 일이다. 유우성 간첩 사건에 대해서도 청와대의 '총지휘' 하에 국가정보원, 외교부, 통일부 등이 북·중 접경지역에서 북한 주민들을 '유인 납치'하고 있다며, 서울시 공무원 간첩 증거조작 사건을 내세워 "괴뢰들은 이런 식으로 유인 납치해 간 사람들에게 간첩 혐의를 들씌워 마구 처형 인권을 탄압하고 있다"고 비난했다. 남한 당국이 최근에 간첩을 잡아 법정 최고형인 사형을 판결한 사실도 없지만, 사형선고를 받아도 처형했다는 이야기는 들어보지도 못했다. 우리 박 대통령에 대해서는 그야말로 국가라는 이름을 달고는 입에 담지 못할 욕설을 연일 해대고 있어, 북한은 막말을 밥 먹듯 하는 구제불능 집단이 되어버렸다.

북한의 선전선동부나 통전부는 자고 나면 새로운 욕설과 비난, 허위날조가 그들의 일상화된 업무지만, 이번의 대남 비난은 '개가 달을 보고 짖는 행위'와 무엇이 다른가? 3대 세습자 김정은은 지난해 연말 그의 고모부를 숙청하고 총정치국장 최룡해를 얼굴마담으로 내세우더니, 이제 대장으로 진급한 지 며칠도 안 되는 황병서를 차수로 진급시켜 최룡해 자리로 옮겨놓았다. 김정은의 지난 2년간의 통치는 마음에 안 들면 파리 목숨 쳐내기 식의 제 멋대로의 통치, 병정놀이 식 군 장령 진급, 조변석개 식 리더십으로, 어린 독재자 김정은이 무슨 일을 저지를지 북한 엘리트는 물론 남한도 걱정스러운 분위기다. 인권은 물론 목숨을 부지한다는 자체가 북한의 현재 모습이다.

북한의 이번 백서는, 지난 4월 17일 유엔 안전보장이사회가 아리아 포뮬라(Arria Formula)로 불리는 비공식 회의를 열어 북한 인권 책임자 처리 방안을 논의하는 등 최근 북한 인권에 대한 국제사회의 대응이 강렬해지고 있고, 최근 한미 정상회담에서 북한의 조직적 인권침해에 대한 책임 추궁을 전념키로 하는 등, 북한 인권 문제에 대한 국제사회의 공세가 거세지는 상황에 대한 반발로 보이나, 향후 북한 인권 문제는 이에 소극적인 중국과 러시아의 협력을 이끌어내는 것이 앞으로의 과제다.

돌파구 못 찾는 북·일 관계

(『북한』지 2014년 6월호)

70년간 답보 상태만 지속돼

북·일간에 상호 12차에 걸친 수교회담이 있었지만 양측의 입장차가 커 별다른 진전이 없이 지내온 것이 현 관계다. 단지 고이즈미 준이치로(小泉純一郎) 전 일본 총리가 2002년 9월 17일과 2004년 5월 22일 두 번 방북하여 김정일과 정상회담을 하고 평양선언에 합의, 일본인 납치 문제를 일부 해결한 적은 있지만, 북측이 명쾌하게 납치 문제 해결 의사를 밝히지 않고 있어 이도 답보 상태다. 일본 측은 핵문제와 함께 대포동 미사일은 물론, 노동 미사일도 일본 안보에 위협이 되고 있다며 미사일 개발·배치 및 수출 중단을 요구했다. 하지만 북한은 미사일 개발과 수출은 어느 국가에도 인정되는 자주적 권리라고 주장하여 진전이 없다.

그런 한편으로 최근 아베 신조(安倍晋三) 일본 총리는 "유골 송환 문제뿐만 아니라 일본인 납치 피해자 문제 등 현안에 대해 북한의 적극적 대응을 촉구할 것"이며, "작은 기회라도 있다면 대화를 통해 해결하고 싶다"고 언급했다. 아베는 북한의 자국민 납북 문제, 국교 정상화 문제 등도 논의하겠다고 언급했다. 이는 자신의 극우 성향으로 인해 추락한 정치적 인기도를 회복시키려는 의도가 다분히 담긴 것으로 보인다.

그러던 북한과 일본이 지난 3월 3일 북한의 적극적 요청으로 선양(瀋陽)에서 1년 반 만에 북·일 적십자 회담을 열었다. 아베 정부 출범 이후 북한과의 첫 공식 회담이다. 북한 대표인 리호림 조선적십자회 중앙위원회 서기장과 북한 외무성 일본과장 유성일이 일본 외무성 오노 게이치(小野啓一) 동북아 과장과 만났다. 회담 종료 후 북측 대표 리호림은 "이번 회담에 양국 정부 관계자가 참가한 것은 매우 중요한 의미가 있다"면서 "생산적 논의가 이뤄졌다"고 자평하고, "서로 지속적으로 만날 필요성을 확인했다"고 말했다. 이후 동월 19일 같은 장소에서 회담이 재개되기도 했다.

이번 적십자 회담의 공식 의제는 일본 패전 후 북한에 있는 일본인 유골 2만여 구의 송환 문제였다. 그러나 양측의 입장 차이로 북한의 최대 관심사인 대일 청구권 문제 등은 거론조차 하지 못한 것으로 보인다. 이와 같은 북·일 접촉에도 불구하고 같은 날 스위스 제네바에서 열린 25차 인권이사회 고위급 회의에서는 일본과 북한이 서로 '범죄 국가'라고 비난하여 판이한 모습을 보였다. 회의에 참석한 이시하라 히로타카(石原宏高) 일본 외무성 부상은 '북한 정권의 인권 탄압과 일본인 납치'를 비난했고, 제네바 주재 김영호 참사는 '일본 정부의 위안부 문제 왜곡'을 강력히 비난했다.

한편 지난 3월 말 북한 외무성 북·일 국교 정상화 협상 담당 대사 송일호와 이하라 준이치(伊原純一) 일본 외무성 아시아대양주국장 간 개최된 베이징 회담에서는, 북측이 일본에서 강제 매각 판결이 내려진 재일본조선인총연합회(조총련) 회관 문제와 관련해 "이 문제에 대한 해결이 없으면 조·일(북·일) 관계 진전 자체가 필요 없다"고 말해, 여전히 회담 성과는 불투명하다. 북·일 교섭의 궁극적 목표는 국교 정상화다. 1965년 한국과 일본이 한·일 협정을 통해 일본의 한국 강점을 법적으로 청산한 것에 비해, 북한과는 그마저도 해결되지 않았다는 의미다. 내년이면 일본이 패전하고 한반도가 광복된 지 70년이 된다.

북한 정권이 자초한 조총련의 몰락

그럼에도 앞서 북한 측이 조총련 회관 문제를 꺼내 든 것에는 두 가지 추정이 가능하다. 첫 번째는, 북한이 해결이 안 될 것을 알면서도 협상 카드로 내세웠을 가능성이다. 전형적인 북한식 수법이다. 무리한 요구를 해서 안 되면 그만이고, 다른 양보를 얻어내면 이득이라는 생각을 했을 수 있다. 일관되게 납치 문제는 이미 해결됐다고 주장해온 북한이 일본의 공세를 약화시키기 위한 노림수의 성격도 있을 것이다. 두 번째는, 북측이 회관 문제를 거론하여 조총련을 돕기 위한 것일 수도 있다. 북한은 비록 조총련의 힘이 약화되었지만 조총련을 계속 활용해야 하기 때문이다. 조총련 회관 문제는 조총련의 자금줄이 심대한 타격을 입은 것에 연유한다.

1990년대 후반부터 일본 법률상 무국적인 친북 성향 재일동포를 위해 설립되었던 조총련계 금융기관인 조은신용조합 38개 지점 중 16곳이 잇따라 파산한 것이 결정타였다. 일본 채권 정리기관인 정리회수기구는 부실채권을 회수하면서 조은신용조합에 1553억 엔의 국고를 투입했다. 그러나 조은신용조합이 북한에 돈을 댔다는 정황이 포착되면서 상황은 더욱 악화되었다. 일본 정리회수기구는 국고 투입액 가운데 627억 엔을 조총련이 빌려갔다며 소송을 제기, 일본 최고재판소(대법원)로부터 승소 확정 판결을 받은 뒤, 이를 근거로 조총련 중앙본부와 토지 등에 대해 압류 소송을 제기했다.

도쿄 중심부인 지요다구에 있는 조총련 본부는 2390㎡ 부지에 지하 2층~지상 10층 건물로 사실상의 북한 대사관 역할을 해왔다. 정리회수 기구는 압류에 이어 경매 절차를 진행했다. 지난 3월 실시된 1차 경매에서는 일본 가고시마 현의 사찰 사이후쿠지(最福寺)의 이케구치 에칸(池口惠観) 주지가 45억 1900만 엔(약 498억 원)에 낙찰 받았지만, 결국 낙찰 대금을 마련하지 못해 구매를 포기했다. 최근 이뤄진 2차 경매도 잡음을 낳고 있다. 낙찰자는 '아바르'라는 몽골의 비즈니스 컨설팅 회사다. 그러나 이 회사가 자본금 6만 엔짜리 페이퍼 컴퍼니라는 사실이 알려지면서 입찰 배경에 의혹이 제기됐다. 일본 언론으로부터는 "북한이 사실상 대사관 역할을 해온 조총련 건물을 제3자에 넘기지 못하도록 우호국인 몽골의 페이퍼 컴퍼니를 통해 낙찰 받은 것"이라는 분석이 나왔다.

조총련의 위상 저하는 북한 내 조직 개편에서도 드러나고 있다. 북한은 최근 조총련의 지도 기관이던 내각 산하 '225국(구 대외 연락부)'을 노동당 대남 공작 부서인 통일전선부 산하로 편입시켰다. 〈워싱턴포스트〉는 "북한의 이번 조치는 단순한 조직 개편이 아니라, 조총련에 대한 북한의 시각이 더 이상 과거와 같은 파워 집단이나 생명줄을 의미하지 않는다는 것을 시사한다"고 설명했다.

아이러니하게도 북한이 조총련 회관을 살려내라고 일본 측에 떼를 쓰지만, 조총련이 이 지경이 된 결정적 원인은, 조총련에 지원은 하지 않고 충성자금만 거두어 간 북한에 있다. 김일성, 김정일에 대한 절대적 충성심을 바탕으로 때마다 거금을 갹출해 보냈고, 일본 내에서 철저하게 북한의 이익을 대변했으며, 민족학교와 민족교육을 통해 북한을 추종하는 2세, 3세들을 길러냈고, 한국과의 이념대결 시기에는 한국으로 밀입국시키는 반정부주의자나 간첩들의 전진기지 역할을 해왔기 때문이다. 그러면서도 조총련의 온갖 불법 비리가 있음에도 밖으로 드러난 경우는 극히 드물었다. 조총련은 '작은 북한'이라고까지 불릴 정도로 철저하게 북한 정권을 추종해온 조직으로 운영되어 왔기 때문이다.

일본인 납북 문제의 딜레마

북한은 지금까지 납북된 일본인이 13명이라고 한 데 반해 일본 정부는 17명이라고 하여, 양측의 주장이 다르다. 김정일은 2002년 9월 17일 방북한 고이즈미 전 일본 총리에게 "(납치 사건은) 특수 기관 일부가 망동주의, 영웅주의로 치달으면서 이러저러한 일을 해왔다. 책임자를 처벌했다"며 공식적으로 사과했다. 고이즈미 전 총리는 2004년 2차 방북했을 때 납치 피해자 8명 중 5명과 동반 귀국했으며, 일본의 대북 인도 지원을 약속하는 등 북·일 관계에 소기의 성과를 거뒀다.

그러나 김정일의 변명과는 달리 1970-80년대 이뤄진 일본인 납북 사건은 김정일 지시에 의해 납치 사건을 계획하고 실행에 옮긴 조선노동당 대외정보조사부(현 정찰총국 산하 35호실)가 벌인 일이었다. 당시 대외정보조사부는 연락부, 통전부와 함께 김정일의 직속 공작 기관이었다. 이 조직은 3명의 부부장과 7개의 과로 구성되어 있으며, 각 과는 한국, 중국, 일본 등 국가별 정보수집을 담당하거나 공작원을 전담 양성하는 등 기능이 세밀화되어 있다. 당시 일본인 납치는 김정일의 지시를 받아 조선노동당 본부에서부터 부장, 부부장, 과장 지도원, 그리고 공작원 순으로 명령 하달이 이루어졌다.

북·일 간의 납치 최대 쟁점이었던 요코다 메구미(橫田惠)는 1977년 11월 일본 니가타 현에서 북한 공작원에게 납치되었을 때 13세였다. KAL기 폭파범 김현희가 공작원 교육을 받을 때 '이은혜'라는 여성에게서 일본어 교육을 받았다고 증언한 바 있었는데, 이 인물이 메구미로 밝혀졌으며, 2005년까지 평양에 거주하고 있었다는 한 탈북민의 증언도 있었다. 북한은 메구미가 1994년 4월 딸을 낳은 뒤 우울증으로 자살했다고 주장하고, 2004년 그녀의 유골이라는 것을 일본에 전달했다. 그러나 감정 결과 가짜임이 드러나, 일본 사회는 분개하며 재조사를 요구하기도 했다. 1997년에 결성된 '납치 피해자 가족 연락회'의 중심 인물도 메구미의 부모 요코다 시게루 씨(81)와 요코다 사키에

씨(78)다. 두 사람은 지난 3월 중순 외손녀인 '김혜경(26·김은경의 가명?)'을 몽골 수도 울란바토르에서 만나 또다시 뉴스의 초점이 됐다. 김혜경의 아버지는 한국인 납북자 김영남으로 알려져 있다. 일본인 납치 문제가 일본 사회에서 한국의 위안부 문제만큼이나 주요 관심사항이 된 것은, 그간 납치 피해자 가족들의 주장에 반신반의하던 일본 사회였지만, 2002년 김정일이 납치 사실을 전격적으로 인정하면서 납북 문제가 일본 정계와 사회의 최대 현안으로 떠올랐기 때문이다. 현재는 정치인과 언론은 물론이고, 사회 구성원 누구든 이 문제를 제쳐두고 북한과 국교 정상화를 하자고 말하기 어려운 분위기다.

일본과 한국, 일본과 중국 관계가 아베 총리의 부적절한 발언, 독도 문제, 야스쿠니신사 참배 문제, 일본의 침략역사 왜곡 교과서 문제 등으로 최악의 상태로 치닫고 있지만, 일본은 이와 관계없이 앞으로도 북한과의 접촉을 늘려 자신들의 목적을 달성코자 할 것이다. 이는 일본 전체가 납치 문제 해결을 압박하고 있기 때문이다.

북·일 관계, 새로운 조류 올까

일본은 6자회담 회원국으로서 1990년대 초부터 북 핵을 자국의 심각한 안보 위협으로 인식하고 있다. 일본은 북·일 수교회담과 연계하여 모든 국제 합의의 준수 및 CVID(Complete, Verifiable, Irreversible Dismantlement, 완전하고 검증 가능하며 불가역적인) 핵 폐기에 입각한 핵 포기를 촉구하고 있지만, 북한은 핵 문제가 원칙적으로 미·북 간 협의

할 사안으로, 일본이 관여할 문제가 아니라고 주장하고 있다. 2009년 하토야마 유키오(鳩山由紀夫) 전 일본 총리는 핵·미사일 문제를 포괄적으로 해결해 북·일 관계를 정상화하려고도 했지만, 북측의 태도 변화가 없어 답보 상태다.

한편 최근 북한이 한·미 합동 키리졸브 훈련에 대응하여 동해안에서 시험 발사한 미사일 2발이 일본 방공식별 구역(JADIZ)에 떨어지고, 평양 FIR(비행정보 구역)을 벗어난 후 미사일이 낙하한 지점이 일본 본토와 가까운 JADIZ에 떨어진 것으로 밝혀져 일본의 대북 경계가 점증하고 있다. 북·일 회담은 그동안 핵·미사일 도발로 인한 북한의 유엔 제재와 미국의 강력한 대북 제재 의지로 산 넘어 산이다. 6자회담 의장국인 중국이 회담 복원을 위해 노력 중이지만 진전이 없는 상태다.

아베는 '북·일 관계 정상화'라는 외교적 성과를 통해 최근의 지지율 하락을 반전시키고자 하지만, 미국은 아베가 과거사 문제로 한·일 등과의 마찰이 지속되고 있는 상황에서 단독으로 유엔 제재를 무시한 대북 접촉을 하는 것을 원하지 않는다. 그러나 북한이 핵·경제 병진 정책을 추진하고 장거리 미사일을 동해로 연속 발사하는 등 일본에 위협이 되고 있어, 북·일 관계는 간단히 해결될 문제가 아니다. 북핵 문제로 인한 미국의 대북 강경책은 일본 측이 계속 북한에 유연한 정책을 고수할 수도 없게 한다. 일본인 납북 문제도 북한은 고이즈미 방북 시 일단락되었다는 종전 입장을 고수하여 계속 대립이 예상된다. 한·일 간의 독도 문제와 위안부 문제 등에 북한도 동조하는 등 복합적으로 쟁점화되고 있어, 향후 북·일 관계가 기대만큼 성과가 있을 것으로 보이지는 않는다.

그러나 한편으로 최근 〈산케이신문〉에 따르면, 북한이 납북 일본인의 안부를 확인하는 재조사에 응하는 경우 일본 정부가 북·일 간인적 왕래와 전세 항공기 운항을 허용하는 등 북한에 대한 독자적인 제재 조치를 해제할 방침을 세웠으며, 반면에 유엔 차원의 제재 조치와는 별도로 조총련 간부가 북한으로 출국하면 재입국을 금지하고 북한과의 수출입을 전면 금지하는 등 독자적인 제재 조치를 실시하고 있다고도 한다. 일본 정부가 일정한 조건을 붙여 인적 왕래를 인정하되 북한의 재조사 내용이 부실한 것으로 드러나면 다시 제재할 방침이라는 것이다. 이러한 북·일 관계 움직임은 그동안의 양자 간 비밀접촉의 결과가 영향을 미친 것으로 보이나, 미국의 대북 정책이나 유엔 제재의 틀이 계속 유효하여 특별한 성과가 나올지는 아직 미지수다.

몸값 올리려는 탈북자 첩보 경계해야

(<조선일보> 2014.07.21)

　탈북자들이 북한 사회 인권유린이나 생활상을 대내외에 알려 북한과 통일에 대한 국민의 관심을 높이는 것은 바람직한 일이다. 그러나 최근 일부 탈북자들이 자신이 북한 내에서 주요 지위에 있었다거나 여전히 북한 내 고급 정보원을 갖고 있다는 점을 과시하기 위해서인지, 검증되지 않은 첩보, 사실과 거리가 있어 보이는 루머를 '한 건 주의' 식으로 폭로하는 일이 잦아지고 있다. 예를 들면 어느 탈북자는 김정일 사망 후 유서가 있었다고 주장한다. 김정일은 2011년 12월 심근경색으로 70세로 급사해 유서를 남겼다는 자체도 신뢰가 가지 않고, 북한 같은 폐쇄 국가에서 유서가 세상 밖에 나와 알려진다는 것도 믿기 어려운 일이다.

　최근 김정은의 이복누나 김설송이 김정은의 배후에서 정책 결정에 관여한다는 이야기가 나오고 있다. 이 또한 북한 체제 속성과는 맞지 않는 말이다. 김설송은 김정일과 정식 결혼한 김영숙 사이에 출생한 김정일의 장녀다. 김설송은 상당히 미인으로 김정일 생존 시 선전선동부와 서기실에서 근무해 김정일의 비서 역할을 했다. 김정은이 세습한 이후엔 권력 전면에 나오지 않고 칩거하는 것이 공식 확인된 정보다. 김씨 체제에서 이복형제는 힘을 쓰기 어렵다. 김정일은 자신의 친동생인 김경희는 당 경공업부장으로 보임시키면서 권력에 참여시켰지만, 이복형제인 김평일은 평생을 해외 공관장으로 근무시켜 권력 핵심부 접근을 허용치 않았다. 김평일의 동생 김영일도 과거 동독 이익대표부에서 근무하다 질병으로 사망했다. 김정은이 권좌에 앉은 이후 자신의 동복동생인 김여정이 등장하자, 김설송은 전혀 모습을 보이지 않고 있다. 북한 권력 핵심부는 동복형제, 그리고 백두 줄거리만 신뢰한다는 의미다.

황장엽 씨 같은 최고위급 탈북자도 권력 핵심부에 오랫동안 보직돼 북한 정치나 대내외 정세에 대해 지득(知得)한 내용은 광범위했지만, 탈출 당시엔 김정일의 권력 핵심부 결정 그룹에서 멀어져 주요 정보는 많지 않았다. 탈북자 대부분은 북한 노동당이나 내각, 보위부, 대남 사업부 등 주요 기관에 근무했다 해도, 재직했던 분야에 한해 제한된 첩보를 알고 있을 뿐이며, 권력 핵심부에 관한 첩보는 접근 자체가 어렵다. 일부 탈북자의 지나친 정보 과시는 자제돼야 하고, 이들이 주장하는 내용은 북한 체제에 대한 상식을 바탕으로 검증해 받아들여야 한다.

세종대왕은 스파이 활용의 달인

(<조선일보> 2014.09.06 김한수 기자)

세종대왕은 스파이 활용의 대가였다. 일견 낯설게 들리는 말이지만, 이 책의 저자(송봉선)는 "조선 500년 동안 정보수집에 뛰어난 왕을 꼽는다면, 단연 세종과 광해군"이라고 말한다.

세종은 북방 여진족 정보 취득에 특히 심혈을 기울였다. 3일, 5일, 7~8일 단위로 스파이를 여진족 지역에 파견했다. 위험한 경우에는 사형수를 현지인과 2인 1조로 보냈다. 또 여진족이 정보를 제공할 경우엔 진위(眞僞)를 떠나 포상금을 지급했다. 얼핏 거짓·과장 정보를 제공한 자에게 벌이 아닌 상을 준다는 게 이해가 안 된다. 하지만 세종은 뒤에 확인해 제대로 된 정보를 제공한 여진족에게는 추가로 상을 줬다. "상으로 줄 재물이 모자라면 바로 보고하라. 내가 마련하겠다"고까지 했다. 가능한 한 많은 정보가 모이도록 한 심모원려(深謀遠慮)인 셈이다.

조선시대의 정보수집 활동을 정리한 책에는 우리가 잘 몰랐던 홍

미진진한 내용이 푸짐하다. 정보수집을 위한 과학기술이 발달하지 않았던 당시엔 휴민트가 기본이었다. 간첩, 내통자, 반간(고정간첩) 등 다양한 휴민트들은 대개 체탐(體探), 즉 직접 침투해 정보를 캐는 방식으로 활동했다. 사신은 공식 스파이였다. 이 때문에 명나라는 조선 사신을 3년에 한 번만 오라고 했지만, 조선 조정은 1년에 3회를 관철시켰다. 사신 일행 중 통역 담당인 통사를 가장 먼저 귀국시킨 것도 최신 정보를 국왕에게 전하기 위해서였다. 흥미로운 내용에도 밋밋한 서술형 제목을 붙인 편집진의 센스 부족이 아쉽다.

정치권의 도 넘은 국정원 때리기

(<문화일보> 2014.09.19)

2012년 제18대 대통령 선거 당시 국가정보원이 포털 사이트에 야당에 불리한 댓글을 달아 선거 개입을 했다고 하여 제1야당인 새정치민주연합이 당력을 총동원, 1년 이상을 부정의 원흉으로 국가정보원을 몰아쳤다. 하지만 최근 나온 1심 재판의 결과는 선거 개입과는 무관한 무죄로 '꽝'이었다. 판결문에서는 댓글에서 특정 후보 거명 지지 내용을 발견하지 못했다고 했다.

이 사건은 지난 7·30 보궐선거 때 광주 광산 을에서 국회의원으로 당선된 권은희 전 수서경찰서 수사과장이 자신의 상관인 김용판 당시 서울청장의 외압이 있었다고 폭로, 김 청장이 기소됐지만, 허위 사실이 입증돼 김 청장이 무죄판결을 받았을 때부터 예고된 결과이기도 하다. 새정치연합은 그동안 줄기차게 국정원 댓글 사건에 대해 과거 자유당 시절 3·15 부정선거와 필적할, 천지가 진동할 부정선거라고 했다. 그러나 이번 재판 결과는 그 주장이 얼마나 터무니없었는지를 잘 보여준다. 새정치연합은 거의 1년간을 국정원의 대선 개입을 주장하면서 국정조사와 국정감사, 장외투쟁 등 모든 수단을 동원해 국정원을 코너로 내몰았다. 국정원은 이를 방어하느라고 만신창이가 돼 조직, 공작기법, 심리전 활동 등 모든 활동이 공개돼 거의 회복 불능 상태가 돼 있다.

새정치연합 일부 의원이 댓글 사건에서 '국정원 때리기'를 마치 지상 목표인 듯이 전력투구하는데, 과연 그들의 심산과 속내가 무엇인지 주의 깊게 살펴봐야 한다. 국회는 국회의원 20%가 범법 경력자다. 국정원 댓글의 문제가 된 포털 사이트 〈오늘의 유머〉는 순위 300위 이하로, 일반인은 이러한 사이트가 있는지도 잘 모른다. 이 사이트는 진보 좌파 성향의 논객들이 자주 찾는 것으로 알려져 있는데, 국정원 직원들이 여기에 관심을 둔 것은 선거 기간에 국내인들의 북한과의 연계 여부, 그리고 북한의 모략 심리전에 대응한 활동을 와해하기 위해 자주 클릭했던 사이트라고 한다.

대선 당시 포털 사이트 댓글을 보고 특정 대선 후보에게 투표를 했다는 유권자는 그다지 들어보지 못했다. 이에 비해 제16대 대통령 선거 당시 한나라당 대통령 후보였던 이회창·한인옥 씨 부부의 아들 정연 씨와 수연 씨의 병역 서류가 조작돼 병역을 면탈했다고 허위 폭로한 김대업 사건의 경우는 노무현 대통령 당선에 절대적 영향을 미쳤다. 당시 두 후보 간의 표 차이는 약 40만 표였으며, 이른바 '병풍(兵風)'의 주역 김대업은 징역 1년의 실형을 선고받았다.

국회는 과거 권위주의 시대 정보기관의 월권 행위 때문에 정보기관에 대한 국민의 신뢰가 떨어져, 1994년 6월 28일 국회에 정보위원회를 설치하고 여야 동수로 12명의 위원회를 구성하여 출범시켰다. 국정원으로부터 수시 비공개 보고를 받지만, 일부 의원이 이른바 한탕주의를 통한 명성을 얻기 위해 어렵게 획득한 정보를 국민의 알 권리를 빙자해 공개하는 것이 비일비재했다. 물론 정보위원회는 국가정보원법, 국회법, 통신비밀보호법 등을 통해서 정보기관의 활동에 일정한 통제를 가할 수 있다. 하지만 국회의 국정원 댓글 사건으로 인한 안보상의 취약성은 너무 컸다.

내란음모죄로 구속된 이석기 통합진보당 의원의 의정 활동 1년 반 동안 정부에 요청한 자료 목록을 보면, 하나같이 국가 안보와 직결된 것들이다. 같은 기간에 통진당 다른 의원들이 정부 측에 요구한 40여 건의 자료 역시 국방 기밀에 몰려 있다. 정보기관에 대한 각종 의혹 뒤집어씌우기, 장외 투쟁, 전혀 불필요한 부문에 관한 국감과 국조를 악용한 것으로 의심할 수밖에 없다. 국회가 각종 특권을 내려놓고 국민이 편안하게 살 수 있는 입법 기관의 길로 가야 하는 이유이기도 하다.

김정은의 금고지기, 리수용의 해외순방 목적은?

(『북한』지 2014년 9월호)

김정은 유학 시절의 후견인

북한 외무상 리수용은 한때 북한 장성택의 측근으로 분류돼 처형됐다고 알려졌지만, 최근 유럽, 아프리카, 중동, 아시아 지역 등 순방 활동을 하며 관심의 대상이 되고 있다. 김정일, 김정은 부자의 금고지기로 알려진 리수용은 지난 5월 24일 평양을 출발하여 에티오피아, 남아프리카 공화국, 쿠웨이트, 카타르 등을 방문한 후, 6월 20일 장기간 외교관 생활을 했던 스위스를 방문하여 일주일 이상 체류했다. 이어 8월 초부터는 동남아를 방문하고 있다. '북한의 유럽 경제통'으로 불리는 리수용은 '리철'이란 가명을 쓰며 1998년부터 스위스 대사로 활동, 당시 스위스 유학 중이던 김정은의 후견인 역할을 맡았던 것으로 알려졌다. 리수용의 스위스 방문 사실에 관해 스위스 일간지 〈르 텅(Le Temps)〉도 "리수용 북한 외무상이 오는 6월 27일 스위스

지난 4월 13일, 인도를 방문한 리수용 북한 외무상(왼쪽)이 수슈마 스와라지 인도 외무장관과 악수하고 있다.

베른에서 이브 로시에 스위스 외무차관을 예방했다"고 보도했다.

리수용은 지난 1988년부터 2010년까지 북한의 스위스 베른 대사와 제네바 대표부 대사를 역임해 스위스를 잘 알고 있다. 그는 당시 김정일의 절대 신임을 받으면서 스위스 은행에 예치된 북한 김씨네 비밀 계좌 관리인 역할을 했으며, 약 40~45억 달러로 추산되는 이 비자금 일부분을 스위스 은행에 투자하기도 했다. 리수용은 김정은과 그의 친형 김정철, 여동생 김여정이 스위스 베른에서 교육받을 때 후견인 역할을 했는데, 이들에 앞서 김정은 이복형 김정남의 스위스 유학 시절에도 리수용이 도움을 준 것으로 알려져 있다. 이와 관련해 리수용이 1998년부터 스위스 대사로 근무할 당시 베른의 슈타인휠즐리 공립학교에서 김정은이 북한 외교관 자녀의 신분으로 1998년 8월부터 2000년 가을까지 재학한 사실이 언론에 밝혀지기도 했는데, 이때 리수용은 김정은의 아버지로 기록되어 사실상의 후견자 노릇을 했다.

이후 지난 2010년에는 김정은의 권력 승계를 돕기 위해 평양으로 돌아가 합영투자위원회 위원장, 노동당 행정부 부부장 등을 지냈다.

리수용의 스위스 방문과 관련해 스위스 측은 리수용이 개인적 이유로 스위스를 방문했으며, 스위스는 북한과 정기적으로 정치 대화를 갖는 등 정상적 외교관계를 맺고 있다고 밝혔다. 리수용이 개인적 이유로 방문했음을 강조한 것으로 미루어, 그동안 리수용이 관리해 왔던 김씨 일가의 비자금 차명계좌 정리 차원에서 방문했을 가능성이 거의 확실해 보인다. 북한이 핵 문제로 각종 제재가 강화되어 스위스에 예치되었던 비자금을 중국, 러시아 등 비교적 제재가 덜한 지역으로 옮기거나 일부 국가에 분산 예치시키는 출장 활동을 했을 가능성이 크다. 다른 한편으로는 김정은이 지난해부터 발표한 19개 경제특구를 개발하기 위해 리수용을 활용, 숨통을 트고 경제 활로를 개척하려는 시도로도 보인다.

리수용의 외무상 임명 이유

지난 4월 9일 북한은 제13기 최고인민회의에서 박의춘을 경질하고, 외무상에 전 스위스 대사 리수용을 지명했다. 리수용은 장성택이 부장이던 노동당 행정부에서 부부장을 했지만, 장성택 처형 후에도 건재하고 있다. 리수용은 1980년부터 스위스와 네덜란드 등 유럽에서만 30년을 외교관으로 체제하며, 스위스 대사 시절, 스위스 투자청의 북한 투자 프로그램을 적극 활용, 유치 활동을 했다. 미국 워싱턴 존스홉킨스대학 국제대학원(SAIS)의 알렉산더 만수로프(Alexander Mansourov) 객원 연구원은 "김정은이 리수용을 중용하는 것은 국제 감각과 풍부한 외교 경험, 서방세계에 대한 지식 등을 높이 산 것"이라고 분석했다. 리수용은 스위스 주재 북한 대사로 있을 때 영어보다도 프랑스어에 능통하며, 스위스 고위층들과 프랑스어로 대화하면서 상당히 원만한 관계를 유지해온 세련된 외교관으로 알려졌다.

김정은이 리수용 전 대사를 외무상에 앉힌 것은, 그의 경력 상 외교적 역할과 함께 외국 투자 자금 유치와 비자금 관리 차원에서 수시로 해외로 드나들 수 있다는 이점 등을 고려한 것으로 보인다. 북한의 외무상은 그동안 상징적인 직책으로, 오히려 한 단계 아래 직급인 부상(副相) 등에 강한 인물이 등용되기도 했는데, 대표적으로 강석주 등이 있었지만, 이번 리수용은 '실세 외무상'으로 등장한 것이다. 리수용은 1980년 조직지도부 서기실에서 김정일의 필요한 물건을 해외에서 사들이는 역할도 했는데, 당시 리수용과 활동하던 그룹은 당 간부 담당 비서 김문경을 비롯한 김정일 측근들로, 현재도 스위스, 오스트리아 이탈리아, 프랑스, 독일, 러시아 등지에서 상주하고 있다. 과거 대남 사업을 담당하다 사망한 김용순과도 가까운 친구 사이였다.

현재 북한은 외국 차관을 유치해서 이미 지정된 북한의 19개 경제특구 개발, 신의주·황금평·위화도 개발, 중국과의 협력, 나선 지역에서 중국, 러시아와의 협력 등이 필요한 실정으로서, 이들 경제개발 계획을 집중적으로 추진하기 위한 외국 투자를 끌어오는 데 적합한 인물이 리수용이라고 할 수 있다. 핵 문제로 인한 각종 대북 제재로 대외적으로 풀어야 할 문제가 많은 상황에서, IAEA(국제원자력기구) 본부가 있는 스위스 등에서 외교관 생활을 오랫동안 지낸 경력도 있어, 핵 문제에도 밝고 북한이 필요로 하는 투자 유치, 외국과 투자 상담 활동을 하는 데에도 활용 가치가 높다.

시진핑 방한, 북·일 접촉 등 북한의 외교 현안이 산적한 가운데 리수용이 스위스에서 일주일 이상 체류한 것에 관해 외교가에서도 비자금 문제와의 연관성을 제기하고 있다. 리수용이 오래 체재해 있던 스위스의 금융 관계법은 예금주를 보호할 수 있도록 잘되어 있다. 스위스 은행은 예금주에 대한 비밀을 철저히 보장한다. 스위스은행에 처음 검은 돈들이 모이기 시작한 것은 2차 세계대전 때부터다. 당시 유대인들은 독일군을 피해 재산을 스위스은행에 숨겨 놓기 시작했다. 그 이후로 이란의 팔레비, 파나마의 노리에가, 루마니아의 차우셰스쿠, 필리핀의 마르코스 등 세계의 독재자들이 부정으로 모은 돈을 몰래 예치해놓았다. 김정일·김정은의 검은 돈들도 스위스은행 비밀계좌에 숨겨놓았다. 스위스에는 돈을 숨겨놓을 수 있는 은행만 120개 정도가 있다. 이들 은행들은 미국의 사법 처리를 받지 않는 조건으로 고객정보를 제공하기로 합의했다는 설도 있다.

리수용 출국 이후 동선을 보면, 아프리카·중동 순방 마지막 시기인 6월 20일 북한과 가장 가까운 시리아에서 출국한 뒤 스위스를 방문하여 체류하다, 7월 2일 평양으로 귀환했다. 리수용은 아프리카·중동 국가를 순방하면서 이들 국가에 경제 지원과 건설 인력 송출 협력 등을 요청했으나, 일부 국가들로부터 외교적 냉대를 받은 것으로 알려졌다. 세네갈, 남아공 등에서는 외교장관 면담조차 성사시키지 못했고, 에티오피아에서는 차관급 면담에 반발해 방문을 일방적으로 취소한 것으로 전해졌다. 또 감비아에서는 사전 약속도 없이 고위 인사 면담 시도를 하다가 대통령궁에서 경호원들에게 제지당하기도 한 것으로 알려졌다. 북한이 과거 아프리카 국가들에 많은 원조를 하여 과거에는 이들 간 외교적 결속이 강했으나, 리수용이 방문하여 개발자금 구걸이나 투자 유치를 하려 해도, 이들 아프리카 국가들에는 여력이 없다. 중동 국가 중 시리아의 경우는 북한 무기 수출과 핵 개발 지원 등의 협조 차원에서 방문했을 가능성이 크다.

김씨 일가의 비자금 운용법

이번에 북한 언론이 리수용의 스위스 체류 동향을 전혀 보도하지 않은 점 등으로 미뤄보아, 리수용은 김정은으로부터 특별 지시를 받고 스위스은행에 차명으로 예치된 비자금 관련 임무를 수행했을 가능성이 분명해 보인다. 하지만 천안함 격침 사건으로 미국이 기존 유엔 안보리와 EU의 금융 제재를 포괄하는 대북 금융 제재를 실시한 까닭에, 향후 김정은의 비자금 관리 부서인 38, 39호실의 해외자금 관리는 더욱 어려워질 것으로 보인다.

2005년 당시 마카오 소재 방코델타아시아(BDA) 은행에 동결됐던 2500만 달러는 39호실에서 관리하던 김정일의 통치자금으로서, 이 사건과 리수용의 스위스 방문을 비교해볼 필요가 있다. 미국의 BDA 제재 이후 북한 은행들의 대외거래에서 중국계 은행의 비중이 압도적으로 높아지고 있다. 한국과 미국은 BDA 제재 이후 2008년 2월 이명박 정부 출범부터 대량살상 무기(WMD) 개발과 연관하여 북한의 마약·위조지폐·가짜 담배·무기 수출 등을 주시해왔으며, 최소한 수백 개 이상의 북한 계좌를 추적해온 것으로 알려지고 있다.

북한은 비교적 계좌 관리가 소홀한 소형 은행을 이용하며, 기업이나 외국인, 그리고 고위층 이름으로 된 차명계좌를 이용해 계좌를 수시로 바꾸고 있다. 과거엔 유럽 국가들의 은행을 많이 활용했지만, 최근에는 각종 유엔 제재로 중국 은행의 비중을 늘린 것으로 전해졌다. 따라서 리수용이 스위스를 방문한 것은 차명계좌 정리 차원에서 방문한 것으로 보인다. 북한 경제는 공식 부문인 제1경제, 군수 부문인 제2경제, 김씨 일가 안위를 위한 궁정경제로 나뉘어 있다. 해외 비자금은 궁정경제를 떠받치는 역할을 하고 있다. 비자금 확보 실태를 보면, 해외에서 북한 근로자 10여만 명이 벌어들이는 임금과 개성공단 근로자 임금 등 약 3억 달러가 비자금으로 들어간다.

각 기관의 헌납금, 김정일 생일 충성자금, 재정경리부 산하 조선우표사에서 벌어들이는 수천만 달러도 주요 몫이다. 인민부력부에서 헌납하는 금 100~200kg, 각 기관의 창립절 충성자금 연간 6000~7000만 달러 등이 모아져 비자금으로 헌납된다. 최근 중국과 동남아에서 활동 중인 북한 해커는 1500여 명 정도로, 대남 사이버 공격에서 축적된 사이버·IT 기술이 외화벌이로 둔갑해 북한의 통치 자금으로 흘러 들어가고 있다. 최근에는 스포츠 토토 등 30여 개 도박 사이트를 운영하여 불법 자금이 모아지고 있다. 마약, 위폐도 비자금 조성수단으로 활용되어왔으며, 이 돈으로 김씨네 통치용 선물도 사들였다. 중국·러시아 및 캄보디아·베트남·라오스·네팔 등 12개국 110여 개의 식당에서도 연 수백만 달러 이상을 벌어들여 통치자금으로 흘려보내고 있다. 이 돈들은 김씨 정권을 유지하는 데 사용될 뿐만 아니라, 체제 붕괴 등 비상시국 때 필요한 도피자금 예비용이라고 할 수 있다.

북한 동북아은행 출신인 탈북민 김광진은 최근 "유엔 안보리의 대북 제재와 미국의 BDA 제재 등으로 북한 은행들의 해외 계좌가 많이 감소했을 수 있다"면서, "북한이 미국의 추가 금융 제재를 피하기 위해 개인, 위장회사 명의로 계좌를 열어 금융거래를 시도할 가능성이 있다"고 의견을 제시했다. 하지만 BDA 사건 당시 북한의 계좌 관리 측면을 보면, 아직도 국제 금융에 대한 이해가 부족하다. BDA가 제재에 들어갔을 때, 북한은 그들의 계좌 파악도 제대로 하지 못하는 것으로 알려지고 있다. 북한은 당시 마카오에 상주하는 회사와 개인들 명의로 계좌를 산발적으로 늘어놓았는데, 계좌명은 일반 간부 명의의 계좌, 가명·차명 계좌에다가 개인들의 비밀 계좌인 박자병 조광무역 총지배인, 그리고 최고 간부들 명의의 계좌도 발견되었다. 스위스에서의 계좌 관리도 이 범주를 크게 벗어나지 못한 적도 있어, 여러 차원에서 리수용이 현지를 방문한 것으로 보인다.

산적한 난제에 직면한 리수용

북한의 비자금을 관리하는 인물은 실무적으로 리수용이 가장 밝아, 노동당 39호실과 연계하여 대외적인 업무를 계속 관장할 공산이 크다. 39호실 산하에 대성총국이 있고, 직할 은행은 대성은행이며, 이 은행이 여러 비밀계좌를 가지고 있는데, 스위스 은행과 오스트리아, 마카오, 홍콩, 독일, 일본, 영국 등 세계 유력 은행에 자금을 분산 보유하고 있다. 북한과의 무기거래는 유엔 안전보장이사회 결의에 따른 제재 대상으로, 서방의 감시가 강하기 때문에 북한은 비밀 무기거래에서 얻은 자금을 영국, 독일, 스위스, 중국, 마카오 등지의 여러 계좌에 쪼개서 입금한 채 관리해온 것으로 알려졌다.

특히 2010년 1월 유럽연합(EU)이 대북 제재 차원에서 여행금지 대상으로 정한 김동운 전 39호실장 등 북한 고위인사 13명이 스위스 은행 비밀계좌 차명인으로 등록되어 있다고 한다. 김동운은 청진광산금속대학 출신으로, 1980년대 채취공업위원회 국장을 지냈으며, 1990년대부터 대외적으로 대성종합상사 부사장, 대성경제연합체 총사장 등의 직함을 쓰고 다녔다. 다음으로 김정은의 여동생인 김여정이 비자금 관리인으로 등장하고 있다. 김여정이 최근에 54부뿐 아니라 노동당 39호실 산하 대성은행과 통일발전은행 등 국제 금융거래 기관들과 38호실 산하 대흥관리국·금강관리국을 관할하고 있고, 고모 김경희가 관리하던 경흥지도국과 낙원지도국 등까지 맡아 통치자금 전반을 관리하고 있다는 설도 있다. 더구나 리수용이 스위스 대사로 있을 때부터 김여정 후견인 노릇을 하여, 자금관리 궁합이 잘 맞을 것으로 보인다. 여기에 39호실을 맡은 전일춘이 지난 해 말부터 김정은을 수행하는 모습이 보이고 있어, 이들이 비자금에 깊이 관여할 것으로 보인다.

하지만 최근 김정은 정권의 '돈줄 죄기'를 겨냥한 미국의 대북제재 강화 법안이 미국 하원을 통과했다. 김정은 정권의 돈줄을 차단하고 인권유린을 자행한 관리들에 관한 블랙리스트를 작성도록 하는 대북 제재 강화 법안이다. 미국 하원은 지난 7월 28일 본회의를 열어 에드 로이스(공화당, 캘리포니아) 외교위원장이 발의한 '대북제재 이행 법안(HR 1771)'을 만장일치로 가결 처리했다. 이 법안은 북한의 핵 및 미사일 개발을 저지하기 위해 달러 등 북한 정권의 경화 획득을 어렵도록 하여 이들의 자금줄을 차단하는 것을 핵심 내용으로 하고 있다. 또한 법안은 국무부로 하여금 주민 인권유린에 관여한 북한 관리들을 상대로 한 제재 대상 명단(블랙리스트)을 작성하도록 했다. 하지만 '이란 제재법'을 본떠 북한과 거래하는 제3국의 모든 금융기관과 기업을 제재 대상에 포함하는, 이른바 당초에 포함되어 있던 '세컨더리 보이콧(Secondary Boycott)' 조항이 빠져 실효성이 크지 않다는 점이다.

리수용이 오랫동안 비자금 관리를 해왔고 해외 비자금 계좌를 정리한다고는 하지만, 북한 핵 문제와 연계한 각종 유엔 제재와 미국의 제재가 계속 유지되고 있고 김정은의 천방지축 외화 낭비벽도 계속되고 있어 비자금 관리가 쉽지 않을 전망이다. 결론적으로, 김정은이 리수용을 등장시켜 북한의 금융, 투자, 비자금 등 양지와 음지를 모두 아우르면서 경제 문제의 숨통을 트려고 하지만, 핵 문제로 인한 각종 제재로 난관을 돌파하기는 역부족이다.

국정원 정쟁 언제까지

(<파이낸셜 뉴스> 2014.11.03)

국가정보원은 창설 이래 현 남재준 국정원장까지 50여 년간 31명의 수장이 바뀌었으며 원장 재임 기간은 평균 2년이 못 된다. 그만큼 국정원은 정치권력 변동에 따라 많은 시련을 겪었으며 지금도 진행형이다. 국정원의 원훈은 종전에는 '음지에서 일하고 양지를 지향한다', '정보는 국력이다'였으나, 이명박 정부가 집권하면서 원훈이 '자유와 진리를 향한 무명의 헌신'으로 바뀌었다. 여기서 진리란 말은, 국정원이 수많은 첩보를 수집하지만 '정보'라는 진리를 찾아야 한다는 의미일 것이다. 진리가 둘이 될 수는 없다.

국정원이 지난 19대 대선에서 댓글을 달아 선거에 관여했다고 도마에 오른 것이 올 12월이면 1년이 된다. 비밀 정보기관은 어느 기관보다 조용히 본연의 업무에 충실해야 하나 국정원이 선거댓글 사건에 휘말려 기능마비 상태다. 이제 법정에서 선거 개입 진실 여부가 가려지면, 그것이 진실이고 진리로 승복하면 된다. 민주당이 이석기 내란음모 정국으로 가려졌던 선거댓글 사건 반전을 위해 '국정원 개혁' 카드를 다시 꺼내 들었다. 개혁안의 골자는 국정원의 대공 수사권·국내 정보수집 기능 폐지나 축소인 반면, 이석기 의원 제명안, 통진당 해산론에는 신중론을 펴고 있다. 민주당은 올해 초 '국정원 댓글 의혹' 수사가 진행 중인데도 '조직적 선거 개입 사건'으로 단정하고 국정조사까지 성사시켰다. 더욱이 국정조사에서 검찰의 동영상 짜깁기, 민주당의 매관매직 논란 등이 불거지고, 현재 국정원의 대북 심리전 성격을 놓고 여야 간 치열한 법리 공방이 벌어지고 있다. 민주당은 최근 이석기 의원 내란음모로 인해 조성된 정국을 '종북몰이'로 규정했다. 또 '국정원의 죄가 이석기의 죄보다 더 크고, 메르켈과 같이 나치 사과를 본받아야 한다'는 막말로 밀어붙였다. 국가 전복을 모의했던 이적 세력에 대한 국정원의 수사를 '종북몰이', '공안공작'이라고 한 말은 북한이나 통진당의 주장이지 건전 야당의 입장으로 보기에는 의구심을 자아낸다.

민주당이 개정하겠다는 국정원법은 김한길 대표가 청와대 정책기획 수석으로 있던 김대중 정부에서 1999년 국정원 정치 관여를 막겠다며 만든 것이다. 이 법에 따라 국정원 활동은 대공수사와 국내 보안정보 등으로 제한됐고, 정치 관여 처벌조항도 생겼다. 김대중·노무현 정부에서 자신들이 인정하고 수행했던 대공 수사권과 국내정보를 폐지하자고 하고 자신들이 만든 정치관여 금지조항을 무시하는 것은 심각한 '자가당착'이다. 이번 내란음모 사건에서도 드러났듯이, 국내에 자유민주주의 체제 전복을 기도하는 세력이 엄존하고 있는 상황에서, 섣불리 정보기관의 주요 기능을 폐지하는 것은 안보 공백을 초래할 위험이 크다. 대공수사, 외사방첩, 국내정보, 대북 정보 업무는 서로 맞물려 협조 체제가 구축돼야 성과가 있으며, 이번 이석기 사건도 이의 결과물이라 할 수 있다.

따라서 대공 수사권이나 외사방첩 임무는 국정원이 북한으로부터 자유민주 체제를 지키는 역할을 계속하도록 존속시켜야 한다. 국정원의 대공 수사권·국내정보 폐지는 자칫 북한의 통일전선전술에 화답하는 것으로, 대공 역량을 약화시키고 국내에 체제 전복 세력을 키우는 잘못된 결과를 초래할 것이다. 미국도 '도덕정치'를 부르짖었던 카터 정부가 중앙정보국(CIA) 기구와 기능을 축소했다가 정보 및 분석 능력 약화로 인해 9·11 사태가 오는 등 국가적 손실을 본 전력이 있다. 레이건 정부에 와서 다시 CIA를 강화, '스트롱 아메리카'의 위신을 되찾기는 했지만, 한 번 무너진 정보 조직을 재건하는 데는 엄청난 대가를 치렀다. 정치권은 국정원 손보기나 정쟁보다는, 머리를 맞대고 제대로 일할 수 있는 방향으로 개혁을 선도해야 한다.

대북 제재 국제공조 더 강화해야

(<문화일보> 2014.12.19.)

북한의 인권 탄압을 국제형사재판소(ICC)에 회부해 책임자를 제재할 것을 권고하는 내용을 담은 '북한 인권 결의안'이 12월 18일 유엔 총회 본회의에서 찬성 116표, 반대 20표, 기권 53표의 압도적인 표차로 채택됐다. 이에 앞서 북한은 유엔 인권 결의안이 '김정은 존엄 모독'이라고 반발하면서, 최근 유엔 주재 대표부의 차석대사를 교체했다. 내부적으로는 주민과 언론을 동원해 미국, 한국 등 관련국을 극렬히 성토하고 있다.

그동안 북한은 3차례에 걸친 핵실험 도발로 유엔 안보리로부터 각종 제재를 받고 있다. 하지만 이 같은 유엔의 제재에도 아랑곳하지 않고 이번 결의에 반발해 4차 핵실험으로 보복하겠다면서 국제사회를 위협하고 있다. 이는 결코 핵을 포기하지 않겠다는 국제적 협박이나 마찬가지다. 북한이 각종 제재에도 불구하고 버텨 나가는 것은 중국 등 일부 국가의 비협조로 김정은 정권 유지에 필요한 현금이 유입되고 있기 때문이다.

북한에 대한 각종 제재를 보면, 유엔 안보리는 2006년 7월 북한의 미사일 발사 직후 유엔안보리결의(UNSCR) 제1695호를 비롯해 2013년 북한의 3차 핵실험 직후 채택된 UNSCR 제2094호까지 6개의 대북(對北) 제재를 받고 있다. 불투명하지만 이번 인권결의 제재가 안보리까지 통과되면, 7가지 유엔 제재를 받게 된다. 여기에 더해 우리의 5·24 제재 조치가 진행 중이다.

이제까지 각종 안보리 결의들은 핵실험 및 미사일 발사 금지와 금융 및 수출입 제재를 포함하고 있다. 2012년 12월 자칭 '광명성 3호' 발사 직후 채택된 제2087호는 전 회원국들에 '캐치올(catch all)' 제도와 '벌크캐시(bulk cash) 감시'를 의무화하고 있다. 캐치올 제도란 명시된 금지 품목이 아니더라도 군사적 전용이 가능한 모든 품목에 대해 수출입을 통제하는 것이다. 벌크캐시 감시는 인편이나 기타 방법을 통해 북한으로 유입되는 현금을 차단하는 조치다. 그러나 이 제재들은 북한 내 현금 유입으로 효과가 크지 않다. 최근 '북한 해외 근로자의 인권 개선을 위한 국제연대(INHL)' 보고서와 '미국북한인권위원회(HRNK)'의 연구 보고서를 종합하면, 북한의 현금 유동성은 이렇게 분석된다.

첫째, 북한 정권이 2013년 중국 등 전 세계 40여 개국에서 10만 명 이상의 노동력과 해외 식당을 통해 12~23억 달러에 이르는 현금을 거둬들이는 것으로 나타났다. 북한은 2012년에 비해 거의 2배 이상의 노동력을 해외에 파견하고 있다.

둘째, 석탄 등 광물자원 수출로 벌어들인 외화 획득은 2013년의 경우 전년 대비 14.9% 증가한 14억 3000만 달러로, 전체 수출의 44.4%를 차지했다.

셋째, 개성공단 근로자를 통해 연간 8000만~1억 달러를 조달했다.

넷째, 관광 수입이다. 2012년 기준 서방국가 외국인 4000여 명을 포함해 중국인 23만 7000명의 관광객을 유치해 1억 달러 이상을 벌었다.

다섯째, 일본 등 해외에 사는 북한 국적 거주민과 한국 내 탈북자들의 송금이다. 한국 내 탈북자들이 재북 가족들에게 송금하는 금액은 2012년 기준 1100만 달러 정도로 파악됐다.

마지막으로, 북한이 이란·시리아 등에 불법적으로 판매하는 무기다.

이런 상황에서 최근에 5·24 조치 '패키지 딜' 설이 나돈다. 이는 제 발등 찍기로 우리 스스로 대화에 목말라 제재를 포기하고 북한의 도발을 방조하는 격이다. 한국은 미국이 현재 추진하는 대북 제재 강화 법안(H.R. 1771)에 적극 협력하면서 북한을 제외한 6자 회담국에 대한 외교력을 강화해, 북한의 4차 핵실험 저지와 현금 유입을 차단, 강력한 국제 공조를 이끌어내야 한다.

2015~2016년

이석기 대법원 판결에 대한 몇 가지 제언

<소데일리 엔케이> 2015.01.26)

대법원 전원 합의체는 지난 1월 22일 내란 음모 및 선동, 이적(利敵) 혐의로 구속 기소돼 재판받아온 이석기 피고인의 상고를 기각, 징역 9년과 자격정지 7년을 선고한 서울고법 원심을 확정했다. 이로써 2013년 8월 28일 국가정보원의 압수 수색으로 기소한 종북(從北) 세력 이석기 일당의 진보를 가장, 국회까지 진출한 이들의 재판이 막을 내렸다. 이석기의 이번 판결에 대해 새정치민주연합 등 일부 세력과 구(舊) 통합진보당 잔당 세력들은 재판 결과에 대해 대법원과 헌법재판소의 판결이 다르다고 비판했다. 이들의 과거 이슈정치 재판 결과에 대한 행태를 보면, 자신들에게 유리한 재판이 나오면 환호하고, 불리하면 갖가지 요설을 붙여 비난했다. 한 마디로 '달면 삼키고 쓰면 뱉는 행위'로, 정치인들이라기보다는 정상배(政商輩)적 태도다. 필자는 이번 재판 결과를 보면서 정치권과 정부에 몇 가지 제언을 하고자 한다.

첫째, 정치인들은 사법부 판결에 순응하는 혁신적 자세가 필요하다. 대법원은 이 피고인의 2013년 5월 비밀 회합에 대해 "전쟁 발발 시 북한에 동조해 국가 기간 시설을 타격하고, 무기를 제조 및 탈취할 것 등을 논의했으며, 전시가 아니더라도 북한 도발이 계속되는 상황에서 참석자들에게 내란을 선동한 혐의가 인정된다"고 판시했다. '혁명조직'(RO)에 대해선 "의심은 들지만 실체를 인정할 증거가 부족하다"고 판결했다. 이는 '범죄 사실이 합리적 의심의 여지를 남기지 않아야 유죄'라는 형사적 원칙을 확실히 한 것이다. 헌재가 앞서 '북한식 사회주의를 실현한다는 숨은 목적으로 내란을 논의하는 회합을 개최하는 등 활동을 한 것은 헌법상 민주적 기본질서에 위배된다'고 한 헌법적 판단과 궤를 같이하고 있다. 새민련과 일부 정치 평론가들이 대법원과 헌재의 판결이 다르다고 지나치게 비판하는 것은 대한민국을 부정하는 것과 다르지 않다. 대법원의 이번 판결은 헌재의 지난해 12월 19일 통진당 해산 결정과 함께 대한민국의 민주주의 정체성을 재확립하는 새로운 이정표가 되었다. 입법 정치인들의 사법부에 대한 인식의 변화가 필요한 시기이다.

　둘째, 이석기에게는 형기가 끝날 때까지 사면, 가석방 등과 같은 관용을 절대 베풀어서는 안 된다. 이석기는 재판 당시 법정에서 대법원 판결 직후 오른손을 치켜들고 "사법 정의는 죽었다"고 외쳤다. 이석기가 외친 사법정의는 주체사상을 신봉하고 3대 세습을 이어가는 북한 체제 식으로 가야 한다는 발악으로 비추어진다. 반성의 빛이 전혀 없다. 이석기 일당은 재판 과정에서 끝까지 사상과 표현의 자유를 내세워 자신들의 행위를 정당화하려 했다. 그러나 아무리 대한민국이 사상과 표현의 자유를 존중하는 자유민주주의 체제라 해도, 대한민국을 부정하고 폭력 혁명으로 국체를 뒤집어엎으려는 행위까지 무제한 허용될 수는 없다. 공안 당국은 이석기 형기 중 어떠한 관용도 베풀어서는 안 되며, 끝까지 이들 잔당을 추적 발본색원해 이 나라의 민주주의와 시장경제를 지켜내야 한다.

셋째, 국회는 종북 활동 범죄자는 정치 관계법 개정을 통해 선거에 출마할 수 없도록 하여, 종북 세력과 북한 프락치들의 국회 진출을 막아야 한다. 2003년과 2005년의 8·15 때 이 피고인을 특별 가석방, 특별 복권해 선거 출마의 특혜를 베푼 노무현 정부 당시 문재인 청와대 민정수석, 통진당과 연합을 주도했던 한명숙 합당연합 대표 등의 책임이 중하다. 친북, 종북 세력을 의정 무대에 등단시킨 이들의 정치적 책임은 결코 가벼이 넘겨서는 안 된다. 이석기는 1985년부터 북한 김일성 주체사상에 심취했다고 한다. 1980년대 대학가에 주체사상을 유포시킨 김영환 씨가 1992년에 만든 지하 혁명당인 민족민주혁명당(민혁당)의 핵심으로 활동했다. 김씨가 1990년대 후반 북한 체제에 환멸을 느끼고 민혁당 해산을 결정한 뒤에도, 이석기는 끝까지 민혁당 활동을 한 인물이다. 이석기는 2002년 구속됐지만, 노무현 정부 시절인 2003년 형기의 50%도 채우지 않은 상태에서 특별 가석방됐다. 2년 후 특별 복권되면서, 어떠한 제약도 없이 선거에 출마하고 정당 활동을 할 수 있게 만들어주었다.

넷째, 새민련은 종북 세력과 결별하고 새로운 정치를 해야 한다. 새민련 대표 경선에 나선 박지원 의원은 김정은과 이희호 여사의 조화 배달을 하고, 저축은행에서 8000만 원 뇌물을 받은 혐의로 재판을 받은 바 있다. 또 문희상 비대위원장은 대한항공에 처남을 유령 취업시켰다. 새민련은 종북의 숙주 역할을 해왔으며, 실로 부정비리의 백화점이라 할 수 있다. 이들은 세월호 사건 선동 등 남남 갈등으로 경제발전의 발목을 잡았으며, 국정원 댓글 사건의 경우 사법부의 판단에 맡기면 될 일을 1년 이상 정치 쟁점화해 대공 능력을 무력화했다. 또 광우병 촛불집회를 지원해 출발한 지 3개월밖에 안 되는 이명박 정부의 국정을 마비시켰으며, 천안함 폭침 사건의 각종 의혹을 제기하여 북한의 범죄 사실을 호도시키려 했다. 더 이상 새민련은 대한민국의 발전을 가로막는 행위를 해서는 안 된다.

이번 통진당 해산 결정과 이석기 판결 등으로 대한민국의 정체성을 지켜내기 위해 묵묵히 맡은 바 역할을 다한 국정원과 검찰 등, 대공기관 요원들에 국민의 한 사람으로서 박수를 보낸다. 또 앞으로 종북 세력이 다시는 활동하지 못하도록 대공기관 요원들의 사기를 진작시키고 활동을 지원해, 대한민국의 국체를 지키는 데 조금도 소홀함이 없도록 해야 한다.

북한의 외화벌이 임금착취 실태

『북한』지 2015년 2월호)

북한 인력 송출 배경

북한 김정은 정권이 해외로의 인력 송출을 통한 임금착취 외화벌이에 나선 것은 핵무기 고집으로 인해 각종 제재를 받아 사면초가 상태에서 나온 자구책이다. 북한의 인력 송출 외화벌이 사업은 핵실험과 천안함 폭침으로 인해 각종 제재를 받는 상황에서 사막의 오아시스와 같은 생명수라 할 수 있다. 북한이 만약 지금 당장이라도 핵을 포기한다면 각종 제재에서 벗어나 북한 내부에 온기가 돌 것이지만, 천방지축의 어린 북한 지도자는 그의 아버지 김정일과 똑같이 이를 거부하고 있다. 북한의 해외 인력 송출은 우리가 지난 1980년대부터 중동을 비롯한 여러 나라에 인력을 송출했던 것과는 차원이 다르다. 현재 우리의 당시 대중동 인력 진출은 우리 기업이 건설 프로젝트를 수주하여 현지 공사현장에 우리 인력을 투입하기 위해 고용한 것이다.

북한의 경우는 이와 달리, 외국의 공사 프로젝트 진행사업에 노동 수요를 충족키 위해 파견하는 것으로 임금 면에서도 큰 차이가 있다. 과거 북한이 시리아와 이라크, 이란, 예멘, 그리고 아프리카 등지에서 그 나라의 상징물이나 기념관, 스타디움 건설을 원조, 지원하던 것이 해외 인력 파견의 효시였으나 지금은 사정이 달라진 것이다.

기술 인력이 아닌 잡부의 경우도 당시 우리 근로자는 800~1000달러의 임금을 받았다. 그러나 북한의 인력 송출은 세계에서 임금이 가장 싼 스리랑카나 방글라데시와 비슷한 수준인 200~500달러를 받고 내보내는 것으로, '코리아'라는 브랜드 이미지를 극도로 저락시키고 있다. 물론 파견하는 주체도 다르다 우리의 경우는 업체가 주관하여 인력을 파견하지만, 북한은 파견 주체가 정권이다. 그러다보니 임금을 지급하는 경우도 한국은 업체가 가족이나 근로자 개인에게 은행을 통해 직접 지급하지만, 북한의 경우는 정권이 모든 것을 틀어잡고 외국 업체로부터 임금을 받아 그들 마음대로 좌지우지하고, 개인에게는 고작 10% 내외만이 지급된다. 그래도 북한 사람들이 해외에 나가고 싶어 하는 것은 식량이 절대 부족하여 안에서 굶주리는 것보다 밖이 낫기 때문이다.

북한 근로자는 경제적 어려움과 노동 착취에도 도망갈 엄두를 내지 못한다. 북한에 가족들이 사실상 볼모로 잡혀 있기 때문이다. 특히 2012년 김정은 집권 이후 해외 근로자 수는 2~3배 급증한 것으로 추정되고 있다. 외국에 파견된 북한인들은 규정에 따른 노동계약을 맺지 못하거나 직접 임금을 받지 못하는 것은 물론, 여행의 자유를 박탈당하거나 상시적인 감시와 통제 아래 놓여 있기도 하다.

임금 착취와 노예생활 실태

해외 북한 근로자들은 1990년대 초반까지는 직접 북한 인력을 고용하는 외국 시공당국에서 월급을 받았으나, 이후 대북(對北) 제재가 심해지고 북한의 경제난이 가중되면서부터 북한 당국이 자체 계좌로 근로자 급여를 직접 송금받는 식으로 바꾸었다. 이와 같은 북한의 노동임금 착취 및 인권유린 상황이 최근 유럽 각국 정부·의회·언론을 통해 외부에 알려지고 있다. 지난달 말 일본과 유럽연합(EU)이 함께 북한 인권 결의안을 작성해 유엔총회에 제출, 압도적 차로 결의안이 통과되어 "국제사회는 북한 주민의 고통을 외면해서는 안 된다"는 분위기가 인 것도 북한의 해외 인력 착취에 대한 부정적 인식이 한몫했다. 북한 근로자의 평균 계약기간은 3년이다. 이 기간 동안 휴가는 전무하며, 한 달에 하루이틀 숙소 내 휴식이 휴일의 전부다. 주 7일

근무에 하루 노동시간이 12~16시간에 달해, 평균 수면시간은 4시간 정도다.

그런데도 이들이 손에 쥐는 돈은 북한 당국이 시공당국에게서 받아 근로자에게 지급해야 할 실제 월급의 10% 이하다. 혁명자금, 당 후원금 등의 명목으로 급여의 80% 이상이 이들을 파견한 북한 노동당의 외화 조달 창구인 '39호실'을 통해 김정은 통치자금으로 공제되고, 20%는 사상교육 자료비, 만수대 김정일 동상 꽃바구니비, 현지 공관 유지비 등 각종 명목으로 뜯어 간다. 많이 받아야 월급이 우리 돈으로 10만 원이고, 한 푼도 못 받는 경우도 있는데, 북한 당국이 이들에게 "나머지 월급은 가족에게 전달되고 있다"고 속인다는 사실을 탈북민들이 증언하고 있다. 이들의 작업장과 숙소에는 보위부 요원이 배치되어 24시간 감시를 한다. 외화벌이에 파견된 북한 근로자들은 현장에서 보위부의 허락 없이 외부에 나갈 수 없다.

외출의 기회가 주어져도 3인 1조를 이뤄 상호 감시하는 체제라고 한다. 이러한 북한 근로자 해외파견 실태에 대해 해외 언론들은 '현대판 노예제도'라고 부르고 있다. 이들 북한 근로자들은 도망치지 못하도록 작업 현장에 철조망을 두르고, 숙소 문을 밖에서 잠그는 경우도 많다. 외부 활동 시 혹여 한국이나 미국인 등의 선교사들과 접촉할 수 있기 때문에 사전에 이를 차단하겠다는 의도다. 지난해 러시아의 공사장 숙소에서 일산화탄소에 질식사한 북한 인부 5명도 감옥처럼 숙소 문을 밖에서 잠가놓아 빠져나오지 못했다. 보위부원들은 북한 근로자들이 위급 상황이라 부득이 승인되지 않은 병원에서 치료를 받으면 '외부', 즉 한국, 미국인 등의 선교사들과 접촉하여 탈출을 모의할 가능성이 높기 때문에, 귀국시켜 조사를 받도록 조치를 취하기도 한다. 이런데도 "밖에 나가면 굶어죽진 않는다"며 북한 주민들이 해외 근로를 선호하는 것이 북한 사회의 실정이다.

북한 정권이 해외 인력을 통해 벌어들이는 금액은 약 2조 원으로 파악되고 있다. 북한 해외 근로자 인권단체 국제연대(INHL)는 "유엔 안보리의 대북 제재 이후 해외무역을 통한 수입이 8분의 1로 줄어, 해외 파견 근로자 임금이 외화벌이의 주 수입원이 된다"고 분석했다. 천안함 폭침 이후 우리 정부의 각종 제재가 강화되었지만, 김정은 정권이 사치품 수입을 늘이는 데는 북한 근로자들의 임금착취가 작용했기 때문이다.

중국은 최대 북한 인력 송출 국가

지난해 말 영국 〈가디언〉 지 보도에 의하면, 북한에서 송출된 해외 인력들은 40여국에서 15~20만 명으로 추정했다. 북한이 송출한 주요 지역 현황을 보면, 중국이 9만3000명, 러시아 2만 명, 동남아 1만 5000명, 아프리카 7000명, 동유럽 5000명, 몽골 5000명, 쿠웨이트 4000명, 카타르 3000명, 아랍에미레이트 2000명이다. 특히 북한의 가장 가까운 이웃인 중국에는 북한 인력이 대거 나와 있다. 북한 인력이 많이 나와 있는 중동지역의 경우, 이들 해외 인력이 하루 12시간 이상 일하고 받는 돈은 야근수당을 포함해 한 달에 800달러(약 90만 원) 정도다. 하지만 실제 이들 수중에 들어가는 돈은 이 돈의

10~15%에 불과하다.

　한국무역협회 중국 베이징(北京) 지부가 지난해 말 발표한 '중국 내 북한 노동자 입국 현황과 시사점' 보고서에 따르면, 지난 해 중국에 입국한 북한 근로자는 9만 3000명으로 2010년 5만 4000명에 비해 73% 정도 증가한 것으로 나타났다. 최근 북한 당국은 특히 근로자의 출신 성분에 따라 특정 집단 사람들의 지역을 차별적으로 선정 파견하는데, 러시아 시베리아의 벌목현장과 같은 비교적 힘들고 위험한 일에 배치하는 것으로 알려졌다. 무역협회 자료에 의하면, 중국 내 북한 인력은 연평균 약 20% 증가한 것으로 나타나고 있다. 같은 기간 중국에 들어온 외국인 근로자의 연평균 증가율 9.1%보다 2배 이상 높은 수치다. 올해 상반기 중국에 입국한 북한 사람은 9만 3000명으로, 이 중 근로자는 47.8%(4만 4000명)을 차지했다. 이처럼 중국에 나온 북한 근로자들이 증가한 것은, 북한이 외화벌이를 위해 인력 수출이 가장 쉽고 가까운 곳이기 때문이다. 보고서는 북한 입장에서 인력 수출이 상품 무역보다 부가가치가 더 높아 외화벌이에 유리하다고 밝혔다.

　중국 제조업체는 월 2500~3000위안(44~53만 원)인 자국 근로자의 인건비에 비해 절반 수준인 월 1500~1600위안(26~28만 원)에 북한 근로자를 채용할 수 있다. 또한 북한 노동자의 대다수가 20~30대여서, 업무 집중도 및 생산력이 높다는 장점도 있다고 보고서는 분석했다. 중국에 나온 여성 인력의 경우도 기술 숙련에 따라 월급 차이가 있지만, 수당까지 합하면 평균 130달러를 받는다. 하지만 이 역시 북한 당국의 착취는 남성 근로자들과 비슷하다. 20대 여성들의 계약서상의 실제 월급은 2000~3000위안(45~55만 원) 정도이지만, 중국 파견 인력 임금도 80% 이상은 국가 외화벌이 자금으로 당에 송금하고, 나머지만 개인 몫으로 돌아가고 있다. 이 같은 상황임에도 외화벌이에 나간 평양 여성들은 선택받은 사람들이다. 평양에서는 결혼준비를 할 때 남자는 집, 여자는 '장사밑천'을 준비하는 것이 통설이라, 단둥에서 외화벌이를 하고 있는 평양 여성들은 결혼 상대 선택에서도 유리하다고 한다.

보고서는 이어 "2012년 북한이 중국 랴오닝(遼寧) 성 단둥(丹東), 지린(吉林) 성 투먼(圖們)·훈춘(琿春) 등 북·중 접경 도시와 인력파견 협의서를 맺어 인력 수출을 늘리고 있다. 중국에서는 최근 중국 내 북한 근로자들이 늘면서 자국민의 일자리가 줄어든다는 부작용이 있어, 기술자를 제외한 일반 근로자의 비자 발급에 신중을 기해야 한다는 의견이 나온다고 한다. 그러나 경제적인 측면에서는 중국 기업의 이득이 되기 때문에 북한 인력 활용은 중장기적으로 증가할 가능성이 높다"고 평했다. 한편 북한 당국이 외화벌이를 위해 중국에 파견한 주민들의 정확한 통계는 알려지지 않았지만, 이러한 근로자 해외 대거 송출 때문에 북한 내부에서도 근로자 확보가 원활치 않다는 이야기가 나온다. 개성공단에 진출한 124개 업체들이 최근 개성공단 북측 관리 당국에 인력을 요청하면 인력 공급이 제대로 안 되고 임금만 올려달라는 타령을 한다고 한다.

북한의 '현대판 노예제' 제재 강화 필요

미국·영국 등에선 현대판 노예제를 운용 중인 북한의 인력을 고용하는 국가들에 대해, 이러한 노예인력 송출이 북한 지도자의 배를 불리고 각종 제재를 약화시키기 때문에, 이러한 나라들에 대해서도 제재와 비난을 가해야 한다는 목소리가 높아지고 있다. 이들 국가가 북한에 지급하는 임금이 결과적으로 북한 정권을 돕는 수단으로 쓰이고 있다는 점 때문이다. 말로만 외치는 위대한 수령 밑의 북한 식 사회주의 이상향과는 완전히 180도 다른 착취 계급의 상징, 노예 식 임금착취에 대해 우리 정부도 이를 국제사회에 널리 알려 강력한 제재를 촉구해야 한다. 북한에 대한 각종 제재를 보면 유엔 안보리는 2006년 7월 북한의 미사일 발사 직후 UNSCR(유엔안보리결의) 1695호를 위시하여 2013년 북한의 제3차 핵실험 직후 채택된 UNSCR 2094호까지, 여섯 개의 대북 제재를 받고 있다.

불투명하지만 이번 인권결의 제재가 유엔안보리까지 통과되면, 7가지 유엔 제재를 받게 된다. 여기에 5·24조치가 진행 중이다. 이제까지 각종 안보리 결의들은 핵실험 및 미사일 발사 금지와 금융 및 수출입 제재를 포함하고 있다. 2012년 12월 '광명성 3호' 발사 직후 채택된 2087호는 전 회원국들에게 캐치올(Catch All)' 제도와 '벌크캐쉬(Bulk Cash) 감시'를 의무화하고 있다. 캐치올 제도란 명시된 금지품목이 아니더라도 군사적 전용이 가능한 모든 품목에 대해 수출입을 통제하는 것이며, 벌크캐쉬 감시는 인편이나 기타 방법을 통해 북한으로 유입되는 현금을 차단하는 조치다. 그러나 이 제재들은 앞서와 같은 임금착취 등에 의한 북한 내 현금 유입으로 효과가 크지 않다.

최근 '북한 해외 근로자의 인권개선을 위한 국제연대(INHL)' 보고서와 '미국 북한인권위원회(HRNK)'의 연구보고서를 종합하면, 북한의 현금 유동성을 이렇게 분석하고 있다. 첫째, 북한 정권이 2013년 중국 등 전 세계 40여 개국에서 15만 명 이상의 노동력과 해외식당을 통해 12억에서 23억 달러에 이르는 현금을 거두어들여 외화를 확보하고 있다. 둘째, 석탄 등 광물자원 수출로 벌어들인 외화 획득은 2013년의 경우 전년 대비 14.9% 증가한 14억 3000만 달러로, 전체 수출의 44.4%를 차지했다. 셋째, 개성공단에 근로자를 통해 연간 8000만~1억 달러를 조달했다. 넷째는 관광수입으로 북한은 2012년 기준으로 서방국가 외국인 4000여 명을 포함해 중국인 23만 7000명의 관광객을 유치하여 1억 달러 이상을 벌었다. 다섯째, 일본 등 해외에서 살고 있는 북한 국적 거주민과 한국 내 탈북민들의 송금이다. 한국 내 탈북민들이 재북 가족들에게 송금하는 금액은 2012년 기준으로 1100만 달러 정도로 파악됐다. 마지막으로 북한이 이란, 시리아 등에 불법적으로 판매하는 무기다.

이러한 상황에서 최근에 5·24조치 패키지 딜 설과 대북전단 제재설이 나돈다. 이는 '제 발등 찍기'로 우리 스스로가 대화에 목말라 제재를 포기하고 북한의 도발을 방조하는 꼴이다. 한국은 미국이 현재 추진하는 대북 제재 강화법안(H.R. 1771)에 적극 협력하면서, 북한을 제외한 6자 회담국들에 대한 외교력을 강화하여 북한의 4차 핵실험 저지와 현금 유입을 차단, 강력한 국제공조를 이끌어내야 한다.

국가 최고 정보기관 수장의 자격

(<문화일보> 2015.03.13.)

  이병호 신임 국가정보원장 후보자에 대한 국회 인사 청문회가 오는 16일 열린다. 이 후보자가 청문회를 통과하면 박근혜 정부 출범 이후 3번째 국정원장이 된다. 이 후보자는 과거의 다른 국정원장들과는 뚜렷이 구별되는 경력을 가지고 있다. 평생을 해외 정보와 대북 정보 업무에 헌신해온 '정통 정보맨' 출신이다. 일선 현장을 떠난 뒤에도 유관 분야에 대한 관심과 연구를 지속하고, 강의와 언론기고 등을 통해 국정원의 올바른 방향을 제시해왔다. 이 때문에 국정원 안팎에서 남다른 기대를 모으고 있다.

  국정원은 평시 국가 안보에 관한 대통령의 직무를 보좌하면서 국가 정보를 책임지는 기관이다. 하지만 그 중요성에 비해 임명되는 인사는 정보의 프로가 아닌 대통령 측근이나 정치적인 인사가 임명되곤 했다. 검찰이나 경찰, 외교부 그리고 군의 경우엔 수장(首長)이 모두 내부 인사로 임명되는 것이 상례였다. 반면 국정원은 정치 권력의 변동에 따라 많은 시련을 겪었다. 이는 임명권자인 통치자가 외풍에 흔들려 인사를 했다는 방증이기도 하다. 국정원이 감사원과 함께 대통령 직속 기관으로서, 대통령이 측근 인사를 원장에 기용한 뒤 힘을 실어줄 필요성이 현실적으로 있다고 하더라도, 이는 조직의 전문성에는 배치(背馳)될 수밖에 없다.

창설 이래 50여년 간 이 후보자를 포함, 모두 33명의 국정원 수장이 교체됐는데, 재임 기간은 평균 2년도 안 된다. 역대 원장은 군 출신이 16명으로 압도적으로 많고, 법조인이 7명으로 그 뒤를 이었다. 관료 출신이 5명, 외교부 출신이 2명 등이다. 이처럼 대부분 외부에서 발탁되고, 국정원 출신 수장은 2명에 불과하다

최근 국정원에서는 공개적으로 알려지진 않았지만 휴민트(HUMINT, 인적 정보)나 정보 협력 분야에서 괄목할 만한 성과를 많이 올렸다. 국정원 사정을 잘 아는 인사들은 이를 인정하고 있다. 평생을 국가 정보 업무에 바친 이 후보자는 뒤에서 보이지 않지만 많은 역할을 해온 것으로 알려져 있다. 청문회를 앞두고 일각에서 나이 많은 사람을 정보기관의 수장으로 앉히는 것은 글로벌 추세와 거리가 있다는 주장도 나온다. 하지만 이는 사정을 잘 모르고 하는 말이다.

사회 원로의 경륜을 국가 경영에 활용하는 좋은 사례는 얼마든지 있다. 미국의 정보기관을 통합 총괄하는 국가정보국(DNI) 국장인 제임스 클래퍼는 74세다. 리언 패네타 전 국방장관은 73세에 장관에 올랐으며, 6·25와 이라크전 당시 국방장관을 지내며 장기간 전쟁을 진두지휘한 조지 마셜과 도널드 럼즈펠드도 70대였다. 또 이웃 일본의 야치 쇼타로 국가안전보장국(NSC) 국장은 71세, 스기타 가즈히로

관방 부(副)장관은 74세다. 국가 기관의 원로 수장은 그 밖에도 일일이 열거하기 어려울 정도로 많다.

물론 역동적이고 트렌드에 민감해야 하는 경제·문화와 같은 분야에서는 젊은 인재가 더 큰 능력을 발휘할 수 있다. 하지만 다양한 국가 위기 상황에 대처해야 하는 외교·안보 분야는 오랜 공직 생활에서 축적된 경험과 직관이 있는 인사가 필요하다. 현업을 오래 떠나 있었음을 우려하는 목소리도 있지만, 이 후보자는 항상 국정원 옆에 있었다. 그간의 강의와 언론기고 등을 볼 때 더 객관적으로 업무를 종합할 수 있는 능력을 키운 것으로 보인다.

국가 최고 정보기관인 국정원 앞에 놓인 과제가 엄중하고 막중하다. 다방면에서 정보 수장의 능력과 자격을 갖춘 신임 이 후보자에게 거는 기대가 큰 이유다.

김정은, 대접받으려면 저급한 욕설부터 멈추라

(<데일리 엔케이> 2015.03.30)

　북한의 대남 비난과 욕설은 우리 국가원수를 비롯해 국방부, 통일부 그리고 미국 등 안보 부서에 집중되고 있다. 이들의 비난과 욕설은 저급하다 못해 입에 담기조차 거북하기도 해, 한민족으로서 수치스럽기만 하다. 한민족은 기나긴 역사 속에서 예절을 숭상하고 서로를 존경하면서, 가까운 일가친척은 물론 같은 동네사람을 '이웃사촌'이라고 하면서 옹기종기 잘살아왔다. 그러나 한반도가 남북한으로 갈리면서 김일성이 '조선민주주의인민공화국'이라는 깃발을 들고 나온 이후 이러한 미풍양속은 사라진 지 오래다.

　북한은 한글사전에도 없는 극악무도한 쌍말과 욕설을 동원해 우리와 우방인 미국을 비방하고 있다. 한 부모에서 나온 형제도 성격이 모두 다르다고는 하지만, 북한이야말로 같은 동족으로 어떻게 이렇게 막 돼먹을 수 있나, 대외적으로 같은 민족으로 얼굴을 들 수 없는 지경에 이르렀다. 북한의 대남 심리전의 욕설과 비난은 시정잡배만도 못한 저급한 수준이다. 더욱 웃기는 일은 부모 잘 만나 벼락 국가원수가 된 김정은 애송이에 대해서는 '존엄' 등을 써가면서 별별 존경어를 모두 동원하여 우리를 역겹게 하고 있다는 것이다.

북한의 우리 국가원수에 대한 모독과 욕설은 가장 심하다. 박 대통령이 기회 있을 때마다 제기해온 북한의 핵 포기 및 북한 인권 문제 관련 북한 주요 기관들의 대남 비난 욕설은 도를 넘고 있다. 국방위원회는 '요설', '독기 어린 망발', '정신적 불구자', '우리 민족의 특등 재앙거리', '만고역적', '현대판 사대 매국노', '극악한 특등 대결광,'이라고 주장하면서, "한시라도 빨리 제거해버려려 한다. 박00의 비참한 말로는 이미 주어졌다"고 원색적으로 비난했다. 박 대통령 실명 비난이 기존의 욕설이나 모욕 수준에서 이제는 사악한 끝장말로 덧칠을 하고 있다.

노동당 기관지 〈노동신문〉은 박 대통령 대북 제의 연설에 대해서도, '시집 못 간 노처녀의 술주정', '늙고 병든 암고양이의 가냘픈 신음소리', '달을 보고 짖는 ×소리' 등으로 폄하했다. 이 정도 수준의 국가원수 모독은 대한민국 국민이면 모두가 적개심과 비분강개를 느끼게 하는 대목이라 할 수 있다. 북한 대남 기구 조평통의 하부 선전 매체인 〈우리 민족끼리〉는 "우리의 핵이 박00 따위가 거두라면 거두고 폐기하라면 폐기하는 눅거리(싸구려) 흥정물인 줄 아느냐"며, "미국의 식민지 괴뢰인 주제에 제 처지나 좀 알고 주절대도 주절대야 할 것"이라고 비난했다. 속어라는 속어는 모두 동원했다. 지난달 박 대통령이 통일준비위원회 위원장단 회의에서 "북한이 고립에서 벗어나 개혁과 대화의 길로 나서야 한다"고 촉구한 평범한 제의에 대해서도 실명을 거론하며 "경망스러운 못된 입질이야말로 남북관계의 암초이고 불행의 화근"이라는 극단적 반응을 보이고 있다.

안보 부서 장관들에 대한 비난은 더욱 가관이다. 한민구 국방장관이 "북한이 도발을 하면 우리 군이 수차례, 수십 차례 북한에 대해서 경고했듯이, 도발 원점, 지원 세력, 지휘 세력까지 단호하게 응징할 것"이라며, "도발 시 체제의 생존까지도 각오해야 하는 상황이 올 수 있다"고 경고했다. 이에 대해 지난해 북한 〈노동신문〉은 "이 같은 폭언은 스스로 죽음의 길을 재촉하는 가련한 호전광의 넋두리"라며 극렬 비난 논평을 실었다. 〈우리 민족끼리〉도 "실로 하룻강아지 범 무서운 줄 모르는 가소로운 객기"라고 비난했다.

지난해 9월 유엔총회에서 윤병세 외교장관의 북한 인권 문제 거론에 대해서도 "있지도 않은 우리의 인권 문제를 거들며 대화를 운운하는 것이야말로 제 집 꿰진 창호지 구멍으로 내다보며 남의 집 대문 모양이 어떻다고 흉질하는 격의 가소로운 망동"으로 매도했다. 북한은 남북 당국회담을 열기로 했다가 이른바 '격(格) 문제'로 무산될 당시, 북한 조평통은 회담 무산의 책임을 우리 쪽에 전가하면서 "통일부가 아무 권한도 없는 꼭두각시, '핫바지'에 불과하다고 객설 비난을 퍼부었다. 북한 인권 문제에 대해 세월호 참사와 윤일병 구타 사망 사건을 거론하면서, "오히려 인권 문제가 심각히 논의돼야 할 곳은 인민들의 초보적인 생존권마저 유린되는 곳인 오늘의 남조선"이라고 비하했다. 고모부 장성택을 기관총으로 죽이고 주민을 수시 공개 처형하여 인권의 끝자락에 있다는 것을 잊은 듯하다.

미국에 대한 끝없는 적개심 표현도 적나라하다. 조평통은 존 케리 미 국무장관에 대해 "군사적 위협공갈이나 압력, 경제 봉쇄만으로는 인민대중 중심의 우리 식 사회주의 제도를 전복시킬 수 없게 되자 미국이 꺼내든 것이 인권 문제"라며, "케리는 우리 공화국에 대한 적대감에 사로잡혀 너절한 인권모략 소동에 광분하는 저들의 망동부터 심각히 반성해보고 혓바닥을 바로 놀려야 한다"고 비난했다. 그만큼 인권 문제가 그들의 마음을 아프게 한 아킬레스건임을 드러내고 있다.

한편 주한미군이 대륙간 탄도 미사일(ICBM)을 포함한 고고도 탄도 미사일을 탐지 요격하는 고고도 미사일 방어(THAAD·사드) 체계 도입 여부가 언론 보도되자, 이에 대한 비난을 끝없이 쏟아냈다. "미국이 한국을 미사일 방위 체계에 끌어들이려 중국 측에 대한 타격 효과를 최대로 높이자는 의도"라며, 미·중 관계를 이간 책동하고 나섰다. 테러범 김기종의 리퍼트 주한 미 대사 테러 직전에는 "미친 광증에 걸린 자의 허리를 부러뜨리고 명줄을 완전히 끊어놓아야 한다"고 해, 리버트 대사에 대한 살기를 띤 극언, 배후를 의심케 했다.

한미 합동군사 훈련에 대한 비난도 도를 넘고 있다. 을지가디언스(UFG) 훈련이나 키리졸브 한미합동 연례 군사훈련에 대해 조선중앙통신은 미국 본토 타격을 거론하면서 "핵탄두를 탑재한 전략 핵 로케트(로켓)들로 장비된 정의의 핵 보검을 억세게 날릴 것"이라고 협박했다. "그 대응에는 미사일 발사와 핵실험 등 모든 방안이 다 포함될 것"이라고 주장하여, 유사시 핵공격을 할 것임을 표출하고 있다. 이어 "전략군 집단을 비롯한 조선인민국 육군, 해군, 항공 및 반항공군 부대들이 실전훈련을 계속 진행하고 있다"면서 한미 연합훈련에 대응 입장을 밝혔다.

북한의 무력 담당 총참모부는 "이번 합동 군사연습은 조선반도 유사시 미제 침략군의 신속한 투입과 전개로 우리 수뇌부의 '제거', '평양 점령' 목표까지 달성하기 위한 위험천만한 북침 핵전쟁 연습"이라면서, "우리의 자주권과 존엄에 대한 전쟁 도발 광기"라고 주장했다. 김정은 집권 후 대남 비난 말 폭탄은 늘 있어왔지만, 최근엔 '핵전쟁', '청와대', '백악관 타격' 등 권부에 대한 위협 수위를 점점 높이고 있다.

북한의 최근 대남 비난 동향을 보면, 박 대통령에 대해 빈도가 가장 많고, 다음으로 안보 부서인 국방부, 통일부, 외교부 순이다. 특히 김정은에 대한 우리의 비판이 있을 경우는 존엄 운운하면서, 대남 수준이 광기에 이를 정도다. 시기적으로는 한미합동 훈련 시기인 봄철과 을지가디언(UFG) 연습 기간인 여름철에 비난 강도가 높다. 비교적 강도가 낮은 시기는 가을철이나 최근 유엔총회의 이 시기 북한 인권 문제가 집중 거론되어 이제는 일년 내내 북한의 비난이 지속되고 있다. 이러한 대남, 대외 비난 행태를 봤을 때 북한의 언어 수준은 스스로 국가가 아님을 자인하고 있는 것이나 다름없다. 핵 문제와 인권 문제 등 정당한 국제사회의 지적에 저급한 언어로 발끈하는 것은 스스로 그러한 문제가 있다는 것을 보여주는 것임을 깨달아야 한다. 특히 북한이 최고 존엄으로 치켜세우는 김정은이 국제사회에서 대접을 받기 원한다면, 먼저 저급한 대남, 대외 비난을 철회해야 한다.

'세월호 괴담' 퍼트리는 불순세력 척결해야 한다
사회갈등 부추기는 불순세력 없어야 사회 건강해진다

(<데일리 엔케이> 2015.04.30)

　광주고법 형사 5부 서경환 부장판사는 28일 세월호 승무원들에 대한 항소심 판결에서 세월호 승무원 15명에 대해 "선장은 선내 대기 명령과 안내방송에 따라 질서정연하게 대기하던 어린 학생 304명을 방치하여 선장으로서 아무 역할을 안 해, 승객들을 끔찍한 고통 속에 죽음에 이르게 하고 먼저 탈출했다"고 판시했다. 이 판시가 세월호 사건의 진실을 잘 말해준다. 여기에 추가한다면, 선사가 20년이 넘는 낡은 배를 일본에서 구입하여 제멋대로 개조, 항해 경험이 적은 항해사를 고용하여 운항 사고를 자초한 것이 화근이었다.

　세월호 사건은 이명박 정부에서 박근혜 정부로 넘어온 지 불과 수 개월 만에 벌어진 참사다. 그러나 이 사건 왜곡 세력들은 마치 박근혜 정부가 정략적으로 세월호를 침몰시킨 것처럼 선동하고 있다. 좀 더 사건의 실체를 들여다보면, 선주 유병언이 관리한 청해진해운의 관리 부실과 선장, 선원들의 무책임이 많은 인명사고를 낸 '해상 교통

사고'가 세월호 사건의 진상(眞相)이라고 볼 수 있다. 이러한 진실 앞에 좌파 세력과 일부 정파는 대통령과 관련 기관의 탓으로 돌리면서, 1년을 혼돈 상태로 몰아넣었다. 세월호 1주기에 즈음해 '4·16연대'라는 단체가 주도하여 '세월호 참사 1년 범국민 집중 행동'이란 이름으로 광화문 광장에서 집회를 열고 청와대로 행진, 불법 폭력 집회를 벌이는 과정에서 경찰관들을 부상을 입힌 시위 참가자 100명이 연행되었다.

4·16연대는 '단원고 희생자 유가족 가족협의회' 관계자와 '세월호 참사 국민대책회의' 등이 지난 3월 결성한 후, 좌파 단체 등 800여 개 단체가 참여하고 있다. 이들은 세월호 이슈를 매개로 대(對) 정부 투쟁을 선동하고 있다. 실제로 4·16연대에는 세월호 일부 유족 외에 옛 통합진보당 당원 일부 등이 참여하고 있다. 4·16연대는 최근 세월호 이슈와 직접적인 관련이 없는 민주노총 총파업 지지 성명도 냈다.

우리의 좌파 단체들은 다른 나라 재난사고에서 보여준 국민성과는 극명한 대조를 이룬다. 좌파 세력들은 국가의 대형 사고가 나면 정부나 관계기관을 걸고넘어져, 사건의 진실과는 관계없이 괴담과 허위사실 등의 '음모론'을 조작 유포한다. 일본의 경우 후쿠시마 대지진 사건에서 엄청난 피해를 입었음에도 국민 모두가 정부 지시에 순응하면서 사건을 극복했다. 미국도 9.11 사태로 세월호보다 10배나 많은 3천 명이 사망했지만, 정부와 국민이 테러에 차분하게 대응하면서 배후의 빈 라덴을 처단했다. 심각한 상황이었지만, 희생자 가족 누구도 국가에 원망과 보상을 바라지 않았다.

여기에 비교한다면 우리는 어떤가? 가뜩이나 경제적으로 어려운 시기에 광우병 괴담, 천안함 괴담, 국정원 괴담 등 갖가지 의혹을 제기하면서 국민을 호도하여, 단순 재난 사고인데 국가 유공자들보다 더 큰 보상을 요구토록 부추기고 있다. 이들 좌파 세력들은 국가의 각종 남북문제, 재난 사고, 공안 사고가 발생하면, 수사도 하기 전부터 괴담을 퍼트려 일제히 협공, 국정원 등 관계기관을 절름발이로 만들었다. 아마도 공안기관들을 무력하게 해야만 자신들의 활동이 편해질 수 있다는 점을 염두에 두고 있음이 분명하다.

실례로 '세월호 침몰 당시 인근을 항해하던 둘라에이스 호 선장이 인근에 있다가 사람들이 탈출하면 인명구조 하겠다고 세월호 항해사와 연락했지만, 묵묵부답이었다. 세월호 항해사는 세월호가 기울어져 침몰이 급박함에도 선장과 함께 탈출한 후 해경정에 올라타 태연한 모습으로 국정원과 통화를 하고 있는 모습이 영상에 뚜렷하게 잡혔다', '세월호는 국정원이 실 소유주로, 18대 대선 부정선거의 악화된 여론을 가리기위해 잠수함을 충돌시켜 사고를 낸 국정원의 기획된 사건이다'라는 터무니없는 괴담을 퍼트렸다.

2014년 9월 국회정보위에서는 세월호 업무용 노트북에서 발견된 '국정원 지적사항'과 관련해 정보위 야당 간사인 신경민 새정치민주연합 의원은 '국정원이 세월호를 운영 관리해온 것이 아니냐'는 의혹을 제기했다. 이에 대해 국정원은 '국정원이 작성한 적이 없다', '세월호에 대한 보안측정 당시 세월호 증개축에 전혀 관여한 바가 없고, 국가보호 장비 지정을 위해 보안 취약점만 점검하여 해양수산부에 통보했다'고 해명했다. 국정원은 이 문건 작성자가 5월 중순에 세월호에서 숨진 채 발견된 세월호 직원으로 추정된다고 해명했다.

세월호 사건의 본질은 민간회사의 관리 부실과 운항 미숙 항해사 고용에서 발생한 사건으로, 이들이 책임질 문제다. 대통령과 국가 그리고 국가기관은 제2의 세월호 참사가 일어나지 않도록 안전한 대한민국을 만들면 된다. 이들 불순 세력의 개입으로 이 사건이 동정에서 증오로 변질되고 있다. 이러한 불순 세력이 이 배에 탔다가 억울하게 먼저 간 어린 영령들의 못 다한 생의 동정심마저 앗아가고 있는 형국이다. 상황이 이러함에도 불구하고 북한은 '박근혜 정부가 있는 한 제2, 제3의 세월호 사건이 발생할 것'이라며 남남 갈등을 부추겨 공분을 금치 못하게 하고 있다. 세월호 인양 시작으로 이제 이 사건을 빨리 마무리해야 한다. 문제를 일으키는 진원지인 불순세력을 퇴치해야 국민의 안전을 책임질 수 있는 건강한 대한민국이 될 수 있다.

안 만나니만도 못한 이산상봉 방식 바꿔야

(<데일리 엔케이> 2015.05.26)

2014년 2월 25일 3년 4개월 만에 재개된 바 있는 남북 이산가족 상봉 행사는 최근 김정은 정권의 정치적 의도와 비인도적 태도가 또 다시 도져 언제 재개될지 모르는 상황이다. 2014년 행사는 남측에서 이산가족 455명, 북측에서 268명이 헤어졌던 가족을 60여 년 만에 만났다. 그동안 이산가족 상봉 행사 패턴을 보면, 남측에서 북측 요구 입맛에 맞출 때 간간이 이루어져왔다. 이런 식의 만남은 2014년 기준 상봉 대기자 7만 2000명이 20년을 기다려도 다 만나기 힘들다는 지적이 각계에서 나오고 있다. 이산가족 상봉은 대상자들의 고령화로 인해 생존자가 급속히 줄어들어 더 이상 미룰 수가 없는 급박한 문제다.

지난 19일 박 대통령은 '아시안 리더십 콘퍼런스'에 참석해 이산가족 상봉 재개를 북측에 촉구했지만, 북한은 늘상 해오던 버릇대로 국가원수에 대한 입에 담지 못할 실명 비난을 퍼부으면서, 우리의 이산가족 상봉 재개 요구를 묵살했다. 북한 적십자회 중앙위원회는 대변인 담화를 통해 "박근혜는 '고령의 이산가족 고통'이니, '정부 차원에서의 노력'이니 뭐니 하면서 우리에게 '이산가족 상봉 재개를 촉구한다'고 수작질을 했다", "동족끼리 오갈 수 있는 길부터 터놓는 것이 박근혜 패당이 해야 할 일"이라고 저질 비난과 언어폭력을 사용했다. 또한 "상봉 문제의 실질적 개선을 위해 그 무엇을 할 것처럼 입방아질만 하고, 북남 사이의 모든 접촉과 왕래의 길을 가로막으면서도 '책임 있는 조치'를 운운하며, 대결 분위기를 더욱 악랄하게 고취하고 있다"고 입에 담지 못할 막말 비난을 했다. '일천만이산가족위원회'에 대해서도 "인간쓰레기 단체다", "한국 내 반공화국 단체들과 보수언론들을 내몰아 흩어진 가족, 친척 상봉이 실현되지 못하는 책임이 우리에게 있는 듯이 떠들어대며 내외 여론을 오도하고 있다"고 주장했다.

이산가족 상봉은 인간의 인류적, 도덕적인 가장 원초적인 일임에도 불구하고, 북한은 지금까지 순순히 응해온 적이 없다. 행사가 이루어지려면 우리 측이 북측의 요구를 양보하거나 그들의 요구 조건을 긍정적으로 수용하는 태도를 취할 때나 못 이기는 척하고 한두번 진행하다 중단시키곤 했다. 전 세계적으로 분단으로 인해 이렇게 오랜 세월 동안 가족을 만나지 못하는 한(恨)을 갖고 있는 곳은 한반도가 유일하다. 이제는 더 이상 이산가족들이 기다릴 시간도 없다. 박 대통령이 지적한 대로 생존해 있는 이산가족들이 한 번이라도 헤어진 가족들을 만나려면 상봉 규모를 매년 6000명 이상으로 늘려야 한다.

세계 역사에서 인도적 이산가족 상봉을 가지고 갖가지 이유를 붙여 방해하는 집단은 북한 김씨 일족의 3대 세습 정권 외에 없을 것이다. 북한이 이산가족 상봉을 거부하면서 비난하는 몇 가지 이유를 분석해본다.

첫째는, 김정은의 성격 탓이다. 천방지축이고 좌불안석인 김정은은 자신의 고모부 장성택을 처형하고 노동당 간부 70여 명을 처형한 데 이어, 현영철 인민무력부장마저 숙청하여 내부적으로 불안하다. 내부 안정이 선(先) 순위고, 이산가족 상봉 문제는 후순위다. 둘째, 인도적 문제에 대한 대응 수준을 높여 최근 잠수함 발사 탄도미사일(SLBM) 시험 발사와 반기문 유엔 사무총장의 방북 불허 등과 관련해 고조된 대외 비난 여론을 물 타기하고, 이산가족 문제의 책임을 남측으로 돌리려는 차원인 것으로 해석된다.

셋째, 이산가족 상봉을 담보하여 시간을 질질 끌어 남측으로부터 더 많은 인도적 물자를 받기 위한 의도가 숨어 있다. 최근의 정부가 민간단체의 대북 지원을 점차 허용하는 태도를 보이자, 이를 악용하려는 의도가 있는 것으로 보인다.

넷째, 5·24조치 해제를 이산가족 상봉 논의의 조건으로 연계시켜 그들의 주장을 관철시키려는 의도다. 이산가족 상봉은 반드시 해결되어야 할 문제이지만, 많은 문제점이 있다. 북한에 김씨 정권이 존재하는 한 우리가 소망하는 정례화 만남은 거의 불가능하다. 그들의 정치적 의도와 대남 우위적 '갑질' 태도가 이를 막고 있다. 이산가족 상봉은 지속돼야 하고, 이들에 더 많은 상봉 기회를 부여해야 한다. 하지만 이들이 만나야 할 재북 가족들에 너무 많은 고통을 준다. 북측 상봉자들은 행사 전 20여 일간 호텔 등 격리된 장소에서 사전교육을 받는다고 한다. '남측 가족을 만나면 공화국의 위대성에 대해 선전하라', '행복하다는 것을 보여주어야 하며 행사 관련자들이 승인하지 않은 선물은 받지 말며, 1000달러 넘는 돈을 받으면 국가에 바쳐야 한다'는 사상교육을 여러 차례 받는다고 한다. 상봉이 끝난 후에도 평양으로 데려가 또다시 사상교육을 3-4일 받는다. 이 기간 동안 각종 방법을 동원하여 남조선 가족으로부터 받은 기념품들을 빼앗아 간다고 한다.

북한의 경우 이산가족 상봉은 본인이 희망하는 경우보다는 북한 당국이 선발하여 만나는데, 그동안 자식들이 불이익을 받을 것이 두려워 재남 가족이 있다는 사실을 숨긴다고 한다. 이산가족 상봉은 북측 금강산 지역에서 2-3일 함께하는 것이 고작이다. 재북 가족들은 재남 가족이 있다는 이유로 오히려 감시와 불이익을 주어, 그들에게 더 슬픔을 준다. 일부 학자는 북쪽의 이산가족 만남 대상자를 돈을 주고 남쪽으로 데려오는 독일 식 '프라이카우프' 제도를 도입하는 방안도 검토할 필요가 있다고도 했다.

하지만 북한이 지금도 우리의 북한 왕래 종교인이나 관광 목적의 국민들을 툭 하면 스파이로 억류하고 있는 상태에서, 이 방법을 사용하면 북한의 돈벌이 수단으로 이용되기 쉽다. 지난해 이산가족을 상봉한 북한의 동생이 남한의 형에게 살아생전 다시 만나지 못할 것을 예감하고 "이제 마지막이다, 울지 말고 헤어지자"며, "하늘에선 건강한 모습으로 만나자"고 한 말을 되새겨본다. 안 만나니 만도 못한 이러한 상봉이 과연 필요한지 의문이다.

신은미, 김정은 정권의 꼭두각시 역할 그만해야

(<데일리 엔케이> 2015.06.19)

종북 논란으로 올 초 우리 정부로부터 강제출국 조치된 재미동포 신은미 씨(54세)가 이번엔 일본서 순회 친북강연에 나서고 있어 또다시 논란이 일고 있다. 신은미 강연은 조총련 등으로 구성된 '6·15 공동선언실천 일본지역위원회' 주최로 열렸다. 오는 22일까지 일주일간 오사카·나고야 등 6개 도시에서 진행될 예정이어서 논란이 커질 것으로 예상된다. 신은미는 지난해 연말 북을 치켜세우고 북에서 출산까지 한 황선(전 민주노동당 부대변인)과 함께 국내에서 친북 토크쇼 활동을 하다, 전주에서 고교생으로부터 사제폭탄 공격을 받아 토크쇼가 중단되기도 했다.

신은미는 친북, 종북적 발언으로 국가보안법 위반 혐의로 추방되어 앞으로 5년간 국내 입국이 불허된 바 있다. 국내 체류 시 탈북자들로부터 북한 실정을 모르는 터무니없는 주장으로 맞장토론과 함께 국민들로부터 비난과 조소를 받기도 했다. 신은미는 지난 16일 도쿄에서 열린 '통일 토크 콘서트'에서 "북한은 새로운 젊은 지도자 김정은이 통치를 하여 희망에 차 있다. 어느 나라고 대통령이 새로 뽑히면 국민들이 기대에 차 있고 뭔가 좋아질 거라는 기대는 당연하다"고 했다.

김정은 정권 출범 4년이 되면서 처형과 숙청이 난무하는 것에 대해서는 침묵하고, 독재 체제에 대한 미화만을 하고 있다. 또한 "주체사상 신봉자면 어떻고, 기독교 신자면 어떻고, 불교 신자면 어떻고, 이슬람교 신자면 어떻습니까. 다름을 인정하면 돼요. 그러면 선입견과 편견이 없어져요"라고 하여, 은근히 북한의 이념 체계를 조건을 달지 말고 그냥 받아들여보라는 식의 좌파 주장을 따라했다.

이어 신은미는 "북한은 4대강 사업을 하지 않아 하천이 깨끗하고 과학 기술은 최고"라며 북한의 모습을 두둔했다. 또 "국가보안법이야말로 인격을 말살하고 유린하는 법"이라고 주장하면서 "5·24조치는 풀려야 하고, 6·15 시대로 돌아가야 한다"고 하여 북한이 핵 개발과 천안함, 연평도 도발로 제재를 받는 원인에 대서는 입을 다물고, 북한이 종전부터 주장해온 말을 앵무새같이 답습했다.

그러나 신 씨는 현지 강연에 참석한 한 여성의 "북한의 모습을 얼마나 아시냐. 북한동포 300만 명이 굶주리고 끌려가서 죽기도 하는데, 그런 것도 생각해야 한다"는 발언에는 "나는 여행자로 간 사람이다. 말씀하신 그런 중요한 일들은 더 깊이 연구하시는 분들이 많이 계시니 그분들의 일"이라고 비켜갔다.

신은미가 이번에 또다시 토크쇼에 등장한 배경에는 북한 통전부가 사전에 하부조직인 조총련에 대해 특별 기획 활동을 하도록 지령한 것으로 보인다. 신은미를 초청한 단체는, 6.15공동선언실천 일본 지역위원회는 친북 성향의 재일 한국인들이 결성한 한국민주통일연합, 한통련과 조총련 산하 통일운동 단체인 재인조선인평화통일협회, 평통협 등 일본 내 좌파 단체들이 망라된 곳으로, 현재 한통련 의장인 손형근이 대표를 맡고 있다. 한통련은 지난 1973년 설립된 단체로, 김대중 전 대통령 납치 사건의 진상규명에 나서기도 했지만, 국가보안법 철폐와 반정부 시위 등 친북 활동으로 지난 1978년 대법원이 반국가 단체로 지정했다.

신은미가 북한 선전선동의 전위 인물로 등장한 배경에는 재혼한 그의 남편 정태일의 영향력이 큰 것으로 분석된다. 정씨는 지난 1980년 도미해 미국 클레어몬트에서 경제학 석사학위를 받았으며, 이 대학원에서 자본경제학을 공부했다고 한다. LA 근교에서 한인들을 대상으로 입시학원을 차려 돈을 모은 것으로 알려졌다. SAT(미국 대입시험) 전문 학원으로 한때 학원 분점이 5곳에 달했지만, 최근에는 사업이 신통치 않았다고 한다. 정씨는 젊을 적부터 북한 사회에 큰 관심을 가지고 북한 영화를 자주 보면서 북한 관련 자료 수집 활동을 하여, 이에 대한 시청을 하는 과정에서 영향을 많이 받은 것으로 보인다. 남편 정씨는 미국에서 1980년대부터 수년 동안 북한 영화 비디오를 보고 이 과정에서 북한을 왕래했으며, 방북 기간 중 북한 통전부가 접근한 것이 분명해 보인다. 정태일은 이명박 정부 때 방북했으며, 방북 후 부인 신은미를 방북 유도한 것으로 추정된다.

북한의 국내 및 해외 공작선 접근은 대부분 가족이나 친척, 친지 등을 통해 점조직으로 접근하는 것이 통례다. 정 씨는 LA에서 SAT

학원을 운영하면서 세 자녀를 두고, 전 남편과 이혼한 유부녀인 신은미 씨를 만나 결혼한 것으로 알려지고 있다. 신은미는 이화여대 음대를 졸업한 후 미국으로 유학, 미네소타 주립 대에서 박사 학위를 받고 대학에서 성악과 교수로 재직했다고 한다. 전 남편은 국내에서 유명한 의사였다고 한다. 그동안 언론에서 보도된 바와 같이 신은미의 집안 배경을 보면, 도저히 친북 인물이 될 수 없는 인물이다. 대구 출신인 신은미는 외조부가 1948년 제헌국회에서 국가보안법 제정을 주도한 박순석 의원(1960년 별세)이고, 작고한 부친도 6·25전쟁에 참전한 육군 장교를 지냈다고 저서에서 소개했다.

이 때문에 어릴 적부터 반공 교육을 받고 자라 남편을 만나기 전까진 북한에 그리 호의적이지 않은 것만 보아도, 남편의 영향력이 큰 것으로 보인다. 신은미는 2011년부터 세 차례에 걸쳐 40여 일 동안 북한 전역을 여행하고, 여행 이야기를 정리해 〈오마이뉴스〉에 '재미동포 아줌마, 북한에 가다'를 연재했다. 방북 내용을 책으로 출판하여 관계 부처로부터 우수 도서로 추천되어 정부가 이를 구입, 전국 도서관에 배포했다가 문제를 야기해 회수되기도 했다.

처형과 숙청을 밥 먹듯 하는 사상 유례없는 3대 세습 독재정권이 해외 종북 세력을 활용하여 우리의 국가 정체성을 흔드는 모습을 결코 좌시해서는 안 된다. 일본 내 재향군인회와 민단, 자유총연맹 등 보수단체를 통해 신은미의 북한 꼭두각시 놀음에 대한 반대 운동을 적극 펼쳐야 한다. 지난 이명박 정부 이후 작은 정부 지향 관계로, 과거 정부에서 국정 홍보처나 공보처가 있어 정부 치적이나 좌파 활동에 효과적으로 대응한 것에 비해, 이명박 정부나 현 정부는 홍보 활동을 하는 데 취약하다. 북한의 인권 문제나 탈북자 단체들을 활용하여 북한 정권의 악행을 적극 고발해, 신은미 같은 종북 인물에 의해 휘둘리는 일이 없어야 한다.

메르스 비난하는 북의 의료 수준

<문화일보> 2015. 06.19)

　북한의 대남 공작기구 조국평화통일위원회는 최근 "남조선이 중동 호흡기증후군(메르스) 죽음의 공포가 떠도는 수라장이 된 것은 전적으로 박근혜 정부의 무능과 반인민적 통치가 가져온 필연적 결과"라고 주장했다. 또 지난 6월 초에는 정의화 국회의장이 '남북 의료교류 증진법안'을 발의하면서 "열악한 북한의 의료 현실 속에 북한 주민의 건강과 삶의 질을 높일 것"이라고 언급한 부분에 대해서도 비난을 했다. <노동신문> 보도를 통해 "남조선에서는 호흡기성 전염병이 급속히 퍼져 사람들을 극도의 불안과 공포 속에 몰아넣고 있는데, 험담질을 하고 있다"고 한 것이다. 정 의장이 한 말은 비정치적인 분야인 의료 협력을 통한 남북대화를 염두에 둔 것으로, 결코 북한의 체면을 구기기 위해 한 말이 아니다. 북한은 김정은 정권이 집권한 이래 남측의 인사가 남북 문제에 대해 언급만 하면, 남측이 말을 꺼내기가 무섭게 온갖 욕설을 동원해 비난하는 것이 일상화했다.

북한이 거의 1년 만에 대화 제의를 해왔지만, 중요한 것은 진정성이다. 지난 4일에는 기대를 모았던 한국의 국제철도협력기구(OSJD) 가입도 북한의 반대로 무산됐다. 그동안 북한은 중동지역 외화벌이 사업으로 쿠웨이트 4000명, 카타르 3000명, 아랍에미리트 2000명, 리비아 400여 명 등의 북한 인력이 나가 있어, 남쪽에다 대고 '메르스'에 대해 큰소리칠 처지가 아니다. 질병으로 남측이 고통받을 때 한민족으로서 이를 비난하는 것은 도리가 아니다. 북측은 최근 개성공단 출입자들에 대한 메르스 감염 여부를 판단할 수 있는 열 감지 카메라와 마스크를 지원해달라고 했다. 한 쪽으로는 지원을 받으면서도 고자세로 임하는 북은 항상 '갑'의 입장이고, 우리는 '을'의 입장이다. 북한의 예방의학은 위생 방역, 주거환경 개선을 통해 전염병과 각종 질병을 예방한다고 하지만, 의료 환경은 매우 나쁘다.

'무상 치료제'는 말뿐이고, 주민들은 사회보장비 명목으로 임금의 1%, 복지 후생비 명목으로 임금의 10%를 의무적으로 내고 있다. 우리의 의료보험 체계와 크게 다를 바 없지만, 열악한 의료 수준은 말할 바가 아니다. 북한은 '의사 담당 구역제'를 시행하고 있다. 동네의 '리' 단위까지 진료소를 설치해, 의사 한 사람이 한 지역씩을 맡아 책임지고 순회 진료를 한다. 리 단위에 '진료소', 군 단위에 '군 병원', 시의 구역 단위에 '구역 병원', 시·도 단위에 '시·도 병원'이 있다. 하지만 시설이나 의료기구가 낙후되고 약품이 없다. 북한 진료소에서는 감기나 간단한 상처 치료만을 할 수 있을 뿐이고, 시·도 병원에서는 아무리 급한 환자라도 진료 대상과 신분 급수가 다를 때에는 치료를 받지 못한다. 평양에 있는 큰 병원에는 조금 나은 의료진과 현대식 의료 장비 등이 갖춰져 있지만, 일반 주민은 갈 수가 없다. 일반 주민은 진료소나 군 단위 병원이나 구역 병원에 가야 한다.

최근에 탈북한 북한 고위 인사는 "북한의 가장 의료시설이 좋다는 봉화 진료소마저 치료약이 제대로 없어, 당 간부조차 치료가 어려워지고 있다"고 했다. 일반 의료시설은 더더구나 말할 바가 아니다. 북한의 핵심부 인사나 가족들은 중 질환이 있을 경우 중국이나 프랑스, 싱가포르 등의 병원에서 은밀히 치료를 받는다. 북한이 지난해 에볼라 전염병 확산 위험 관계로 대외 활동 고위층까지 격리 수용했던 것은 의약품이나 방역 체계가 열악해 확산 시 걷잡을 수 없는 위험 때문이다. 북한은 내부에 의료 위기 상황이 오면 도와줄 곳은 대한민국뿐이라는 사실을 망각해서는 안 된다. 메르스 대남 비난을 즉각 중지해야 한다.

북한은 간첩 조작극을 중지해야 한다

(『북한』지 2015년 6월호)

판에 박은 간첩행위 조작 인터뷰

김정은이 3대 세습 정권을 승계한 이후부터 한국인이나 미국인들을 간첩으로 몰아 억류하고 있다. 자유아시아방송은 이들의 납치 경위에 대해, 지난해 겨울 "북한 보위부가 화교를 매개로 김국기와 최춘길에게 물건을 넘겨주겠다고 유인해 압록강 하류까지 나오게 한 다음 강제로 납치했다"고 보도했다. 북한이 납치하거나 체포한 사람들 중에는 종교인들이 많은데, 항상 하는 수법은 북한 언론에 강제로 등장시켜 국정원의 간첩임을 실토하게 하고 기자회견을 실시하는 일이다. 북한 당국에 의해 체포되어 지난 3월 26일 평양 인민문화궁전에서 기자회견을 한 아국인 김국기, 최춘길 2명 중 김국기 씨의 경우, 선교사 신분으로 북·중 국경지역에서 대북 선교 사업을 하다가 체포되었다. 최근 조선중앙통신은 체포 경위에 대해 "미국과 남조선 괴뢰 정보기관의 조종 밑에 반공화국 정탐모략 행위를 감행하다가 적발·체포되었다"고 주장했다.

이 사건을 담당한 국가안전보위부 당국자는 "체포 종교인들은 미국과 괴뢰 정보기관의 배후 조종과 지령 밑에 가장 비열하고 음모적인 암살 수법으로 감히 우리의 최고수뇌부를 어째보려고 날뛴 극악한 테러분자들"이라고 했다. 이어 "체포자들은 북 인권 문제를 꺼내들고 위조화폐 제조국·테러 지원국의 모자를 씌워 국제적 고립과 봉쇄를 성사시켜보려는 미국과 괴뢰 정보기관의 조종과 후원 밑에 갖은 수단과 방법을 다해 우리 당·국가·군사 비밀자료들을 수집했을 뿐아니라, 부르주아 생활문화를 우리 내부에 퍼뜨리려 했다"고 소개했다. 북한 당국은 국정원 배후 조종을 부각시키기 위해 이들 체포자들의 CNN 인터뷰까지 허용하면서, 간첩 활동을 했다는 자백 쇼까지 벌였다. CNN은 "북한이 종종 억류자들에게 거짓으로 자백하게 하여 간첩 혐의를 씌운다"고 설명했다.

우리 정보기관이 미국과의 공조로 종교인을 통해 대북 정보를 수집한다는 사실 자체가 있을 수도 없고, 한다는 이야기도 들어본 적이 없다. 북한이 항상 걸고넘어지는 통상적인 수법 형태인, 미국과 한국에 책임을 돌리는 모습이다. 북한이 지난해 인권 문제로 유엔으로부터 각종 제재가 결의되어 고립을 면치 못하자, 이에 대한 자조적인 화풀이로 보인다. 국내 정보기관이 종교인을 활용하여 중요한 첩보나 정보가 나올지, 또는 요인 위해가 가능할지도 의문시된다. 기독교, 불교 등 종교인이 방북했을 경우 만나는 사람들은 극히 한정돼 있다. 조선기독교도 연맹이나 불교도 연맹의 간부들 몇 명을 접촉하는 정도이고, 기껏해야 봉수교회, 장충성당, 보현사 등을 방문한다. 북한 교역자들을 만나면 대북 지원과 북한 내 교회와 사찰을 짓는 데 도움을 주는 협의 정도다. 그리고 오도 갈 데도 없는 탈북민들의 거처와 식량 지원, 선교가 주 업무다. 과연 여기서 얼마나 중요한 정보가 나올까?

북한 발표의 허구성과 조작 혐의

지난 3월 27일 〈노동신문〉은 이들의 자백이라는 내용을 공개했다. 김국기 선교사는 국정원에서 신성국이라는 가명과 101번이라는 첩자 번호를 받았으며, 김정일의 중국 방문 내용과 건강 첩보를 제공했다고 했다. 비밀공작을 하는 기관에서 선교 활동을 하는 종교인에게 '네가 몇 번'이라고 번호를 부여한다는 자체가 사리에 맞지 않는다. 북한 대남 공작기관이 남파 간첩들에게 종종 단대 호명을 붙이거나 번호를 부여하는 경우가 있어, 북한식 사고로 김국기 선교사가 이러한 내용으로 진술하도록 사전에 교육했던 것으로 보인다. 김 선교사가 왕래 화교 10여 명을 첩자로 포섭하여 군부 동향과 군사기지, 핵 관련 자료를 수집, 국정원에 제공했다고 하는데, 화교들은 북한에서 하위 신분으로 군사, 핵 관련 첩보 수집원에 접근하는 것 자체가 어렵다. 모두 조작된 가공의 이야기로 볼 수밖에 없다.

화교를 거론하는 것은 지난해 유우성 화교 간첩단 사건이 불거지자, 화교에 대한 경계심을 높이기 위해 내부용으로 끼워 넣은 것으로 보인다. 김국기 씨는 겁에 질려 미국과 국정원이 종교단체를 앞세워 북한 지역에 종교 국가를 세우려 했다고 자백했는데, 이는 북한 주민들에게 종교에 대한 경각심을 높이기 위한 위협으로 보인다. 또 이들은 김정일의 건강 첩보를 수집하라고 임무 부여되었던 사실을 언급했는데, 북·중 변경 지역에서 선교 활동을 하는 선교사가 아무리 첩자를 포섭한다 해도, 북한의 핵심 김정일의 건강 첩보를 어떻게 수집할 수 있다는 것인가? 모두 짜인 각본 아래 시키는 대로 한 것이 명백하다.

김국기 선교사의 진술 중 상점 12곳, 식당 12곳, 기타 2곳 등 단동 지역의 국정원 거점을 일일이 열거했는데, 이는 보위부의 국정원 거점 추궁에 못 이겨 김국기 선교사가 신도들의 거소나 지인들이 거주하는 곳을 나열한 것이 분명해 보인다. 북한 최고 지도자인 김정은은 지난해부터 주민들을 대상으로 '종교의 해악'에 대한 사상교육을 강화하여, "외부로부터의 종교 침투를 막기 위해 봉쇄와 검열을 강화하라"고 직접 지시한 것으로 전해지고 있다. 북한 당국은 북한 내 종교 침투를 우려해 중국과 공조로 북·중 국경지역에서 선교 활동을 하는 우리 종교인을 지속적으로 체포하고 있다. 북한이 최근 억류 중인 한국인은 김정욱 목사, 미국 뉴욕 대 유학생 주원문, 김국기 선교사, 최춘길 등이다. 이는 국경지대에서는 여전히 북·중 간 긴밀한 협조가 이뤄지고 있음을 보여주는 대목이다.

우리 국적 종교인 억류자는 석방 예가 없다

북한이 체포한 종교인들의 국적을 보면 한국, 미국, 캐나다, 호주 등 다양하다. 체포된 종교인들 중 한국인인 경우는 1990년대 이후 예외 없이 한 사람도 석방되지 않았으며, 모두 현지에서 억류되었다가 사망, 실종되었다. 북한이 억류한 안승운 목사는 여의도 순복음교회에서 중국에 파송되어 1995년 7월 중국 연길에서 북한으로 들어가 납치되었다. 평양방송은 당시 안 목사가 자진 월북했다고 주장했다. 납치당한 안 목사는 현재까지 미귀환 상태로 자살설, 사망설이 나오고 있다. 1997년 천도교 교령이었던 오익제 씨는 6·25 당시 헤어진 전처와 딸을 만나게 해준다는 꾐에 빠져 방북했다가 현지에 억류, 생을 마감했다.

2001년 연길에서 탈북민 지원 활동을 하다가 납북된 김동식 목사도 함경북도 보위부 주도로 납치되었다가, 고문 등 가혹 행위를 당해 2001년 평양에서 숨진 것으로 알려졌다. 지난해 피체된 김정욱 목사도 간첩죄로 장기노동 교화형을 받은 후 연락두절되었다. 하지만 미국 등 제3국인 종교인들은 국제적 비난여론으로 석방을 해왔다. 미국 국적 신분인 케네스 배, 뉴먼 등이다. 종교 율법 위반자를 철저히 단속 처벌하는 이슬람 국가들도 이슬람 종교 외에 기독교나 불교 등의 포교 행위를 했다고 하여 종신 억류하거나 처형하지는 않는다. 일부 이슬람 국가는 샤리아 법에 의해 범죄 행위자에게 엄격한 처벌을 한다. 통상 이슬람 종교인이 다른 종교 신자와 결혼할 수 없으며, 살인이나 절도로 율법을 어겼을 때는 극형이나 상응하는 처벌을 하지만, 외국인의 경우는 추방하는 경우가 많다. 북한과 같이 우리 국적 종교인 억류자를 정치범 수용소로 보내거나 죽음에 이르게 하지는 않는다.

북한은 종교를 체제 와해 요소로 간주

북한은 기독교와 마찬가지로 기독교 구약성경의 모세 10계명과 같이 유일사상 10대 원칙을 만들어 체제위협 세력을 철저히 단속한다. 또한 아랍 국가에서 제정일치 형태의 이슬람 정치제도를 많이 모방하고 아랍 쪽에 북한의 정치적 제도도 전파했던 것으로 보인다. 과거 리비아 주민이 카다피를 향해 '알 파타'(혁명)를 외치는 모습이나 시리아, 이라크에서 통치자인 아사드나 사담 후세인을 향해 혁명을 외치고 거리에 많은 초상화를 걸어 존경을 표하도록 하는 것도 북한에서 모방해 간 모습이었다. 이란의 경우도 제정일치의 이슬람 국가로 북한과 많은 유사 형태를 가졌으며, 북한이 미사일을 판매하고 대신 원유를 가져오는 불가분의 관계였다.

북한은 신권 체제를 유지하는 데 이들 이슬람 사회주의 국가들로부터 종교적인 형태를 많이 답습하고, 이들 국가들로부터 자신들의 장점이 되는 통치 방법을 상호 교류로 가져왔을 것이 분명하다. 결국 종교적 통치 방법은 활용하지만, 종교가 체제를 위협하고 교란시키는 점도 잘 알고 있다. 북한은 김일성 시대부터 종교를 정신적 아편으로 매도하고, 종교가 들어와 확산될 시 김씨 절대주의가 속절없이 무너질 우려 때문에 가혹하게 단속해왔다. 이번 이들의 간첩 발표문에서 "종교 단체를 이용하여 주민들에게 신앙심을 심어주어 북의 일심단결을 파괴하려는 데 목적이 있다"는 점을 강조하는 모습은 종교가 체제 위협의 커다란 걸림돌이 되고 있음을 말해주는 부분이다.

북한이 최빈국에서 탈출하는 길은 북한의 도움을 주는 북한 왕래 종교인들과 한국인 억류자들을 스파이로 매도하지 말고 조속히 석방하고, 주민들에게 종교 활동의 자유를 주고 대외 개방을 하는 것이다.

국정원에 대한 정치공세로 고유 권한 마비시켜선 안 돼

<데일리 엔케이> 2015.07.21)

　　최근 2012년 1월과 7월 국정원이 총선과 대선을 앞두고 이탈리아 소프트웨어 업체인 '해킹 팀'에서 휴대전화 해킹이 가능한 'RCS(Remote Control System)' 프로그램을 구입해 선거 때 사찰용으로 사용한 것이 아니냐는 의혹이 제기됐다. 이에 야당은 또다시 정치 쟁점화하고 있다. 이병호 국정원장은 국회 정보위에서 "해킹 프로그램으로 민간인 사찰용으로 사용했다면 어떠한 처벌도 받겠다"고 했다. 그러나 야당은 이 말을 신뢰할 수 없기 때문에 '국민정보지키기위원회'를 출범시켜 국조, 특조 등 모든 수단을 동원하여 국정원을 범죄 집단으로 내몰아, 다음 선거의 호재로 장기화할 태세다. 조사 결과가 나오기도 전에 정치적으로 이용하려는 행태를 보이고 있는 것이다.

　　해킹 업무에 종사했던 국정원 직원이 자살까지 하면서 "국내용에는 사용하지 않았다"고 결백을 주장하는 유서까지 남겨 안타깝다. 국정원 수장(首長)과 해당 실무자가 결백을 주장하고 있는 것이다. 최근의 국정원이 각종 시련을 겪으면서 산전수전을 다 겪은 와중에, 이제 그들이 또다시 국민을 속인다고는 생각되지 않는다는 건 지나친 낙관일까? 새정치연합은 지난 대선에서 국정원 심리전국의 '오늘의 유머 댓글사건'을 가지고, 사법부의 판단에 맡기면 될 일을 대선 개입으로 기정사실화하여 각종 의혹을 제기, 근 1년 반 이상을 국정조사니 특별조사위원회니 이름을 붙여 국정원의 활동을 마비시켰다.

그러나 그들의 정치공세에도 불구하고 대법원 합의부는 지난 16일 원세훈 전 국가정보원장 상고심에서 대법관 전원 일치로 고법 판결의 증거 채택을 문제 삼아 원심을 파기하고 고법으로 돌려보냈다. 결국 야당이 정치적 목적을 달성하기 위해 각종 의혹을 제기하는 '국정원 흔들기'에 나선 것이나 다름없다.

그렇다면 야당은 이제 폭로전을 접고 국민에게 다가갈 새로운 정치 이슈를 만들어야 한다. 야당도 언젠가 정권을 재창출할 대안 세력이다. 국정원을 볼모로 한 폭로전은 국정원의 고유 임무를 위축시킬 가능성이 농후하다. 야당이 국가안보에 책임질 수 있는 수권 정당이 되려면, 국익을 지킬 국정원의 올바른 상을 제시하고 이를 촉구해야 한다는 것이다. 계속 국정원 폭로전을 펴봐야 오히려 그들의 지지층으로 돌아서야 할 중도층이 돌아오지 않는다. 그들의 목적이 너무 뻔하기 때문이다.

계파 갈등 속에서 야당이 국정원 흔들이기에 주력하니 국민들은 이제 식상해하고 있다. 최근 각종 여론조사에서 야당이 20% 정도의 저조한 지지율을 보이는 것은 그들의 정강과 정치목표가 옳지 않다는 것을 말해주고 있다. 두 차례나 정권을 잡아본적이 있는 야당은 국정원이 선거나 개입하고 정치 사찰만 하는 집단이 아니라는 것을 너무 잘 알고 있을 것이다. 국정원이 과거 중앙정보부나 안기부 시절의 무소불위의 활동으로 원죄(原罪)를 지어, 모두가 그때 그 시절의 잣대로 국정원을 각종 의혹으로 매도하는 것은 옳지 않다.

국정원 과거의 원죄가 있고 의혹이 있다고 해서, 야당이 민생은 뒷전이고 허구한 날 국가안보 관련 업무를 시시콜콜 들춰내 의혹을 제기한다면, 차라리 국정원을 해산하든지 야당의 산하 기관으로 가져가는 것이 나을 법하다. 북한이 전 방위적으로 전개하는 대남 인터넷 해킹 공작에 대처하는 것을 주 임무로 해야 하는 국정원이 이 같은 북한의 대남 해킹을 차단하는 데 필요한 장비를 해외로부터 구입하여 사용하는 것이 도대체 무엇이 잘못이라는 것인가? 이 같은 국정원의 행동을 시비하는 이 나라의 정치인들과 언론인들은 그들이 그렇게 함으로써 대한민국의 국가안보를 위협하는 북한의 대남 인터넷 해킹 공작에 보호막(保護幕)을 제공하는 숙주(宿主) 구실을 하고 있는 것이 아닌지 개탄스럽다.

어느 전직 고위 정치인은 "야당 내 북한 공작망이라도 있는지 의심스럽다. 국정원을 원수로 여겨 모든 업무를 쟁점화한다면, 국정원이 무슨 비밀기관인가? 벗겨질 대로 벗겨진 이 기관은 북한에 모든 것이 노출되어 정보전에서 백전백패하는 것이 뻔한 것이 아닌가?"라고 비판했다. 하지만 이병호 국정원장은 "지금의 국정원 직원들은 과거의 군사정부 시절이나 권위주의 정권 시절의 직원들과는 차원이 다르다. 과거 시절 직원들과는 다르게 월등히 우수하고 대북 업무나 대공수사 그리고 방첩 업무도 잘한다"고 말한 바 있다. 이 말은 결코 정치 사찰이나 민간 사찰을 뛰어나게 잘한다는 말과는 전혀 다른 의미다. 이제 야당은 이번 국정원 사건의 진실을 밝히고, 그들이 제대로 일할 수 있게 해주면서 국가의 백년대계가 무엇인지 고민해야 한다.

野 '민간인 사찰' 주장은 시대착오

(<조선일보> 2015.07.22)

  '이탈리아 해킹 프로그램'을 둘러싼 억측·의혹이 양산되자, 국정원이 지난 17일 국회 정보위의 국정원 현장 방문을 통해 의문점을 풀겠다고 자청했다. 보안을 생명으로 하는 정보기관이 민감한 정보 사항을 스스로 드러내 보이겠다고 나선 것이다. 야당은 컴퓨터 바이러스 전문가인 안철수 의원을 위원장으로 한 '국민 정보 지키기 위원회'를 구성했다. 야당은 이번 사태를 국정원의 '민간인 사찰'로 성격을 미리 정해놓고 총공세에 나섰다.

  세계 각국 정보기관은 국가 안위를 위해 합·불법 경계를 넘나들며 정보수집 경쟁을 벌이고 있다. 해킹이 극도로 민감한 정보수집 수단임은 전문가인 안철수 위원장이 누구보다 잘 알 것이다. 국정원이 국가안보 위해 혐의가 있는 외국인을 대상으로 해킹을 시도했다고 가정하자. 이것이 밝혀지면 심각한 외교 문제로 번질 수 있다. 또 국정원 정보 역량이 고스란히 드러나 외부 공격에 무방비 상태가 된다.

각국 정보기관은 그 나름대로 고도 보안이 유지되는 폐쇄 시스템으로 철저한 외부 통제를 하고 있다. 이란의 나탄즈 핵 시설 시스템은 외부 접근이 불가능한 폐쇄 시스템이었다. 하지만 미국과 이스라엘 해킹 시스템이 이를 뚫은 것은 독일 기술자가 시설 수리 차 방문한 일이 계기가 됐다. 그 기술자는 자기 노트북이 감염된 줄 모르고 나탄즈 시스템에 접속했던 것이다. 만약 국정원 컴퓨터 한 대가 외부인 접근에 감염된다면, 국정원 컴퓨터 시스템은 붕괴할 수 있다. 야당이 진실규명 과정에 외부 전문가를 끌어들이다 보면, 국정원이 실제 이런 위험에 노출될 수 있다.

야당은 지난 대선에서 국정원 댓글을 문제 삼아 거의 1년 반을 정치 쟁점화했지만, 대법원은 증거가 불충분하다며 고법으로 되돌려보냈다. 야당은 30년 전 군부정권 시절 정보기관의 무소불위 활동을 머릿속에 그리며, 국정원이 그때 그 시절처럼 국가 안보를 정권 안보 수단으로 동원하고 있을 것이라고 확신하는 모양이다. 그러나 국민은 야당의 시대착오적인 의혹 제기에 염증을 내고 있다. 그 결과가 20%대 저조한 야당 지지율로 나타나고 있다. 야당이 진정으로 정권 탈환을 원한다면, 국정원에 대한 의혹 제기도 시대에 따라 진화한 국민 의식 수준에 맞출 필요가 있다. '국정원의 민간인 사찰'이 의심스럽다면, 국회 정보위원회라는 공식 견제 장치를 통해 철저하게 진상을 규명하면 된다.

이희호 방북 논란과 북한 도발
- 민간인 이 여사, 김정은 못 만난 건 당연…
  새정연, 정부 공격 소재로 삼지 말아야 (<데일리 엔케이> 2015.08.12)

　이희호 김대중 전 대통령 부인 일행의 3박 4일(8.5~8.8)간의 방북과 관련해 정치권에서 논란이 많다. 북한 김정은의 초청으로 방북했지만, 이 여사 일행은 김정은을 만나지 못하고 돌아왔다. 새정치민주연합은 자신들이 기대했던 이 여사와 김정은의 만남이 이뤄지지 않자, 이를 정부 탓으로 돌리고 있는 모양새다.

　새민련이 이 여사의 방북 기간 중 김정은을 만나지 못하고 돌아온 것에 대해서 "정부의 의지가 없었기 때문"이라고 논평했다. 새민련 허영일 부대변인은 김정은과 "면담이 성사되지 못한 원인 중 하나는 통일부가 '개인 자격'을 강조하면서, 이 여사의 전문적 식견을 전혀 활용할 생각을 하지 않았기 때문이었다"며, "박근혜 대통령의 적극적인 대화 의지도 반영되지 않았다"고 주장했다. 새민련에서 초청자인 북한 김정은 탓은 하지 않고, 우리 정부로 인해서 이 여사가 김정은과 면담도 하지 못했다며 정부 탓을 하는 것에 어이가 없다. 이 여사 방북 시 우리 정부가 북한 쪽에 "고위급 회담하자"는 전통문을 보냈다고 한 것에 대해서도 논란이 일고 있다. 대화 차원에서 충분히 있을 수 있는 일이다. 이를 두고 정부가 "이휘호 방북에 고춧가루 뿌렸다"는 식으로의 해석은 지나친 과장이다.

정부가 언제 민간인 신분 이 여사에게 '방북 특사 역할'을 해달라고 한 적이 없다. 이럴진대 야당은 유치한 정쟁 거리를 만들고 있다. 이 여사 일행은 방북 기간 중 평양산원과 유선종양연구소, 옥류아동병원, 평양 소재의 육아원과 애육원, 양로원을 차례로 방문해 원래 목적을 수행했다. 또 김일성·김정일이 외국 사절 등으로부터 받은 선물을 전시해놓은 묘향산 국제친선 박람관을 방문해, 방명록에 "6·15 정신을 기리고 실천하자"는 서명을 남겨 햇볕정책의 당위성을 그 나름대로 북측에 표시했다.

이러한 활동이 바로 민간인 신분으로 인도적 차원에서 북한의 자라나는 새싹들을 돕자고 간 원래 목적이 아니었던가? 김정은을 만나 남북관계가 어떻고 이를 어떻게 풀어야 한다고 대화를 나누었다면, 오히려 정치적으로 간 것이지 인도적 방북이 아닌 것이 되기 때문에 더 이상한 일이 될 것이다. 만약에 김정은을 만났다면 새정연은 당 차원에서 정부도 못 해낸 남북화해의 이정표를 남겼다고 대대적인 선전을 하면서, 정부 여당의 남북 문제 관련 무능을 맹비난했을 것이다. 또한 새정연은 남북 문제는 자신들이 주도해야지 새누리당에 맡겨서는 아무것도 되는 것이 없다고 질타하여 남남 갈등의 극치를 이루어 내년도 총선까지 호재로 만들려고 했을 것이다.

일부 언론은 이 여사 방북이 국빈급 방북인데 왜 김정은이 만나지 않았는지 타산을 했다. 그러나 김정은은 북한 지도자로 등장한 이후 외국 지도자를 전혀 만나지 않고 있다. 김정은 집권 이후 2013년 11월 최초로 북한을 방문한 외국 정상인 차히야 엘벡도르지 몽골 대통령은 국가원수이면서도 김정은을 만나지 못했다.

어느 국가원수도 김정은을 만난 적이 없다. 방북 기간 중 엘벡도르지 대통령은 김일성대 연설에서 "어떤 폭정도 영원히 지속할 수 없다. 자유롭게 사는 것은 인간의 욕구이며 이는 영원한 힘"(No tyranny lasts for ever. It is the desire of the people to live free that is the eternal power)이라고 자유와 인권 등의 가치를 역설하면서, "몽골은 인권과 자유, 법치주의를 존중하고, 개방 정책을 추구하는 나라다. 몽골은 표현의 자유와 집회의 자유, 자신의 선택에 의해 살 권리 등 기본적인 인권을 소중히 한다"고 말했다. 그러면서 북한의 독재 체제를 간접적으로 비판했다.

독재자 김정은이 외국 국가원수도 안 만나는 판에, 민간인 신분으로 간 이 여사를 안 만난 것을 탓하는 것은 오히려 이상한 일이 아닌가? 이 여사와 새정연은 햇볕정책과 6.15 정신을 운운하고 북한도 이에 호응하는 척하지만, 과거 정부 시절 북한은 남한으로부터 각종 지원을 받아 핵무기 제조에 나섰다. 한편으로는 연평해전과 천안함 도발, 그리고 최근 DMZ 지뢰 도발을 통해 우리 젊은이들을 무참히 살상했다.

새정연이 90이 넘는 노인을 활용하여 정치적 목적을 달성하려는 것이 오히려 잘못된 일이다. 차라리 김정은 면담이 실현되지 않은 것이 잘된 일로 보인다. 지금 이 시기에는 김정은 일당이 지뢰 도발을 하고 있는 것과 함께 군의 경계 허술, 국정원 댓글 의혹, 도청장비 구입에 따른 각종 의혹 제기 등으로 무너져가는 안보를 지켜야 할 때다.

북 재도발 땐 '공세적 전략' 추진해야

(<문화일보> 2015.10.05)

　북한 외무상 리수용이 지난 1일 유엔총회 연설을 통해 "평화적인 위성 발사를 문제시하는데 강경히 대응하고 존엄을 지키겠다"고 밝혔다. 북한이 오는 10일 노동당 창건 70주년을 앞두고 또다시 장거리 미사일 발사와 핵실험을 강행할 것임을 시사한 것이다.

　9·25 미·중 정상회담에서는 '북한을 핵보유국으로 인정할 수 없으며, 유엔 안전보장이사회의 결의안을 무시한 행동에는 단호히 대처한다'고 합의했지만, 공동 기자회견에는 포함시키지 않음으로써 원론적인 수준에 그쳤다. 물리력을 가지고 있는 중국은 북한에 말뿐, 매를 드는 데는 여전히 부정적이다. 한반도 문제 전문가인 빅터 차 미국 조지타운 대 교수는 "대북(對北) 제재는 지난 50년간 해왔지만 핵·미사일 개발을 계속하고 있고, 제재를 강화해도 효과가 없다"고 했다. 최근 존 케리 미 국무장관도 대북 제재가 이란 등 다른 나라와는 달리 타성화해 다른 방법이 필요하다고 말했다.

북한의 상습적 도발에 북한의 우호국인 중국·러시아를 포함, 6자회담 당사국 모두가 '넌더리'를 내고 있다. 따라서 이젠 필요한 경우 제한적인 군사 행동도 불사해야 한다는 주장이 나온다.

　휴전 이후 북한의 크고 작은 도발은 3000건이 넘는다고 한다. 하지만 우리는 한 번도 제대로 된 응징을 한 적이 없다. 이제 말로만 원점 타격이 아니라, 실질적 타격을 해야 한다. 군사적 방법으로는 북한 도발 시 미국으로 하여금 중국과 사전 교감을 통해 제한된 목표물에 대한 타격도 고려해야 하며, 군(軍)의 철저한 이스라엘 식 보복도 필요하다. 주지하다시피 빌 클린턴 미국 대통령은 재임 중 북한이 핵확산금지조약(NPT)을 탈퇴, 핵 개발을 계속하자, 영변 핵시설 폭격을 고려했다. 하지만 우리 정부는 전쟁 확산을 우려해 자제를 요청했다. 안타까운 일이다.

　북한을 자극한다는 명목으로 계속 자제만 한다면, 우리는 늘 그들의 호구가 될 뿐이다. 한·미 군사동맹을 기반으로 한국 정부는 강력한 군사적 응징을 하겠다는 단호한 결심, 주변국의 지지, 국민의 절대적 호응을 이끌어내야 한다. 지난 8월 북한의 목함 지뢰 도발에 대한 대응 차원에서 대북(對北) 확성기 방송을 했을 때, 북한 유일 체제의 취약점을 확인할 수 있었다. 전방 지역 11개 확성기만 아니라 22개 모두를 개방해야 한다. 북한 체제에 치명적이며 비군사적이고 국제법적으로 허용되는 대북 방송을 개편해 공격적인 방송으로 발전시켜야 한다. DMZ에서의 적극적인 심리전 전개, 다양한 방법을 통한 한국 방송의 북한 지역 송출, 전단 살포, 북한 지역에 구축될 수 있는 위성 무선 인터넷망을 적극 공급해야 한다.

미국과 공조로 세컨더리 보이콧 제재를 가동해 금융 제재와 그들의 돈줄인 해외 인력 송출 및 광물 수출 교역 등을 차단해야 한다. 또 사이버전에도 총력을 기울여 북한 내 주요 기관에 대한 해커 공격을 해야 한다. 지뢰 도발 직후에 보여준 군인들의 자진 복무연장이나 해외교포들의 자진입대 등 전 국민의 단합된 모습과 행동, 대적 선무 활동을 범국민운동으로 펼쳐 나가야 한다.

북한의 수령절대주의는 지금 장마당과 뇌물 시장경제, 한류(韓流)의 확산으로 정권 명령이 하부로 먹혀들지 않고 있다. 북한 사회에 만연한 뇌물지상주의는 오히려 단속 기관원까지 부패해 체제가 이완되고 있다. 향후 대북 전략은 북한 정권과의 화해 신뢰 구축에서 레짐 체인지(정권 교체)로 전략을 바꿔야 할 것이다.

북한은 억류 종교인을 조속히 석방하라

<조선일보> 2016.01.04)

　김정은 정권은 북한 왕래 종교인을 종종 체제 위해 세력으로 억류해왔다. 토론토 큰빛교회 담임목사인 한국계 임현수 목사는 지난해 연초에 인도적 사업 지원 차 방북했다가, '반국가 활동'을 이유로 북한에서 종신형을 선고받았다. 임 목사가 여러 차례 북한을 왕래하면서 인도적 지원 사업을 했음에도 가혹하게 처벌한 것은 체제 비판 활동을 조금이라도 하면 철저히 단속하겠다는 경고로 보인다. 재작년 북한에 억류된 김국기·최춘길 2명 중 김국기 씨는 선교사 신분으로 북·중 국경 지역에서 대북 선교 사업을 하다가 체포됐다. 북한 당국은 지난해 5월 이들에게 간첩 활동을 했다는 자백 쇼를 벌이게 하고 종신형을 선고했다.

　북한이 체포한 종교인들의 국적을 보면 한국, 미국, 캐나다, 호주 등 다양하다. 간첩 혐의로 체포된 종교인 중 한국인은 1990년대 이후 석방하지 않고 있다. 북한이 1995년 7월 억류한 안승운 목사는 여의도 순복음교회에서 파송돼 북한으로 들어갔다가 납치됐다. 안 목사는 미귀환 상태로 자살설, 사망설이 나돈다. 1997년 천도교 교령이었던 오익제 씨는 6·25 당시 헤어진 전처와 딸을 만나게 해준다는 꾐에 빠져 방북했다가 억류돼 생을 마감했다. 2001년 옌지에서 탈북자 지원 활동을 하다가 납북된 김동식 목사도 함경북도 보위부 주도로 납치돼 가혹 행위를 당하고, 그해 평양에서 숨진 것으로 알려졌다. 재작년 체포된 김정욱 목사도 간첩죄로 노동교화형을 받은 후 연락두절 상태다.

반면 미국 등 제3국 종교인들은 석방해왔다. 미국 국적인 케네스 배, 뉴먼 등이다. 1960년대 이후 북한의 강제 납북자 47명 가운데 한국인은 34명으로 확인됐으며 대부분 어부다. 북한은 한국과 미국 정보기관이 종교인을 활용하여 스파이 활동을 한다고 우긴다. 북한의 종교인 억류는 인권 문제로 유엔으로부터 각종 제재 결의가 이어져 고립을 면치 못하는 것에 대한 분풀이로 보인다. 북한이 유엔과 국제사회의 제재로부터 벗어나려면 북한 왕래 종교인들을 조속히 석방해야 한다. 우리 국회도 북한의 인권유린 행위에 대해 북한인권법과 테러방지법을 통과시켜 유엔과 국제 협력에 더욱 부응해야 한다.

김정은 남 위협과 야당의 테러방지법 발목 잡기

(<데일리 엔케이> 2016.02.28)

현재 야당의원들의 대 테러방지법 저지를 위한 '무제한 토론(filibuster, 필리버스터)'이 28일로 엿새째 계속되고 있다. 자국의 안보 문제를 두고 국회에서 필리버스터를 거는 나라는 우리나라밖에 없다. 더불어민주당은 제1야당이다. 야당은 다음 정권을 쟁취하기 위해 국민에게 내건 정책과 정강의 신뢰를 국민에게 주어 국민의 호응을 얻어야 하는데, 우리는 거꾸로 가고 있다. 이러다 보니 정당 지지도를 보면 여당과 야당은 항상 2배 차이가 난다.

국가의 미래를 짊어지고 갈 공당(公黨)이라면, 국가 전체를 상대로 정책의 옳고 그름을 따져야 한다. 더민주당은 정부나 여당을 상대하는 야당이 아니라, 국정원만을 상대하는 하위 개념의 정당인가. 더민주당은 19대 국회에서 국정원의 시빗거리가 생기면 이를 물고 늘어져 정쟁으로 세월을 보냈다. 지난 18대 대선에서 국정원의 '오유사이트' 댓글 사건을 가지고 시비를 걸어 거의 2년을 허송세월했다. 국정원의 도청

장비 구매 건이 터지자 이를 문제 삼아 수개월을 정쟁으로 삼았다가, 특별한 이슈거리가 없자 이를 전담했던 안철수 현(現) 국민의당 당수가 슬그머니 없던 일로 뒤를 뺐다. 댓글 사건 당시 마치 천지가 진동할 만큼의 부정선거로 몰아가더니, 재판 과정에서 대법원 판결이 나오고 재판의 오류가 있다고 판단하여 2심으로 돌려보내자 유야무야가 됐다.

야당의 상대는 여당과 현 정권으로 국정원이 아니다. 국가안보가 중차대한 시기에, 안보 문제를 하나라도 챙겨야 할 이 순간에, 야당은 한가롭게 국회에서 테러방지법 저지를 위한 필리버스터를 걸어놓고 누가 더 오래 마이크를 잡나 시합을 하고 있다. 일부 언론은 이것이 무슨 스포츠 경기인 양 중계를 하고 있다. 베트남 전쟁에서 보았지만, 월남전쟁이 거세지고 패망이 다가오자 위정자들이 제일 먼저 해외로 도주했다. 과연 이들 야당 국회의원들은 만약 북한이 밀고 내려오면 해외로 도주할 것인지, 현지에서 사수할 것인지 알 수는 없지만, 지금 현 상황으로 보면 도망가는 사람이 절대 다수고, 일부는 '김정은 장군님 입성 만세'를 부르면서 환영할 수도 있을 것 같다.

야당은 국정원이 국회 내 이석기와 같은 반역 세력을 잡기 위해 항상 경계를 늦추지 않으니 거추장스러운 존재로 생각하는 걸까. 테러라는 명목으로 조사권 하나를 더 주면, 그만큼 자신들에게 괴로운 일이 또 하나 더 생기게 된다고 보는 건가. 무슨 수를 써서도 반대를 하는 데는 다 이유가 있을 것이다. 테러방지법 제정은 북한이라는 존재가 항상 우리의 국가 전복이나 국민의 생명을 위협해서 만드는 것인데, 이들 세력은 어찌된 일인지 전혀 북한에 대해서는 비판보다는, 오히려 법 자체 제정에 반대하면서 오직 국정원만을 옥죄자고 한다.

정보위원회가 생긴 이래로 많은 비밀 공작망이 위협을 받고 있다. 정보위원회 야당 소속 위원들은 국정원에 많은 예산을 쓰면서 정보는 없다고 다그친다. 결국 이를 막기 위해 핵심부 첩보망에서 수집된 정보를 밝힐 수밖에 없다. 이러면 북한의 보위부가 정보위원회에서 나오는 정보를 보고 그들의 반탐 기관을 동원하여 우리의 첩보망을 추적하는 것이 용이해진다. 이처럼 정보위가 생긴 이후 많은 공작망이 노출되어 공작 활동에 지장을 받는다고 실무자들은 노심초사하고 있다. 이처럼 국회는 이제 국해(國害)의 존재가 되었고, 19대 국회는 역대 국회 중 가장 무능함과 반역의 모습을 보여주었다.

야당은 테러방지법 제정이 되면 경천 진동할 문제가 발생할 것처럼 주장하고 있다. 대 테러법이 통과되면 국정원의 무제한 감청이 가능하다는 것이다. 그러나 이는 사실을 왜곡하고 있다. 외국인 테러 혐의자의 경우 대통령의 승인을 받아야 하고, 내국인의 경우 고등법원 부장판사의 영장을 발부받아야만 가능하다. 법원에서 테러 혐의자에 대한 자료와 근거를 바탕으로 판단하여 영장을 발부해야 감청이 가능하다. 국가정보원이 아무런 제한 없이 감청을 할 수 있다는 주장은 사실이 아니다 .

야당은 국내에서 테러가 발생하면 기존 법으로도 충분히 대 테러 방지 활동이 가능하다고 한다. 이것도 사실이 아니다. 현재 테러리스트들이 우리나라에 입국해서 테러를 모의하고 교육해도 처벌할 수 있는 법적 근거가 없다. 야당이 기존의 법체계로 가능하다고 주장하는 것은 국가 대 테러 활동지침으로, 이는 단순히 훈령일 뿐이지 범인에 대한 법적 구속력을 발생하는 것은 아니다.

야당은 또 국정원의 인권침해와 권한남용 방지를 위해 사전 정보수집, 추적 기능 등을 국민안전처와 같은 외부 기관에 줘야 한다고 주장한다. 이는 현실적 고려를 배제한 주장이다. 국민안전처를 제2의 정보기관으로 둔다면, 옥상옥(屋上屋) 논란도 불거질 수 있다. 지금도 우리의 적인 북한을 감당하는 데 엄청난 국방비와 정보예산을 쓰고 있는 형편에서, 또 다른 기관을 만들어 예산을 펑펑 쓰자는 것인가. 국가정보원법 제3조에 의하면 국정원은 대공, 대정부 전복, 방첩, 대테러, 국제범죄 등에 관한 정보수집의 권한 등을 가진다. 그동안 해외 각국 정보기관과 정보 협력이 잘되어 있는 국정원을 활용하면 될 일을 왜 새로운 기구를 만들자고 하는 것인지, 납득하기 어려운 것이다.

테러 관련 사항은 법이 보장한 전문성 있는 정보기관이 수행해야 한다. 테러는 사후 처리보다 예방이 우선이기 때문이다. 또한 국민안전처는 정보기능이 없다는 점에서 안전처에 정보수집 권한을 부여한다는 것은 고유 기능과 부합하지 않는다. 특히 안전처에는 관련 전문가도 부재한 상황이다. 주요 선진국에서도 대 테러 관련 정보수집의 기능은 정보기관이 담당하고 있다. 대통령 직속기관인 국정원과 총리 산하 국민안전처가 상충되어 또 하나의 논란만 불러올 것이다. 국정원장이 대 테러 위험인물에 대한 추적을 허용한다는 부분이 인권침해의 소지가 있다는 것도 사실이 아니다. 일반인들에 대한 정보수집이 아니라, 범죄 혐의자들에 한정되어 정보수집을 할 수 있게 되기 때문이다. 결국 야당의 목표는 모든 당력을 동원하여 국정원의 활동을 저지·약화시키는 것이지 않을까. 이 같은 목표는 대한민국의 안보를 북한의 먹이로 제공하자는 것과 다름없다.

북의 핵물질·기술 유출도 차단해야

<문화일보> 2016.03.09)

　북한 김정은의 행보가 심상찮다. 북한 조선중앙통신 보도에 따르면, 그는 지난 4일 현지 지도 때 "실전 배비(配備)한 핵탄두들을 임의의 순간에 쏴버릴 수 있게 항시적으로 준비해야 한다"고 말했다. 그러잖아도 천방지축인 김정은이 유엔 안전보장이사회의 대북 제재 결의 채택에 맞서 '갈 데까지 가보자'는 막가파식 국지전 도발을 할 가능성도 점쳐지고 있다. 특히 오는 5월 노동당 7차 대회를 앞두고 주민들에게 뭔가를 보여주기 위해 핵물질과 그 제조 노하우를 국제 테러 세력에 제공, 대한민국과 미국 등에 각종 테러를 자행하도록 유도할 가능성도 배제할 수 없다.

　북한의 4차 핵실험과 장거리 미사일 발사 이후인 지난 2일 유엔 안보리가 초강경 대북 제재 결의를 만장일치로 채택함으로써 더욱더 쪼들리게 된 북한은 비핵화의 길로 가기보다는 핵기술 개발용 자금 마련을 위해 핵물질은 물론 제조 기술까지도 국제 테러 세력에 고가

지난 7월, 김정은이 '대사회의'에 참석한 북한 외교관들과 악수를 나누고 있다.

로 판매하려 할 가능성이 크다. 북한 정권은 그동안 부족한 외화를 확보하기 위해 마약·담배 밀수, 광물 판매, 저임금 인력 수출, 불법 주류 거래 등을 해왔다.

2009년 6월 아프가니스탄 알카에다 지도자는 파키스탄으로부터 핵무기를 입수할 경우, 미국을 공격할 때 사용할 것이라고 언급했다. 2011년 6월 동유럽 몰도바에서 테러 조직이 핵무기로 쓰이는 우라늄 235 1kg을 2500만 달러에 판매하려고 시도했으며, 범인들의 국적은 몰도바와 러시아 등이었다. 이들은 이 핵물질을 알카에다 근거지인 아프리카 국가에 판매하려 했다. 예멘에 근거지를 둔 아라비아반도 알카에다, 알제리의 알카에다, 이슬라믹 마그레브, 시리아의 이슬람국가(IS)는 여러 해에 걸쳐 핵물질 확보를 시도하고 있는 것으로 나타나고 있다.

최근의 핵 테러리즘 기도는 국제 테러 세력인 IS나 알카에다 이슬라믹 지하드, 제마이슬라미야, 체첸의 분리주의자, 헤즈볼라, 파키스탄 극단주의자 등을 중심으로 은밀히 진행된다는 첩보가 있다. 국제적으로 핵물질과 방사성 물질의 불법적 유통과 승인되지 않은 활동이 증가하고 있다. 알카에다는 2000년 초 아프간 사막에서 내폭 형 핵무기 제조 핵실험을 한 것으로 알려진다.

핵물질 및 방사성 물질의 밀반입 유통 단속이 쉽지 않다. 국제원자력기구(IAEA)의 핵물질 불법 거래 및 데이터베이스에 따르면, 1993~2011년 사이 2164건의 핵물질 불법 거래가 있었다. 이 중 16건은 고농축 플루토늄을 국경을 넘나들며 운반을 시도한 것이다. 운반 도중 발생한 도난 및 불법 사건도 588건이나 된다. 현재 핵무기 보유 플루토늄 및 고농축 우라늄을 보유한 국가는 38개국이다. 핵보유국은 8개국(미·러·영·프·중·이스라엘·파키스탄·인도)이다.

이 가운데 이스라엘, 파키스탄, 인도, 북한은 핵확산방지조약(NPT) 가입을 거부하고 있다. 핵위협구상기구(NTI)가 2012년 1월 최초로 발표한 핵물질 관리 취약 32개국의 순위는 파키스탄(57%), 북한(25%), 러시아(13%), 이란(3%), 카자흐스탄(2%)이다. 하지만 북한에 대한 국제사회의 고강도 제재가 계속될 경우 핵물질 거래 유혹도 커질 것이다.

초강력 대북 제재의 실효성을 높이기 위해서는 중국과 러시아의 협조가 그 어느 때보다 필요하다. 정부가 8일 오후에 북한과 관련된 금융 제재를 확대하고 해운 및 수출입 통제를 강화하는 등의 독자적인 대북 제재 방안을 내놓았다. 이에 따라 제재에 몰린 북한이 항만·공항·원전 및 취약시설에 대해 도발을 자행할 가능성도 염두에 두고 철저히 대비하지 않으면 안 된다.

북한, 당대회 앞두고 체제 불만 확산

(<조선일보> 2016.04.27)

북한이 지난해 당 창건 70주년 행사에 이어 다음 달 7차 당대회 행사를 강행하기로 하면서 김정은에 대한 불만이 확산되고 체제 위기감이 조성되고 있다. 최근 탈북자들과 관계 당국의 분석으로는 북한 내 분위기가 심상치 않다. 주민들은 당대회를 앞두고 '70일 전투' 명분으로 밤샘 근무 등 노동시간 연장과 각종 시설물 건설 및 관련 비용을 떠맡아 원성이 고조되고 있다.

노동신문은 최근 "전례 없는 제재 압살의 광풍에 (…) 고난의 행군을 다시 시작하여, 절해고도(絶海孤島)에서 홀로 싸울 수도 있다"며 제재로 인한 고통을 인정하는 모습이다. 지난 시절 김일성은 "당이 이룩한 성과 없이, 주민 의식주에 획기적 개선을 하지 않으면 7차 당대회를 개최할 수 없다"고 선언했다. 김정일이 30년간 당대회를 개최하지 못한 것은 이와 무관하지 않다. 그런데도 김정은은 자신의 취약한 리더십을 강화하기 위해 무리하게 당대회를 추진하는 것이다.

작년 말부터 당대회를 준비하면서 간부들에게 상납을 강요하고 주민 수탈과 노력 동원도 극에 달하고 있다. 최근 북한군 출신 탈북자들은 빨치산 계통의 원로 간부들 사이에 "김정은 때문에 북한이 머지않아 망할 것이다. 몇몇 군부 무식쟁이의 말만 듣고 정규군도 아닌 소장급의 제2전투훈련국장 림광일을 작전총국장에 임명하니 한심하기 짝이 없다"는 등 김정은을 직접 비난하는 현상도 있다고 전했다. '김정은이 어서 죽어야 한다', '배 불리는 수퇘지' 등 욕설 낙서도 곳곳에서 발견됐다. "중국 정부의 대북 제재 동참은 국가 핵을 믿고 중국을 우습게 여겼기 때문에 혈맹마저 등을 돌리게 한 것이다", "진시황 사후 2세 황제인 '호해'의 폭정으로 진이 멸망한 것과 같은 일이 벌어지고 있다"는 등의 말이 돌자 전국 각 기관·기업소와 인민반이 대북 제재 관련 주민 불평분자 파악·색출에 나섰다. 주민들은 "이런 식으로 하다가는 전체 주민 다 잡겠다"고 분노하는 분위기라 한다.

김정은이 최근 "나라를 배반한 원수는 밖에만 있는 것이 아니라 안에도 있다"고 언급하며 중간 간부들조차 총살당할까 봐 승진을 기피하고 고위 간부들은 "돈이나 있어야 살 수 있다"는 말을 공공연히 하는 실정이라고 한다. 총체적 불안정에 빠져들고 있는 북한의 변화 가능성을 예의주시하면서 긴급 사태에도 대비해야 한다.

맺는 말

천방지축의 북한 통치자 김정은의 독재, 기행적 행동을 칼럼으로 쓰면서 북한 내부를 많이 들여다보게 되었다. 폭정에 대한 고사를 예로 들어본다. 중국 노나라 시절에 공자가 제자들과 함께 태산 기슭을 지나고 있었다. 그때 어디선가 여자의 울음소리가 들려왔다. 이에 공자는 자로를 보내 무슨 연유인지 알아보도록 했다. 공자의 제자 '자로'가 울음소리 나는 곳을 찾아가보니, 한 여인이 세 개의 무덤 앞에서 흐느껴 우는 것이었습니다. 이에 자로가 물었다. "무슨 걱정이 있어 이리도 슬피 우십니까?" 그러자 울던 여인이 "몇 년 전 저희 아버님이 호환(虎患)을 당해 세상을 떠나셨는데, 지난해에는 남편마저 호랑이에게 목숨을 잃었습니다. 그리고 이번에는 아들이 호환을 당하고 말았습니다." 그러자 의아하게 생각한 자로가 물었다. "그런데 어찌하여 이곳을 떠나지 않으십니까?" 이에 여인은 울음을 그치고 대답했다. "그렇지만 이곳에는 가렴주구(苛斂誅求)는 없습니다. 그래서 떠나지 않는 것입니다" '자로'는 돌아와 공자에게 이 내용을 전했다. 이 말을 들은 공자가 제자들에게 말했다. "잘 알아두거라. 호랑이보다 무서운 것이 가혹한 정치다." 가혹한 정치를 가리키는 표현으로 학정(虐政), 혹정(酷政), 폭정(暴政) 등이란 말을 쓴다. 이 고사성어를 가정맹어호(苛政猛於虎)라고 한다.

군이 이 말을 인용한 것은, 북한 김정은은 북한이 잘 살아보자고 중국 등 외부와의 개방을 제시했던 고모부 장성택을 무참히 처형하고, 이영호 총참모장, 현영철 인민무력부장이 자신의 마음에 안 든다고 숙청했다. 면종복배를 하다가 잘못 보이거나 조금이라도 옳은 소리를 하여 밉보였던 수많은 측근들을 숙청한 김정은은 그의 3대 세습 지도자로 등극한 지 몇 년 안 되는, 선무당 사람 잡는 현대판 극악무도한 독재자다. 거기다 노동당이나 국가안전보위부, 인민보안부, 군 등 모든 권력기관이 가렴주구 판이 되었으니, 국가가 아니고 살인과 아비규환을 만든 인류 최악의 집단이 되어버렸다.

곳간은 텅 비어져 물자라고는 배곯은 인력밖에 없는데, 주민들을 쥐어짜서 마식령 스키장 건설에 5억 달러나 쓰고, 자라 양식장에 가서 물이 제대로 공급되지 않아 자라를 죽였다고 지배인을 처형하는가 하면, 평양문수 물놀이장 건설 등 전시행정이나 보여주고, 마약이나 재배해 온 세계의 악을 뿌리고 있다. 북한 사회가 뇌물을 주어야 돌아가는 세상을 만들어 주민들을 가렴주구하니 가히 가정맹어호, 가렴주구라는 말이 나온다. 할아버지뻘 되는 노 간부들이 그 앞에서 벌벌 떨면서 메모지를 들고 그의 지시를 받아적는 시늉을 하고 있다. 처량하고 불쌍하고 추하기 짝이 없다. 폭정에 오도가도 못 하는 신세로 결국 목숨 붙여서 살아야 하니 그 짓밖에 할 수가 없다. 이제 어린 망나니 칼춤은 북한을 어디로 몰고 갈지 걱정이다. 사이코패스의 김정은이 가져서는 안 되는 핵무기를 가지고 무슨 일을 저지를지 심히 두렵다. 자유를 사랑하는 지식인 모두는 북한 김씨네 3대 독재 체제에 대해 필봉으로 역사에 고발해야 한다. 독재자가 주민들을 옥죄다 보니 그나마 도망칠 길이 조·중 국경이었는데, 2015년 6월부터 북한군부터 김정은의 지시에 따라 북·중 국경지대에 철조망을 치고 있다. 김씨 정권이 존재하는 한 통일도 대화도 인권도 없고 오직 핵무기만 존재한다. 국가 지도자가 된 지 5년이 되어도 외국 원수 하나를 못 만났다. 대외적으로 서방측 인사를 만난 것은 미국 NBA 농구선수 데니스 로드먼과 그의 요리사였던 일본인 후지모토 겐지 정도다.

역사상 유례를 찾을 수 없는 3대 세습 독재정권에 읍소를 하면서, 북한과 연관이 되는 사건이면 모두 의혹을 제기하여 북한 독재정권을 호도하는 세력이 이 땅에 깊이 뿌리박고 있다. 종북 좌파 세력이 그들이다. 이제 북한 김씨 정권이 존재하는 한 한반도에는 비핵화도 없고 좌파도 없어지지 않는다. 중국 정부가 북한의 전략적 가치 때문에 북한을 후원하고 김정은 정권을 감싸지만, 제멋대로 갑질을 하고 있어 김정은 정권에 넌덜머리를 내고 있다. 자유와 정의 그리고 진실을 아는 모든 칼럼니스트는 북한 독재정권의 인권유린과 핵무기 불장난의 악행을 국제사회에 필봉으로 고발하여, 인류 사회에서 추방시켜야 한다.

언론인도 아닌 필자가 많은 칼럼을 썼다. 북한과 이를 옹호하는 세태가 너무 역겨워 이것저것 많이 쓴 것 같다. 황장엽 선생 장례식을 마치고 함께 서울로 버스를 타고 오는 도중에 〈조선일보〉에서 오랫동안 칼럼을 쓰다 은퇴한 유근일 선생과 이런 이야기를 나누었다. 유근일 선생은 김대중 칼럼니스트와 쌍벽을 이루면서 우리 시대에 많은 훌륭한 칼럼을 남겼는데, 그분께 "그동안 썼던 글을 모아서 책을 내는 것이 어떠냐"고 물어보았다. 그랬더니 선생께서 그동안의 칼럼들은 그때그때 시의성에 맞게 쓴 글이라 한참 지난 다음에 모아진 글을 보면 무슨 의미가 있겠느냐고 답변했다. 이 말을 들은 기억이 있어 책을 펴내는 데 좀 망설이기도 했다. 책자를 몇 권 썼지만, 칼럼만을 모아 책을 낸다는 것이 필자도 시의성 관계로 탐탁하게 마음에 들지 않는 점도 있었다. 하지만 이 세상은 과거, 현재, 미래로 이어가면서 갖가지 형태의 사건이 있을 수 있다.

북한 김씨 체제를 지켜보다가 월남한 황장엽 선생이 이런 말을 했다. 김일성, 김정일 부자가 함께 있는 자리에서 김일성이 "아웅산 사건이 이제 우리가 한 것이 모두 드러났으니 중국에 해명을 해주는 것이 좋지 않겠는가?"라고 아들 김정일에게 물었더니, 김정일은 "절대로 안 됩니다. 끝까지 우리가 했다는 사실을 공표해서는 안 됩니다"라고 답변했다고 한다. 이들 부자는 수많은 정적을 처형과 숙청으로 몰아내고 독재 체제를 완성했다. 이들의 씨앗인 김정은이 외국물도 먹어서 남북문제나 대외적으로 좀 나아질까 했더니, 선무당 사람 잡는다고, 오히려 북한을 옥죄고 많은 사람을 정치범 수용소로 보내고, 처형과 숙청을 밥 먹듯 한다.

북한 체제에 대해서는 아무리 정당화하려 해도 정상적인 시각에서는 정당화할 수가 없다. 우리의 종북 좌파 세력은 이들에 대해서 비판다운 비판을 해본 적이 없다. 북한은 김씨 권력 주변과 당원 400만을 빼고는 대부분이 극빈자지만, 우리에게도 절대 극빈자가 10%는 된다. 이들 종북 좌파들은 북한의 형편이 어려운 계층에 대해서는 누구보다 앞장서 구휼 활동을 하겠다고 나서고 있지만, 우리나라 극빈자들을 위해서는 구휼 활동을 했다는 말은 들어본 적이 없다. 북한의 구호기관에 갖다주는 것은 남보다 앞장을 서는 것이 인도주의 입장에서 나쁜 것은 아니다. 하지만 그들은 구휼미가 정말 굶주리는 북한 주민에게 가는지, 김정은 주변 권력층이나 당·정·군 등 권력층에 가는지 하는 것은 부차적 문제다. 김정은이 알아주기만 하면 된다. 그리고 이들은 어느 종단보다 우리의 대북 활동이 제일이라는 점만 보여주면 된다는 논리다. 70여 년이나 독재를 한 체제에 대해서는 눈을 감고, 건국 대통령 이승만이나 근대화를 이룩한 경제 대통령 박정희에 대해서만 독재의 굴레를 씌워 비판에 열을 올리고 있다. 이제 우리는 후세들에게 대한민국은 바르게 태어났고 바르게 갈 것에 대한 방법론을 제시해야 하고 어두운 구석을 들추어 내야 한다.

칼럼 중에서 제일 많이 썼던 부분이 김 부자의 악행을 고발하는 내용 16건이다. 다음으로 국정원 관련, 정쟁 관련 쟁점에 대해 15건을 썼다. 북한 내부 문제에 대해서 조명해본 것이 7건이다. 사사건건 걸고 넘어지는 국내 좌파 비판을 6건 썼다. 북한의 주요 생명선이라고 할 수 있는 북·중 관계에 대해서 5건을 다루었다. 이산가족 문제 등 북한의 잘못된 태도에 대해 5건을 논재했다. 남북 문제에 대해서도 4건을 취급했다. 정치권의 정쟁에 대해서도 비판적인 시각으로 4건을 취급했다. 기타 인권 문제, 탈북자 문제에 대해 여러 건을 써보았다.

미국의 북한 인권단체 '링크'는 북한 사회의 변화 요인으로 여섯 가지를 꼽았다. 자본주의, 정보 유입의 확대, 정부 통제를 벗어난 인적 연결망 탄생, 북한 내 만연한 부패, 북한의 가족들과 접촉을 이어가고 있는 탈북자, 장마당 세대 등이다. 이러한 변화는 북한 당국의 체제유지 능력을 약화시켜 체제 개혁과 개방이 불가피해질 것이다. 2015년 12월 유엔인권조사위원회(COI)는 북한 지도부에 대해 반인도적 범죄와 정치적 집단 학살죄를 적용하여 국제형사재판소(ICC)에 회부를 경고했다. 결국 김씨 정권은 이제 유엔으로부터도 낙인찍힌 국제 미아가 되어가고 있다.

이제 북한 김씨 정권이 핵 개발로 정권을 이어가려 하고 있다. 핵 없는 남북통일의 길로 가는 길은 김씨 정권이 한반도에서 사라져야만 가능하다. 필자는 이를 위해 앞으로 통일이 될 때까지 끊임없이 김씨네 악행을 글로 고발할 것이다.